Andreas Hillert

Gebrauchsanweisung für
das Leben in der Postmoderne

herausgegeben von Wulf Bertram

Wulf Bertram, Dipl.-Psych. Dr. med, geb. in Soest/Westfalen, Studium der Psychologie, Medizin und Soziologie in Hamburg. Zunächst Klinischer Psychologe im Universitätskrankenhaus Hamburg Eppendorf, nach Staatsexamen und Promotion in Medizin Assistenzarzt in einem Sozialpsychiatrischen Dienst in der Provinz Arezzo/Toskana, danach psychiatrische Ausbildung in Kaufbeuren/Allgäu. 1995 wechselte er als Lektor für medizinische Lehrbücher ins Verlagswesen und wurde 1988 wissenschaftlicher Leiter des Schattauer Verlags in Stuttgart, 1992 dessen verlegerischer Geschäftsführer. Im gleichen Jahr gründete er zusammen mit Thure von Uexküll und medizinischen Fachkollegen die Akademie für Integrierte Medizin, deren Vorstand er seitdem angehört. Aus seiner Überzeugung heraus, dass Lernen ein Minimum an Spaß machen müsse und solides Wissen auch unterhaltsam vermittelt werden kann, konzipierte er 2009 die Taschenbuchreihe »Wissen & Leben«. Bertram hat eine Ausbildung in Gesprächs- und Verhaltenstherapie sowie in Psychodynamischer Psychotherapie und arbeitet neben seiner Verlagstätigkeit als Psychotherapeut in eigener Praxis.

Für sein Lebenswerk, seine »wissenschaftlich fundierte Verlagstätigkeit im Sinne des Stiftungsgedankens«, wurde Bertram 2018 der renommierte Wissenschaftspreis der Margrit-Egnér-Stiftung verliehen, deren Ziel es ist, zu einer humaneren Welt beizutragen, in welcher der Mensch in seiner Ganzheitlichkeit im Mittelpunkt steht.

Andreas Hillert

Gebrauchsanweisung für das Leben in der Postmoderne

 **Schattauer**

Prof. Dr. Dr. Andreas Hillert

Schön Klinik Roseneck
Am Roseneck 6
83209 Prien am See
ahillert@schoen-kliniken.de

Bibliografische Information der Deutschen Nationalbibliothek

Die Deutsche Nationalbibliothek verzeichnet diese Publikation in der Deutschen Nationalbibliografie; detaillierte bibliografische Daten sind im Internet über http://dnb.d-nb.de abrufbar.

Besonderer Hinweis

Die Medizin unterliegt einem fortwährenden Entwicklungsprozess, sodass alle Angaben, insbesondere zu diagnostischen und therapeutischen Verfahren, immer nur dem Wissensstand zum Zeitpunkt der Drucklegung des Buches entsprechen können. Hinsichtlich der angegebenen Empfehlungen zur Therapie und der Auswahl sowie Dosierung von Medikamenten wurde die größtmögliche Sorgfalt beachtet. Gleichwohl werden die Benutzer aufgefordert, die Beipackzettel und Fachinformationen der Hersteller zur Kontrolle heranzuziehen und im Zweifelsfall einen Spezialisten zu konsultieren. Fragliche Unstimmigkeiten sollten bitte im allgemeinen Interesse dem Verlag mitgeteilt werden. Der Benutzer selbst bleibt verantwortlich für jede diagnostische oder therapeutische Applikation, Medikation und Dosierung.
In diesem Buch sind eingetragene Warenzeichen (geschützte Warennamen) nicht besonders kenntlich gemacht. Es kann also aus dem Fehlen eines entsprechenden Hinweises nicht geschlossen werden, dass es sich um einen freien Warennamen handelt.

Schattauer
www.schattauer.de
© 2019 by J. G. Cotta'sche Buchhandlung
Nachfolger GmbH, gegr. 1659, Stuttgart
Alle Rechte vorbehalten
Printed in Germany
Cover: Bettina Herrmann, Stuttgart
unter Verwendung einer Abbildung von © Adobe Stock/Javen
Gesetzt von Kösel Media GmbH, Krugzell
Gedruckt und gebunden von Friedrich Pustet GmbH & Co. KG, Regensburg
Lektorat: Marion Drachsel, Berlin
Projektmanagement: Dr. Nadja Urbani, Stuttgart
ISBN 978-3-608-40025-0

Auch als E-Book erhältlich

Je fragmentierter man sich erlebt, umso ganzheitlicher möchte man behandelt werden.

Vorwort

Sie suchen ein Buch, in dem Sie nachlesen können, wie die merkwürdige Epoche »Postmoderne«, also die Zeit, in der wir – im Hier und Jetzt – leben, funktioniert? Ein Buch, das sich nicht als »Ratgeber« aufspielt, um Sie mit guten Tipps, stringenten Vorschlägen für Problemlösungen aller Art und mühelos umsetzbaren Strategien zu versorgen, um einmal *ganz ich selbst* und einfach nur glücklich zu sein? Ein Buch, das Klartext spricht, so klar, wie es in dieser unserer Postmoderne möglich ist? Dann ist die »Gebrauchsanweisung für das Leben in der Postmoderne« genau richtig für Sie!

Die Dynamik der die Postmoderne bestimmenden Phänomene wird aufgezeigt und nach Überresten vergangener Epochen-Maschinen gesucht. Das immense Potenzial an Paradoxien, das die Postmoderne charakterisiert, wird offengelegt. Gleichzeitig geht es darum, in einer als »rasender Stillstand« imponierenden Situation Bodenhaftung zu finden und eine individuelle Standortbestimmung und Perspektivklärung vorzunehmen. Es geht um Werte, Ziele und soziale Milieus? Auch. Letztlich geht es um zwei alternative Positionen: *Performen* und/oder *Treiben lassen*.

Sie haben die Wahl. Sowieso.

Der Autor – Psychiater, Psychotherapeut und Klassischer Archäologe – lädt Sie herzlich zu einer Reise durch diverse Standpunkte und Perspektiven ein, welche die Welt, so wie wir sie wahrnehmen bzw. erleben, im Angebot hat. Er zeigt Möglichkeiten auf, sich gleichzeitig Luft und festen Boden zu verschaffen, was angesichts einer »Zukunft ohne Perspektiven« ähnlich paradox ist wie die merkwürdige Epoche selbst. Vorhersagen sind bekanntermaßen schwierig, insbesondere wenn sie die Zukunft betreffen. Angesichts einer Epoche, welche die Zukunft zugunsten einer sich exponentiell optimierenden Gegenwart abgeschafft hat, ist das Risiko, mit Vorhersagen danebenzuliegen, heute so gering wie niemals zuvor. Warten wir es ab? Selbstverständlich. Bis dahin möchte Ihnen diese »Gebrauchsanweisung« dabei behilflich sein, die eigenen Perspektiven zu erweitern bzw. Ihre diesbezügliche Windschutzscheibe von Ablagerungen aus Konventionen, Bequemlichkeit und Ängsten zu befreien. Zumindest soweit, dass Sie hinreichend klar sehen, um dann aus den – für jeden von uns begrenzten – Möglichkeiten die beste für sich wählen und leben zu können.

Ich danke Herrn Wulf Bertram sehr herzlich, auch dafür, dass er sich an dieses – jenseits ausgetretener Pfade und damit für einen Verleger absehbar risikoreiche – Buchprojekt gewagt hat. Frau Nadja Urbani und die souveräne Lektorin Frau Marion Drachsel haben das Manuskript soweit verbessert, wie es irgend möglich war. Jürgen Sandmann sei für seine germanistische Beratung bei den Goethe-Zitaten gedankt. Christopher Conrad danke ich für die kunsthistorische Beratung und die Fotos der immanent postmodernen Neuen Staatsgalerie Stuttgart. Meinen Kolleginnen und Kollegen in der Schön Klinik Roseneck und weit darüber hinaus sowie allen Patientinnen und Patienten, die sich über die Jahre hinweg von mir behandeln ließen, bin ich mehrdimensional verbunden. Meine Frau Christina und meine Tochter Sophia haben die Entstehung des Manuskriptes begleitet und durch intensive Diskussionen bereichert. Ein glücklicheres Leben als mich mit ihnen gemeinsam den Herausforderungen unserer Gegenwart zu stellen und dabei das immense, tragische bis humoristische

Potenzial der Postmoderne an Paradoxien und Diskrepanzen zwischen Anspruch und Wirklichkeit zu bestaunen, ist (zumindest für mich) unvorstellbar.

Alle Verantwortung für vermeidliche und unvermeidliche Fehler in diesem Buch (wobei Ihnen darin gegebenenfalls unangenehm aufstoßende Passagen nicht unbedingt Fehler sein müssen) trägt, wenn nicht die Postmoderne, dann selbstverständlich der Autor. Sollte Sie der Text, der passagenweise tatsächlich wie eine Gebrauchsanweisung, also in kleinen Portionen, konsumiert werden sollte, zu eingehenden Diskussionen und gerne auch Widersprüchen anregen, hätte er als Standortbestimmungskondensator bereits seinen Sinn erfüllt.

Prien am Chiemsee im Januar 2019   Andreas Hillert

Inhalt

1 Einleitung und Klärung wichtiger Grundbegriffe

Niemand hat die Möglichkeit zu bestimmen, wann und wo er geboren wird. Dass früher vieles besser war und später möglicherweise wieder vieles besser sein wird, solche Überlegungen helfen nicht nur niemandem, sie schaden auch: Wer sich allzu sehr darin verliert, wird depressiv.

Unsere Gegenwart, die zunächst nur von einigen im Bereich von Kunst, Kultur und Sozialwissenschaften tätigen Wissenschaftlern als »Postmoderne« bezeichnet wurde, ist offenkundig komplex, ambivalent und paradox. Alles ist derart üppig, kundenfreundlich und mehrdimensional optimiert, dass man schnell die Orientierung verliert und sich Abgründe auftun. Vieles, was früher klar geregelt war und Orientierung gab, egal ob man es gut fand oder nicht, ist heute nicht mehr selbstverständlich, überlebt und relativ. Die einen beklagen den Verlust von Werten und Sicherheiten. Die anderen verweisen auf die uneingeschränkten Freiheiten und unbegrenzten Möglichkeiten, die die Postmoderne dem Individuum bietet.

Für jedes komplizierte (und weniger komplizierte) technische Gerät gibt es (mitunter leider kaum lesbare) Gebrauchsanweisungen. Für Probleme jedweder Art, von der (ungesunden) Ernährung über Stress, Partnerschaftsangelegenheiten, Depression und Sinnkrisen, stehen zahllose Ratgeber-Bücher parat. Wem das nicht reicht, der findet im Internet unendlich viele Angebote zu allen Themen der Lebens- bzw. Krisenbewältigung. Die meisten dieser Ratgeber tun freilich so, als gäbe es die Postmoderne – die zumindest der Rahmen und mitunter ein Teil des Problems diverser Belastungs- bzw. Stresskonstellationen ist – gar nicht. Das macht es für die jeweiligen Autoren erheblich leichter, ihre oft einfach-genialen Lösungen zu präsentieren. Die Leser bleiben dann allerdings mitunter im Regen stehen. Gerade die prägnanten Ratgeber-Erkenntnisse und Lösungen greifen meist zu kurz. Ein alter Schlüssel, so formschön er auch sein mag, passt eben nicht in postmoderne Sicherheitsschlösser.

Zwar gibt es über das Thema »Postmoderne« bereits unendlich viel Literatur. Aber Bücher, die uns, den davon betroffenen bzw. damit konfrontierten Individuen, darlegen, wie dieses merkwürdige und abgründige Phänomen funktioniert und wie damit umzugehen ist, fehlen bislang. Der Grund dafür ist, dass mit dem Beginn der Postmoderne die Zeit eindeutiger Lösungen – im Sinne von *»man nehme, sollte, mache ...«* – definitiv vorbei ist. Zwar wird weiterhin, den Erwartungen der werten Kundschaft entsprechend, so getan, als gäbe es noch ideale Lösungen. Sie werden verkauft, so wie vieles andere verkauft wird. Wirklich funktionieren können solche einfachen Lösungen nicht mehr. Wenn alles relativ geworden ist, dann laufen klare Empfehlungen ins Leere. Noch so gute Ratschläge werden unglaubwürdig. Letztlich läuft in der Postmoderne alles auf ein Abwägen, Entscheiden und Selbstverantworten hinaus: Einerseits im Sinne von »Der Kunde ist König«. Niemals war eine Epoche so smart und Geld gegenüber so devot wie die Postmoderne. Sie haben die Wahl, alles ist möglich! Andererseits haben Sie eben auch die Qual der Wahl und zudem das Problem, mit Ihren getroffenen Entscheidungen (und auch Ihren Nicht-Entscheidungen) leben zu müssen. Letzteres war zwar immer so, nur gab es für das Individuum niemals zuvor so wenig Netz und doppelten Boden wie in der Postmoderne. *»Ich kann nicht«* gilt nicht mehr bzw. man *muss* es sich leisten können, sowohl finanziell als auch sozial und von den inneren Freiheitsgraden her. Alternativ hat bzw. bekommt man eine Diagnose, die einem die Verantwortung für Nicht- oder Fehlentscheidungen abnimmt. Diagnosen, die »psychisch« oder »psychiatrisch« heißen und primär Störungen der Lebensbewältigung bezeichnen, haben Konjunktur. Aktuellen Studien zufolge erfüllen die Hälfte aller Jugendlichen und etwa ein Drittel aller Erwachsenen jedes Jahr zumindest die Kriterien einer solchen psychischen Störung. Das klingt nicht nur hart, das ist es auch. Zwar muss, soweit absehbar, bei uns niemand verhungern. Aber die Gefahr, in der Postmoderne ein unerfülltes, marginales Leben irgendwo zwischen »Opfer der Verhältnisse« und Ziellosigkeit zu führen, ist groß und wird durch Diagnosen weiter erhöht.

Diese letzten Sätze dürften hinreichend begründen, warum eine »Gebrauchsanweisung für die Postmoderne« unabdingbar ist. Soweit Sie nicht zu den Menschen gehören, die mit der Sicherheit eines Drahtseilartisten Ihren Weg durch und über eine aus den Angeln geratene Welt finden, bietet dieses Buch grundlegende Informationen, Wegweiser und Entscheidungshilfen, die die Orientierung in und durch unsere einzigartige, faszinierend-abgründige, verlockende und bedrohliche Epoche erleichtern.

1.1   Gebrauchsanweisungen sind keine Ratgeber

Was kann man von einer »Gebrauchsanweisung für die Postmoderne« erwarten?
- Gute Tipps, wie man besser mit Stress umgeht ... und gesund bleibt.
- Erfolgsrezepte, um glücklich zu werden.
- Antworten auf die Frage, wie und wo man sich ange-

sichts zunehmender Beschleunigung »Auszeiten« nehmen, Entspannung finden und Achtsamkeit leben kann ...

- Antworten auf die Frage, wo das alles hinführt ...

Stopp!

Die Ratgeber- und Zukunfts-Vorhersagebücher stehen im Regal nebenan bzw. werden bei Amazon in einer anderen Abteilung angeboten.

Hier handelt es sich um eine Gebrauchsanweisung!

Was würden Sie denn von einer Gebrauchsanweisung für einen neuen Pkw, einen neuen PC oder ein Mehrzweckgerät für die Küche erwarten?

- grundsätzliche Informationen über den Aufbau und die Funktionen des jeweiligen Gerätes und ggf. Schaltpläne
- Liste der Nutzungsmöglichkeiten
- was muss ich tun, um bestimmte Funktionen abzurufen bzw. auszuführen
- Hinweise auf mögliche Risiken
- Ablaufpläne, wie mit möglichen Funktionsstörungen umzugehen ist

Eben dies finden Sie in vorliegendem Buch!

Kompakt, praktisch, gut? Früher waren Gebrauchsanweisungen lästige Zugaben zu komplizierten Geräten, die kaum gelesen wurden. Hersteller erfüllten damit juristische Vorgaben und lehnten künftig jede Haftung ab. Automatisch erstellte Übersetzungen aus irgendwelchen Fremdsprachen, holperig im Satzbau und derart unverständlich, dass sich praktisch veranlagte Menschen, also die Mehrzahl, lieber und schneller durch Versuch und Irrtum mit den jeweiligen Geräten vertraut machte, als sich durch Gebrauchsanleitungen unnötig verwirren zu lassen. Dazu gab es großformatige Zeichnungen. Erst nachdem die Bretter falsch herum montiert waren, ahnte man, was die kleinen Markierungen auf der Zeichnung bedeuten sollten.

Diese Art von Gebrauchsanweisungen muss es weiterhin geben. Das Genre hat sich zwischenzeitlich aber auch – vorteilhafter – in anderen Bereichen etabliert: Es gibt Gebrauchsanweisungen für viele nahe wie exotische Reiseziele, für Pubertierende, für Ärzte … Die Idee dabei ist, eben nicht um den heißen Brei herumzuschreiben, sondern auf den Punkt: Was muss man wissen, was sollte man sehen, wie bekommt man den jeweiligen Apparat zum Laufen, was ist wichtig, was hingegen verzichtbarer Unsinn, wenn man – ja was? – beispielsweise möglichst mühelos zum Ziel seiner jeweiligen Wünsche, zu spektakulären Erlebnissen oder schlicht (und deshalb noch spektakulärer) zur Ruhe kommen möchte. Ob die eigenen Wünsche und Ziele angemessen und realistisch sind, dafür übernehmen Gebrauchsanweisungen keine Verantwortung.

Ratgeber(-Bücher) versprechen dem Leser mehr. Wie von einer liebenden Mutter oder einem fürsorglichen Vater und gleichzeitig hochprofessionell wird man vom Autor an die Hand genommen. Der Ratgeber verspricht wohlwollend bei der Lösung relevanter Probleme zu helfen. Gleichzeitig trösten Ratgeber und wollen Ängste nehmen: »So schlimm ist Ihr Problem nicht. Vielen Menschen geht es ähnlich. Wenn Sie es so machen, wie ich es Ihnen rate, wird es besser … (natürlich ohne Garantie).« Was der Leser dann tatsächlich mit dem Rat bzw. den Ratschlägen macht, bleibt ihm überlassen. Meistens macht er nichts. Zumindest hat er ein Buch gekauft.

Gebrauchsanweisungen sind diesbezüglich geradliniger: eine Maschine, ein Land, ein Phänomen wird vor-

und dargestellt, die Funktionsweisen werden erläutert. Die Lektüre von guten Gebrauchsanweisungen macht den Leser kompetenter. Ob überhaupt und, wenn ja, welche Probleme er hat, bleibt zunächst einmal offen bzw. ist nicht relevant. Nach der Lektüre, idealerweise, ist der Leser in der Lage, diverse Probleme, die man mit der jeweiligen Thematik haben könnte, mit besserem Wissen eigenverantwortlich und konstruktiv anzugehen.

Ratgeber setzen ungelöste, als solche wahrgenommene und zur Lösung anstehende Probleme des Lesers bzw. Kunden voraus. Gebrauchsanweisungen hingegen setzen auf Interesse und Neugier, die dann hoffentlich im Laufe der Lektüre weiter steigen. Eine interessiert-neugierige Grundhaltung ist elementar, um in der Postmoderne den Kopf über Wasser halten zu können. Einfache, durch Ratschläge vermittelbare Lösungen zu allen für das individuelle Leben relevanten Fragen gibt es in der Postmoderne – wie bereits erwähnt – längst nicht mehr. Insofern sind Gebrauchsanweisungen der einzig sinnvolle Weg, mit der epochalen Herausforderung »Postmoderne« kommunikativ umzugehen.

1.2 Epochen sind wie Maschinen

Maschinen bieten sich als Metaphern, also als »Bilder«, an, um komplexe, dynamisch-interagierende Phänomene abbilden und begreifen zu können.

Welche Maschine wäre geeignet, um Epochen der Menschheitsgeschichte »abzubilden«?

- Epochen entwickeln sich im Zeitverlauf. Nehmen wir also ein Auto bzw. einen Pkw.
- In Epochen wird vieles durchmischt, zerkleinert, neu

zusammengesetzt. Damit entsprechen Epochen multifunktionalen Küchengeräten.

- Jeder Epoche wurde bzw. wird zudem durch die Art und Weise der Kommunikation zwischen den Individuen und den Generationen determiniert. Insofern sind Computer (mit mehr oder weniger entwickelter kommunikativer Potenz) ideale Maschinen, um Epochen zu charakterisieren.

Zusammengefasst: Epochen sind wie Automobile mit integriertem multifunktionalem Küchengerät und vernetztem PC.

Können Sie sich eine solche Maschine vorstellen? Schwer? Dann strengen Sie sich bitte an: Etwas Fantasie und Humor braucht man immer, wenn man mit einer Gebrauchsanweisung klarkommen will. Und für ein Leben in der Postmoderne, wenn es mehr als ein Überleben sein soll, sowieso.

Also: Epochen sind wie Automobile mit integriertem multifunktionalem Küchengerät und vernetztem PC. Mit dieser selbst gebastelten Maschine sind wir nun gut ausgestattet und können den Epochen auf den Grund gehen.

Erscheinungsbild – von außen und von innen

Maschinen sehen von **außen** betrachtet ... unterschiedlich aus. Wobei schon seit Langem nichts dem Zufall überlassen wird. Designer sorgen dafür, dass eine Maschine nicht nur funktional aussieht, sondern, soweit dies möglich ist, ästhetisch überzeugt. Ein Auto hat vier Räder und fährt.

De facto ist der Wagen eines bestimmten Herstellers erheblich mehr: ein Sinnbild für Geschwindigkeit, Seriosität, Sportlichkeit, Garant für ein bestimmtes, den Selbst-

wert unterstreichendes bis steigerndes Lebensgefühl …
Ähnliches gilt für Küchengeräte und PCs.

Von **innen** heraus betrachtet sehen Maschinen mitunter
ganz anders aus. Alles ist eine Frage der Perspektive. Der
Eindruck von innen kann den, der sich von außen bietet,
ergänzen, aber auch im Widerspruch dazu stehen: glän-
zende Fassade, wohlgeordnetes, hochwertiges Innenleben,
aber auch außen hui, innen desolat … oder umgekehrt.

Epochen haben ein äußeres Erscheinungsbild, das von
dominierenden Personen und Gruppen, von epochalen
Taten und Produkten geprägt wird. Epochen sind mehr als
ein »sie haben irgendwie überlebt«. Ausgehend von den
jeweiligen ökonomischen und technologischen Konstellationen sind Epochen von Menschen mit bestimmten Idealen
und Zielen geprägte Phänomene. Das äußere Erscheinungsbild einer Epoche wird von Gebäuden, Siedlungen
und Verkehrswegen dominiert. Bei näherer Betrachtung,
wenn man sich an das Objekt heranzoomt, werden Details
erkennbar: Moden, Design, Kunst- und Kultur. Von innen
heraus betrachtet, wenn man integraler Teil der Epoche
ist – so wie wir die Postmoderne ausmachen –, sind die
Proportionen, Gewichtungen, Wertigkeiten wieder andere,
je nach Standort und verwendetem Objektiv.

Bauteile – Bestandteile

Maschinen ebenso wie Epochen bestehen aus einer Viel-
zahl von Einzelteilen, die in bestimmter Art und Weise
angeordnet sind und miteinander agieren. Maschinen wie
Epochen lassen sich demontieren, auseinandernehmen, in
ihre Bestandteile zerlegen. Dabei kann es passieren, dass es
anschließend nicht mehr gelingt, die Teile wieder zum

Ganzen zusammenzusetzen, und man sich fragt, wie das ehemals alles auf so engem Raum untergebracht gewesen sein kann. Maschinen und Epochen sind mehr als die Summe ihrer Teile!

Dynamik

Idealerweise funktionieren beide, Maschinen und Epochen, indem einzelne Zahnräder und sonstige Bestandteile ineinandergreifen. Wobei eine je nach Art der Maschine bzw. Epoche unterschiedliche Dynamik resultieren kann, auch wenn vieles zunächst ähnlich aussehen mag: Die einen gehen bzw. fahren schnell, die anderen langsamer, die einen machen viel Lärm, andere sind fast lautlos, sie können stehenbleiben und im schlimmsten Fall explodieren. Auf den ersten – und mitunter auch auf den zweiten – Blick ist nicht immer erkennbar, warum es so langsam bzw. so schnell geht, wie es eben geht.

Sinn und Zweck

Maschinen wurden und werden konstruiert, um einen Zweck zu erfüllen (und sei es der, unsinnig zu sein). So gesehen sind sie sinnvoll und haben ein Ziel. Je nach Perspektive kann einem das Ganze dennoch überflüssig und zweckfrei vorkommen. Bezüglich der Epochen ist es ähnlich, nur dass sie eben nicht von Menschen entworfen und gebaut werden, sondern sich im laufenden Prozess als solche konstellieren. Wie konnte man nur so viel Energie, Menschenleben, Jahre investieren …, um Staaten, Reiche, religiöse Organisationen, Stände, Ideale aufzubauen, wenn es letztlich nichts und häufig viel Leid gebracht hat? Wobei der erste Eindruck trügen kann. In jedem Fall sind auch

Sinn und Zweck eine Frage der Perspektive. Diese Feststellung ist so unabwendbar wie schwer verdaulich. Nur wer sie restlos akzeptiert, ist vollständig in der Postmoderne angekommen.

Menschen bauen Maschinen – Menschen prägen Epochen

Das ist sicher nicht dasselbe. Aber ähnlich.

Epochen prägen Menschen – Maschinen charakterisieren Epochen

Hier spätestens wären die Grenzen unseres Maschinen-Epochen-Vergleichs erreicht, wir kommen darauf zurück. Leider ist es nicht möglich, sich komplexe Phänomene wie Epochen anders als ausgehend von prägnanten Modellen vorzustellen und zu »begreifen«. Anders funktioniert menschliches Denken nicht. Das ist ein wesentliches Problem. Aber absehbar nicht das, was Menschen üblicherweise zu haben glauben. Wir sind von jeher gefangen in den Bildern und Begriffen, die uns umgeben. Wir erleben alles, was wir durch diese Brille sehen, als selbstverständlich, als normal, und uns selbst, in diesem Kosmos, als frei. Eine zentrale Dynamik der Postmoderne liegt darin, solche Bilder und Begriffe notorisch zu hinterfragen. Je lästiger einem Menschen das Hinterfragen von Begriffen ist, umso geringer ist sein postmodernes Potenzial.

Mensch und Maschine

Soweit es darüber Aufzeichnungen gibt, haben Menschen immer versucht, sich die Funktionen ihres Körpers und ihres Geistes in Analogie zur seinerzeit modernsten Technologie zu erklären.

Wenn die Kanäle im Körper so gut funktionierten wie die Bewässerung des Ackerlandes durch die vom Nil gezogenen Kanäle, war ein alter Ägypter gesund. In der griechischen Antike war man davon überzeugt, dass Gesundheit davon abhängt, dass die unterschiedlichen Körpersäfte in ausgewogen-ausgeglichenen Verhältnissen vorliegen. Ab der industriellen Revolution lag die Analogie zur Dampfmaschine nahe. Wenn jemand das Gefühl hat, seine »Batterien« seien leer, hat er ein Modell »im Kopf«, das aus der zweiten Hälfte des 19. Jahrhunderts stammt. Heute erleben wir unseren Körper vorzugsweise als eine von einem Computer, dem Gehirn, gesteuerte Maschine. Zukünftig werden wir . . .?

Die Menschen aller Epochen waren davon überzeugt, dass ihr jeweils im Alltag allgegenwärtiges, schon deshalb überzeugendes Bild von Körper, Geist und Gesundheit genau den Sachverhalt trifft. Das Blut läuft durch Bewässerungskanäle in den Körper und versickert in Armen und Beinen. Wenn irgendwo ein Stau ist, ist man krank. Was ist daran unlogisch? Und warum sollten Batterien-Computer-Analogien bezüglich unseres Körpers richtiger sein als die Vorstellungen der alten Ägypter?

Fazit: Maschinen und Epochen haben hinreichend viele Gemeinsamkeiten, die es rechtfertigen, im Rahmen einer Gebrauchsanweisung Epochen anhand von Maschinen zu erläutern.

1.3 Perspektive und Erwartungen sind entscheidend

Angesichts der Maschine-Epoche-Analogie wird darüber hinaus deutlich, wie wichtig bei der Beurteilung eines Phänomens individuelle Ansprüche und Bewertungskriterien sind.

Man kann damit zufrieden sein, dass ein Auto fährt. Man kann aber auch Fahrtkomfort pur, Benutzerfreundlichkeit und niedrigen Spritverbrauch erwarten. Wie beim

Bogner-Mann: Höchste Ansprüche sind für ihn selbstverständlich (und er ist auch noch stolz darauf).

Man kann von einer Epoche maximale Lebensqualität, Sicherheit, Wohlstand und individuelle Entfaltungsmöglichkeiten als Grundrechte voraussetzen und fordern … oder aber man kann Momente der Sicherheit, des erlebten Glücks und der Geborgenheit – zumal in der Kombination – als einzigartige Geschenke des Schicksals ansehen und Gott (oder welcher Kraft auch immer bzw. dem Zufall) in Demut dafür danken. Und zufrieden sein, sein Leben ohne allzu große Blessuren führen und alt werden zu dürfen.

Zwischenfrage:
Ist die zuletzt skizzierte Bescheidenheit eine altmodische Dummheit oder eine zukunftsweisende Weisheit?

Anmerkung anstelle einer Antwort:
Das ist eine wichtige, sehr postmoderne Frage, die in einer Gebrauchsanweisung nicht beantwortet werden kann, sondern nur von jedem von uns – immer wieder neu – gestellt und beantwortet werden muss.
Wenn man meint, solche Fragen nicht stellen und nicht beantworten zu müssen (etwa, weil man schlicht zu träge dazu ist), ist das bereits die Antwort.
So elegant funktioniert die Postmoderne!

Schlussfolgerung: Je mehr man erwartet, umso leichter wird man enttäuscht.

Je größer die Diskrepanz zwischen Erwartung und (wahrgenommener) Realität, umso mehr Spannung – »Stress« – resultiert, was psychisch belastet und Gesundheit bzw. Lebensqualität ruinieren kann.

Wer exzessiv wenig erwartet, geht auf Nummer sicher: Enttäuschungen bleiben ihm absehbar erspart.

Was ist Ihre Herangehensweise an die Postmoderne?
Sie haben die Wahl! Zumindest theoretisch.

Ein kleiner Trost: Absolut alles richtig machen kann man grundsätzlich nicht, weder in einer Zwickmühle noch in der dieser ähnlichen Postmoderne.

Fallbeispiel
Jeder hat ein Recht auf Gesundheit!
Veronika S. ist 22 Jahre alt. Sie hat das Abitur ohne Bravour, aber immerhin bestanden, hat zwei Freundinnen und, abgesehen von Kunst, keine weiteren Interessen. Die Eltern sind geschieden, der Vater ist Arzt, die Mutter war Krankenschwester. Veronika wohnt bei ihrer Mutter.
Nachdem sie sich nach dem Abitur vor zwei Jahren erfolglos um die Aufnahme an einer bekannten Kunstakademie beworben hat, tut sie praktisch nichts mehr. Sie schläft bis Mittag, lässt sich von der Mutter versorgen und surft exzessiv im Internet.
Veronika leidet darunter, dass ihre Verdauung »nicht richtig funktioniert«. Sie hat Blähungen, was sie unruhig macht, weshalb sie sich wiederum nicht konzentrieren kann. Sie will, dass diese Probleme aufhören. Erst dann kann sie überlegen, was sie im Leben machen will. Verschiedene Ärzte konnten auch mit aufwendigsten Untersuchungen nichts finden, was Veronikas Beschwerden erklärt. Eine Psychotherapie, in der man mit ihr üben wollte, mit den Beschwerden zu leben, hat sie abgebrochen.
Sie hat ein Recht auf Beschwerdefreiheit. Bis dahin muss ihre Mutter für sie sorgen und der Vater zahlen.

Und schließlich macht der Maschinen-Epochen-Vergleich anschaulich, dass alles eine Frage des Standpunktes bzw. der jeweiligen Perspektive ist: von außen oder von innen betrachtet, als unbeteiligter Beobachter, als Eigentümer oder als Wissenschaftler, der ein Auto oder auch eine Epoche auseinandernimmt, um die Einzelteile unter der Lupe zu betrachten, oder eben als »User«, der mit der Maschine bzw. der Epoche, in der zu leben er gezwungen ist, klarkommen muss ...

Jeder hat jeweils sein Bild vor Augen, das anders ist als das der anderen ...

Jedes dieser Bilder ist gleichermaßen die Wahrheit.

Wobei die Bilder sehr unterschiedlich bis diskrepant sein können.

Eine zusammenfassend-objektive Sicht komplexer Phänomene ist dabei ausgeschlossen.

Niemand sieht ganz falsch oder ganz richtig. Jeder sieht nur *seinen* Ausschnitt. Verständnis geschieht stets auf Grundlage von Interpretationen, die meistens automatisch passieren, eben weil man die damit verbundenen Perspektiven und Begriffe »gewöhnt« ist.

Diese Tatsachen zu realisieren, damit zu leben und umzugehen, ohne alles der Beliebigkeit anheimfallen zu lassen, ist die größte Herausforderung, die die die Postmoderne zu bieten hat.

Die vorliegende »Gebrauchsanweisung für die Postmoderne« will diesbezüglich weiterhelfen: Bei eingehender Lektüre erweitert sie die Perspektive des Lesers bzw. »Users«, was ihn in gewisser Hinsicht in die Lage versetzt, sich die jeweilige Maschine bzw. Epoche in einigen der Grundfunktionen klarer vorstellen und sie besser bedienen zu können.

Wenn Sie den bisherigen Text nicht nur überflogen, sondern gelesen haben (was in der Postmoderne eine selten gewordene Tugend bzw. eher ein Relikt aus vorangegangenen Epochen und damit wiederum eine Paradoxie ist), haben Sie bereits mehr als erste Eindrücke gewinnen können, wie so etwas funktionieren kann. Was Sie schlussendlich mit diesen Eindrücken, Ideen und ggf. neuen Erkenntnissen tun oder nicht tun, ist Ihre Angelegenheit und liegt – wie dargelegt – außerhalb des Zuständigkeitsbereichs einer Gebrauchsanweisung.

Abb. 1   Monumental, römisch und gotisch, mit grell-grünen
Fensterrahmen: Die NEUE STAATSGALERIE Stuttgart.
Die NEUE STAATSGALERIE, Architekt James Stirling, wurde am
9. März 1984 eingeweiht. Sie gilt, laut Wikipedia, »heute als eines
der bedeutendsten Werke der postmodernen Architektur in
Deutschland«.

Gebrauchsanweisungen sind weder philosophische bzw.
moralische Abhandlungen noch wissenschaftliche Erörte-
rungen. Sie behandeln in der Regel Einzelteile, Einzelhei-
ten und Funktionsprinzipien einer Maschine bzw. einer
Epoche nur insoweit, wie es der Leser wissen muss, um die
jeweilige Erwerbung angemessen bedienen und gegebenenfalls, bei leichteren Fehlfunktionen, wieder ins Lot bringen
zu können.

Von dieser sympathischen Regel machen Gebrauchsanweisungen handelsüblicher Produkte nur eine Ausnahme,

und zwar ganz am Anfang: In der Einführung schießen Gebrauchsanweisungen nicht selten über alle selbst gesteckten und rationalen Ziele hinaus. Das jeweilige Produkt wird in höchsten Tönen gelobt und der Käufer beglückwünscht, sich eben diesen hervorragenden, ästhetisch schönen und besonders leistungsstarken Gegenstand gekauft zu haben. Er wird, eine angemessene Pflege und die richtige Handhabung vorausgesetzt, sicher damit glücklich werden. Andere Menschen werden ihn um den betreffenden Artikel beneiden!

Auch die vorliegende »Gebrauchsanweisung für das Leben in der Postmoderne« kommt nicht ohne eine solche Einführung aus:

Herzlichen Glückwunsch, dass Sie die Postmoderne gewählt haben!

Sehr geehrte Kundin, sehr geehrter Kunde!
Wir beglückwünschen Sie, dass Sie die Postmoderne gewählt und Ihr Leben in eben dieser wunderbaren Zeit gebucht haben. Bei der Postmoderne handelt es sich um ein Produkt, das höchsten Qualitätsstandards genügt. Langjährige, epochale Vorarbeiten waren nötig, um dieses einzigartige Produkt zu kreieren. Wir, die Hersteller, haben uns bemüht, eine Ihren Wünschen optimal entsprechende Epoche zusammenzustellen. Richtige Handhabung und sorgfältige Pflege aller Verschleißteile vorausgesetzt, können wir Ihnen ein langes, gesundes Leben sowie vielfältige Möglichkeiten und Spielvarianten garantieren. Immer wieder neue Variationen machen das Leben in der Postmoderne zu einem kurzweiligen Spiel. Dank unseres weltweiten Netzwerkes sind Sie als Kunde und/oder Performer der Postmoderne in der Lage, umfassend zu kommunizieren. Es lassen sich stufenlos verschiedene Betriebswebenen und Temperaturen einstellen. Zwar ist eine individuelle Steuerung von Hand möglich. Der Hersteller empfiehlt jedoch die Wahl einer von mehreren Automatikvarianten, mit denen sich Risiken und Nebenwirkungen minimieren und das individuelle Wohlbefinden DIN-Norm-entsprechend abrufen lassen. In der

Postmoderne hat jeder das uneingeschränkte Recht darauf, gesund und glücklich zu sein!

Wir machen vorsorglich darauf aufmerksam, dass die Einhaltung des zulässigen Gesamtgewichts zu beachten ist. Ansonsten ist die bei höheren Spielstufen notwendige Flexibilität nicht gewährleistet, was Störungen des Ablaufs nach sich ziehen kann. Bei Überschreitung des vorgeschriebenen Gesamtgewichts wird für Schäden nicht gehaftet. Die nötige Leichtigkeit vorausgesetzt kann hingegen unbegrenzter Spielspaß garantiert werden.

Sollte der Spielspaß im Verlauf geringer werden, weist dies darauf hin, dass Ihre Leichtigkeit und Flexibilität erhöht werden müssen. Das kann leicht durch das Abwerfen von Ballast – von unnötigem Wissen und überzogenen Werten – geschehen. Es gibt nichts, was sich nicht noch effizienter und ballastärmer machen ließe!

Seien Sie flexibel, kreativ und kommunikationsfreudig! Wenn Sie unbegrenzte Spielmöglichkeiten suchen, sich verwirklichen, diese Dynamik als »Selbst« genießen wollen und bei alldem nichts für die Zwänge der Vergangenheit übrig haben, wenn Sie Geschwindigkeit lieben, leistungs- und gleichzeitig spaßorientiert sind, dann haben Sie absolut richtig gewählt: die Postmoderne!

Die Funktion einführender Texte kommerzieller Gebrauchsanweisungen ist es, beim Kunden ein gutes Gefühl zu induzieren. Genießen Sie das Produkt ... und seien Sie froh, dass Sie nicht die Einführung eines Ratgeber-Buches gelesen haben. Denn darin werden Probleme aufgeblasen und zelebriert. Schließlich rechtfertigen Probleme die Existenz des Ratgebers. Eine Maschine oder Epoche, also der Gegenstand einer Gebrauchsanweisung, ist hingegen offenkundig. Gebrauchsanweisungen müssen somit nicht um ihre Existenzberechtigung kämpfen. Sie können deshalb unkomplizierter und optimistischer sein. Genau diese Grundhaltung ist in der Postmoderne essenziell!

War unsere Gebrauchsanweisungs-Einführung inhaltlich überzeugend?

Ist die Postmoderne wirklich so?
Und ist sie so gut, wie sie hier darstellt wurde?

Zumindest die letzte Frage ist, wie bereits dargelegt, falsch gestellt.

Jedes Produkt ist so gut, wie es sich verkauft und wie es vom Publikum angenommen wird. Dazu gibt es Werbung bzw. Werbepsychologie! Beides gehört zur Postmoderne wie das Salz in der Suppe.

Falls sich im Laufe der Lektüre des Einführungstextes bei Ihnen Bauchschmerzen eingestellt haben sollten ... dann sind Sie noch nicht ganz der optimale Kunde! Was nicht ist, kann ja noch werden. Man muss nur wollen. *Wie* Sie der optimale Kunde werden? Auch das erfahren Sie in dieser Gebrauchsanweisung.

3 Epochen im Überblick

3.1 Postmoderne – Was ist das und wie funktioniert es?

Egal, ob mit Begeisterung oder Bauchschmerzen, egal, ob Sie sich aus freien Stücken oder gezwungenermaßen für die Postmoderne entschieden haben: Eben diese Epochen-Maschine steht nun vor Ihnen und Sie befinden sich mittendrin!

Ausgepackt, aber noch nicht in Betrieb genommen.

Im Folgenden wird es darum gehen, sich mit den wesentlichen Perspektiven und Funktionen vertraut zu machen, die für Sie angemessenen Nutzungsmöglichkeiten zu skizzieren und abschließend die Postmoderne in Betrieb zu nehmen bzw. Sie Ihren Bedürfnissen entsprechend optimal zu nutzen.

Für den Fall, dass Sie nicht daran interessiert sind, Ihre Zeit damit zu verschwenden, sich über die Hinter- und Vordergründe der postmodernen Funktionen zu informieren, ist das Ihr gutes, elementar postmodernes Recht. Aus juristischen bzw. haftungsrechtlichen Gründen ist ein solches Kapitel leider unverzichtbar. Selbstverständlich können Sie dieses Kapitel, wie alles in der Postmoderne, umgehend überblättern.

Man kann Computer zwar verwenden, aber nicht verstehen, wenn man nicht weiß, wie ein einfacher Schaltkreis funktioniert. Alle Maschinen und Epochen sind die Folgeprodukte einfacherer, früherer Entwicklungsstufen.

Diese Vorgängermodelle wurden in ihrer Zeit als innovativ und/oder alternativlos angesehen. Entsprechend erleben wir heute die Postmoderne: Teile der diversen Vorstufen wurden in jeweils neuere Versionen eingebaut, teils sichtbar, oft aber unsichtbar. Beim Bemühen darum, bestimmte Aspekte zu optimieren, geschah und geschieht es immer wieder, dass als weniger relevant erachtete Funktionen auf der Strecke blieben. Fortschritt ohne Nebenwirkungen gibt es nicht. Nur dass diese Nebenwirkungen oft erst sehr viel später als solche offenkundig werden. Rückblickend hat die mehr oder weniger schweigende Mehrheit diese Nebenwirkungen, alles, was heute schlechter ist, als es früher war, vorausgesehen. Und natürlich hat man gewarnt. Oder man hätte gewarnt, wenn es denn jemand hätte hören wollen. Glücklicherweise ist man deshalb nicht schuld an den aktuellen negativen Entwicklungen. Aber man hat es auszubaden. Was bei allem Übel und aller Ungerechtigkeit mit dem guten Gefühl einhergeht, zwar machtlos, aber wenigstens allwissend zu sein. Ein möglicher Trost für alle anderen ist, dass, wie auch immer die Neuartigkeit eines Produktes gepriesen wird, es sich letztlich überwiegend doch um »alten Wein in neuen Schläuchen« handelt.

Wirkliche Neuigkeiten und Innovationen kommen meist relativ harmlos und bescheiden einher. Ihre reale Potenz entfalten sie nach und nach, in verschiedene Richtungen. Die revolutionärsten Designs hingegen entpuppen sich dann oft als alte Hüte.

Fazit: Um eine Epoche in ihrem Aussehen und ihren Funktionen zumindest ansatzweise verstehen zu können, reicht Design-Rhetorik nicht aus. Epochen-Maschinen sind komplizierte, dynamische Gebilde. Die elementarsten Faktoren einer Epoche, was auch für die Postmoderne gilt, lassen sich von uns Zeitgenossen nur dann gezielt für eigene Zwecke nutzen, wenn man die Vorgängermodelle kennt. Keine Maschine und keine Epoche, nichts wurde aus dem Nichts heraus erschaffen. So sehr die jeweiligen Produzenten auch immer die Einzigartigkeit und Neuartigkeit ihrer Produkte anpreisen mögen.

In den folgenden Abschnitten werden wichtige historische Epochen-Maschinen in chronologischer Reihenfolge vorgestellt: die Vorgängermodelle der Postmoderne. So kurz und so ausführlich wie nötigt, um die Postmoderne ansatzweise verstehen zu können.

Vorab muss nachdrücklich darauf hingewiesen werden, dass diese älteren Epochen-Maschinen und die ihnen eigenen Qualitäten unwiederbringlich der Vergangenheit angehören. Sie sind nicht mehr im Angebot. Ausverkauft. Aussortiert. Selbst antiquarisch sind sie nicht mehr zu bekommen. Falls Ihnen dennoch Entsprechendes angeboten werden sollte, von Steinzeitdörfern bis zu Ritterspielen, dann können Sie sicher sein, das es sich dabei bestenfalls um Kulissen handelt, in denen Postmoderne aufgeführt wird. Ansonsten sind es Fälschungen, Illusionen, virtuelle Spiele, in denen die Zeche zahlenden Kunden schlimmstenfalls verloren gehen.

Dass andererseits in jedem von uns noch Restbestände der vergangenen Epochen-Maschinen stecken, steht auf einem anderen Blatt. Diese traditionellen (bis reaktionären) Muster erkennen und einordnen zu können ist wichtig, um nicht der Orientierungslosigkeit anheimzufallen oder, noch schlimmer, in einem unkonzentrierten Moment über seine retrospektiven Anteile zu stolpern und sich dabei die Beine oder gar das Genick zu brechen.

Zeitfallen ohne Wiederkehr?

Für den Fall, dass Sie es darauf anlegen wollten, aus der Gegenwart – die man heute Postmoderne nennt – herauszukommen bzw. herauszufallen (etwa weil »*früher alles besser war*«), folgender Hinweis:

Es ist noch niemand jemals aus seiner Zeit gefallen.

So sehr man es sich auch immer wünschen mag und so sehr es Heilsbringer, zwischen Spiritualität und Kinoprogramm, als Möglichkeit offerieren.

Die Relativitätstheorie gilt für Elementarteilchen, nicht für daraus bestehende Individuen. Der Versuch des Epochen-Eskapismus führt dazu, Anachronismen anheim und biografisch auf die Nase zu fallen. Die Geschichte ist voller diesbezüglicher, teils mehr als tragischer Beispiele, vom Heiligen Römischen Reich Deutscher Nation bis zum Germanentum in brauner Vorzeit. Auch davor möchte Sie dieser Ratgeber schützen.

3.2 Die vor- und frühgeschichtliche Epochen-Maschine

Integratives Sein in Familie und unendlicher Generationenfolge

Es war einmal und dauerte sehr lange … ungefähr eine Million Jahre bis etwa 3000 Jahre vor Christus (bezogen – wie auch die folgenden Zeitangaben – auf europäische Verhältnisse). Es gab Menschen. Individuen gab es nicht (dass es eine Möglichkeit sein könnte, sich selbst als solches zu definieren, wurde erst viel später entdeckt). Die Familie, die Sippe waren alles und das Überleben unsicher. Materieller Besitz war zunächst bescheiden, um transportfähig zu sein. Kleidung, Werkzeuge, Waffen, Behältnisse, ein wenig Schmuck, Musikinstrumente und Kultfiguren. Heimat war da, wo es genug zu essen gab. Was man lernen musste, lernte man durch Nachahmung und praktische Versuche, wie z. B. die Steinwerkzeugherstellung: anfangs einfache Geröllgeräte, später Faustkeile (Abb. 2) und noch viel später Klingen, Schaber, Pfeilspitzen.

Abb. 2   Eindrucksvoll, aber unpraktisch: überdimensionierter, daher zum praktischen Gebrauch ungeeigneter Faustkeil.
Höhe 21,5 cm, Gewicht 1571 g. Fundort: Nordafrika. Altsteinzeit, Acheuléen > 100 000 v. Chr.

Über Generationen waren Menschen von Norden nach Afrika und wieder zurück gezogen, der Klimaverschiebung gehorchend und dem Eis ausweichend, vermutlich ohne diese Wanderungen über Tausende Kilometer als solche zu bemerken. 1500 Meter im Jahr waren für nicht sesshafte Menschen nicht der Erwähnung wert. Vergangenheit, Gegenwart und Zukunft waren identisch. Gelegentlich erforderten Naturkatastrophen ein etwas schnelleres Wandertempo und Anpassungsleistungen anderer Art. Entdeckungen, die sich zufälligerweise ergaben, blieben nicht aus. Bis sie sich durchsetzten, vergingen Jahrtausende.

Jagd war Aufgabe des Mannes. Das Gebären der Kinder, später Ackerbau und noch etwas später Keramik waren – vom Erstgenannten abgesehen – vermutlich überwiegend Aufgabe der Frauen. Viehzucht, Ackerbau, Keramik, später Bronze ... ansonsten hatte man viel Zeit im Rhythmus der Natur. Lange, ruhige Nächte, solange keine Säbelzahntiger nahten.

Mit der Sesshaftigkeit wurden aus Zelten Hütten und Häuser. In der Jungsteinzeit, dank Viehzucht und Ackerbau, wurden größere Gemeinschaften möglich. Diese funktionierten zumindest in einigen Regionen zunächst ohne erkennbare hierarchische Gliederung. Alle Häuser gleich groß, gleich gebaut. Alle besaßen gleich viel. Die gefühlte und gelebte Verbundenheit untereinander muss größer gewesen sein als der dem Menschen – somit nicht unbedingt und dominant – in den Genen liegende Konkurrenzkampf. Ein schönes Märchen? Nein, archäologische Realität.

Hirten und Jäger hatten exponierte, auch äußerlich als solche erkennbare Häuptlinge. Der Kampf um individuelle Profile und Ressourcen war hier prägender. Die ersten

Kriege zwischen diesen Stämmen und den von Ackerbau lebenden Gemeinschaften werden auch deshalb entstanden sein.

Die Abfolge der Jahreszeiten war, wie die sich zyklisch regenerierende Natur, ein göttliches Wunder, in dem die epochalen Bewohner gefangen waren. Alternativen waren undenkbar, schon deshalb, weil alles andere jenseits der Erfahrung und damit des Vorstellungsvermögens lag. Hinter der Welt blieb ein Jenseits zu vermuten. Schöpfer, große Mütter, verehrte Ahnen, heilige Jagdgründe.

Alle zusammen führten ein zeitloses Leben im Rahmen der aus sich selbst heraus immer wieder neu generierenden Familien.

Menschen waren Glieder einer unendlichen Kette und nur als solche lebensfähig. Nur so war lebenswertes Leben vorstellbar.

Übung I

Nehmen Sie versuchsweise die Perspektive der Vor- und Frühgeschichte-Maschine ein:

Welche der Probleme, die Sie (und Ihnen Nahestehende) heute beschäftigen, hätten Sie seinerzeit nicht gehabt?

Auf welche der Ihnen heute selbstverständlichen »persönlichen Rechte« hätten Sie seinerzeit verzichten müssen?

Wie würden Sie sich heute fühlen, wenn man Ihnen diese Rechte quasi nehmen und Sie in den Modus »Integratives Sein in Familie und unendliche Generationenfolge« zurückversetzen würde? Wie hätten Sie sich seinerzeit gefühlt?

. . .

Und warum sind alle diese Fragen fundamental falsch gestellt?

3.3 Die Alles-hat-seinen-Platz-und-seine-Ordnung-Maschine

Sicher positionierte Räder in alternativloser, gottgewollter Ordnung

Die Alles-hat-seinen-Platz-und-seine-Ordnung-Maschine hatte eine, verglichen mit dem Vorgängermodell, sehr kurze Laufzeit, gegenüber den Folgemodellen war die Laufzeit sehr lang. Sie wurde – relativ zum eher uniformen Vorläufermodell, was die archäologischen bzw. ethnologischen Zeugnisse anbelangt – in den unterschiedlichsten Designs aufgelegt. Von etwa 3000 v. Chr. bis in das 18. Jahrhundert hinein, also knapp 5000 Jahre, war sie das alternativlose Erfolgsmodell.

Landwirtschaft in schwierigen Gebieten, etwa in den Tälern des Zweistromlandes (Mesopotamien) und in Ägypten, setzt – um die wachsende Bevölkerung zu ernähren – Infrastruktur voraus. Diese konnte nur in größeren Kollektiven geschaffen und aufrechterhalten werden. Bewässerungssysteme, reiche Ernten und Vorratshaltung. Je größer die Vorräte wurden, umso attraktiver wurden diese für andere Gruppen, potenzielle Feinde, was wiederum militärische Aktivitäten erforderte. Der Krieg war nicht die »Mutter aller Dinge«, aber eines ihrer ältesten Kinder. Größere Gemeinschaften, hinsichtlich ziviler wie militärischer Infrastruktur, funktionieren am schlagkräftigsten, wenn sich Herrschaft konstituiert. Identität, dekorativ und Gemeinschaftserleben stimulierend, auf dem Rücken besiegter Feinde.

In Kultur und Religion wurden Sinn und die inhaltlichen Bezüge der Gemeinschaft spezifisch-anschaulich, von den Königreichen der Pharaonen über die Stadtstaaten im anti-

Abb. 3 Antike Idylle: Ästhetik und überhaupt alles im Einklang mit
dem göttlichen Willen.
Ruel Crompton Tuttle, signiert und datiert 1895, Aquarell über Blei-
stift, 35 x 27 cm.
Idealisierte Ansicht des Erechtheion auf der Akropolis in Athen. Ab
420 v. Chr. errichtet, dort, wo die Residenz des legendären Königs
Erechtheus gestanden hatte. Neben Athena und dem heroisierten
König wurden hier viele für Athen wichtige Götter und Heroen ver-
ehrt. Ruel Crompton Tuttle, geboren 1866, lebte in Massachusetts,
Connecticut. Er bereiste intensiv Europa. 1908 wurden Gemälde
und Aquarelle von ihm, u. a. Ansichten von London, Venedig und
Paris, im WORCESTER ART MUSEUM ausgestellt.

ken Griechenland (Polis), vom römischen Kaiserreich bis zu
den mittelalterlichen und frühneuzeitlichen Reichen, von
Friedrich II. über den Sonnenkönig bis zum alten Fritz.
Unter diesen Vorzeichen wurden aus Familien die Bewohner einer Siedlung, einer Stadt, eines Reiches und erst, nach
und nach: Völker. Aus Siedlungen wurden Städte. Aus Mit-
bewohnern wurden hierarchisch gegliederte, streng organi-

sierte Staaten. Damit ließen sich die Aufgaben, einschließlich des Bevölkerungswachstums, zunächst gut bewältigen. Wenn sich neue logistische, technische und politische Herausforderungen ergaben, wurde es zeitweilig turbulent.

Technologische Fortschritte, Differenzierung der Handwerke und der Kriegskunst, wenn nicht Erfindung, so doch die Verbreitung der Schrift. Regeln, Werte, Normen, Gesetze werden verbindlich und eingebläut, anders funktioniert es nicht. Soziale Schichten ergeben sich zunächst aus praktischen Gründen. Sie suchten und fanden dann nach und nach ihre ideologischen Dimensionen und kultischen Wurzeln. Spezialisierung wohin man sieht, möglichst mit Konstanz und Verbindlichkeit. Wer Herr war, war Herr, und wer Knecht war, war Knecht. Das ging nicht immer gut. Es kam zu Verwerfungen. Die Welt drehte sich wie eine Töpferscheibe. Bis der ehemalige Knecht der Herr geworden war.

In veränderter Reihenfolge ging es dann in etwa so weiter, wie es zuvor gewesen war. Reiche entstanden, wuchsen, wurden besiegt und zerfielen. Auf ihren Ruinen entstanden neue Städte, neue Reiche … und die, die in ihnen lebten, waren von deren jeweiliger alternativloser, gottgewollter Qualität überzeugt.

Solange ein System stabil war, garantierte es Verbindlichkeit und Sicherheit. Jeder war ein Teil des Ganzen, dort, wo er »hingestellt« worden war. Gottgegeben, schicksalhaft und weitestgehend unverrückbar. Es gab Episoden, wo einige Personen sich die Freiheit nahmen, all dies zu hinterfragen. Es blieben zunächst Episoden. Der »normale« Bewohner dieser Epoche, in der alles seine Ordnung hatte, konnte weder lesen noch schreiben. Und die, die es konnten, lasen Schriften, die dem Status quo huldigten. Das

Abb. 4   Absolutistisch: Römischer Kaiser hoch zu Ross im Stile
Ludwig XIV.
Kupferstich, Plattengröße: 15,8 x 22,6 cm.
Darstellung eines römischen Imperators zu Pferde im Profil nach
links. Daneben und davor Waffen- und Uniformteile, zwei gefes-
selte Gegner und drei Putten. Nach einem Entwurf von Jean le
Pautre (1618–1682), seit 1677 Mitglied der Pariser Akademie, gedruckt vom Verleger Pierre Mariette mit königlichem Privileg Ludwig XIV.

Paradies kam für die meisten nicht auf der Erde, sondern
danach, was ein frommes Leben bedingte. Individuen gab
es auf allen Ebenen, aber nur selten im Niemandsland
dazwischen. Womit sich die Menschen früherer Epochen
kategorisch von dem, was später als Individuum die Postmoderne bevölkern wird, kategorisch unterschieden. Menschen – zumindest jenseits einiger diesbezüglich glückli-
cheren Jungsteinzeit-Kulturen – sind nicht zuletzt auch
hinsichtlich ihrer materiellen und sozialen Möglichkeiten
verschieden. Aber: Bis zur Postmoderne folgten auf allen

Ebenen der Sohn dem Vater, die Tochter der Mutter, um selbst wieder Vater und Mutter zu werden, gebunden an ihren Hof, ihre Zunft, ihren Stand – die diesbezüglichen Normen, Muster, Regeln, die trotz großer Entdeckungen und politischer Verschiebungen weitgehend unverrückbar schienen. Aber sich langsam wandelten.

Übung II

Stellen Sie sich vor, die aktuelle Bundesregierung und der Bundeskanzler bzw. die Bundeskanzlerin wären unmittelbar von Gott eingesetzte Institutionen. Gottesgnadentum, ewig und unverrückbar, von niemandem, auch nicht von Ihnen, zu hinterfragen. Damit geht einher, dass Sie akzeptieren, dass Ihr Verstand und Ihre Einsichtsfähigkeit nicht an die entsprechenden Qualitäten dieser hochgestellten Personen heranreichen.

- Wie würden Sie einem Minister entgegentreten?
- Welche Konsequenzen hätte eine solche Perspektive, für Ihr Selbstbild, Ihre Wünsche und Ziele?

Das sei absolut unvorstellbar?

Sicher, de facto ist es das. Was Menschen nicht darin hindert, diesbezügliche Fantasien für Annäherungen zu halten und mitunter sogar als »Wissenschaft« zu kultivieren. Auch wenn die Menschen der Römerzeit oder diejenigen, die in der Zeit des Dreißigjährigen Krieges lebten, biologisch weitestgehend mit uns identisch waren: Als Persönlichkeiten, in dem, wie sie sich selbst relativ zu anderen Individuen erlebten, liegen zwischen ihnen und uns Welten … Solche Aspekte und Unterschiede zu reflektieren macht die Konsequenzen der jeweiligen sozialen und historischen Rahmenbedingungen zumindest ansatzweise »begreifbar«; was angemessener ist, als nach Gemeinsamkeiten zwischen den Epochen zu suchen und Eskapismus-Träume zu kultivieren. Letztere kann man gelegentlich genießen, wie Romane, solange die Energien ansonsten darauf ausgerichtet bleiben, was im Hier und Jetzt anliegt.

3.4 Die bürgerliche Kapitalismus-Maschine – durch die Industrialisierung in die Moderne

Bildung, Leistung und Besitz machen den Menschen aus

Die bürgerlich-kapitalistische Epochen-Maschine nahm im 18. Jahrhundert Fahrt auf. Es gab Vorläufer, etwa die berühmte, zeitweise sehr erfolgreiche und sich dann schnell selbst paralysierende sogenannte Demokratie im alten, klassischen Griechenland. Aus der bürgerlich-modernen Dynamik resultiert der notorische Fortschritt, der für uns alle eine schöneres, besseres Leben auf Erden mit sich bringen wird. Wer seine Möglichkeiten nicht nutzt, ist dumm. Wer Erfolg hat, der hat recht und wird von Gott geliebt. Wer Geld hat, hat die Macht. Das waren bereits im 18. Jahrhundert keine neuen Ideen.

Gleichwohl, bei systematischer Anwendung und Umsetzung dieser Einsichten, wurden Revolutionen unvermeidlich: Technologisch kam es zunächst in England zur industriellen Revolution. Politisch revolutionär wurde es zuerst in Frankreich und dann anderswo, auch in Amerika. Technologisch und sozial führte der Weg hinaus aus Traditionen und gewachsenen sozialen Strukturen. Politisch bediente man sich zunächst noch tradierter monarchischer und religiöser Versatzstücke aus der unmittelbaren Vergangenheit. Man kannte noch nichts anderes, was Stabilität und Sicherheit versprochen hätte.

Innerhalb weniger Jahrzehnte wurden die Relikte der »Alles-hat-seinen-Platz-und-seine-Ordnung-Epoche« zu Treibholz auf der Oberfläche einer Epochen-Maschine, die anscheinend durch nichts mehr zu bremsen war.

Die Macht folgte dem Geld. Das Geld baute Betriebe.

Abb. 5 Alles in guter Ordnung und in Anbetung. Aber geschieden.
Die Jungfrau Maria mit dem Christuskind zwischen dem Apostel
Paulus (links) und dem heiligen Franziskus, Öl auf Leinwand,
73,5 x 80 cm, um 1600.
Das in der frühen Barockzeit wohl in Italien entstandene Bild folgt
dem wesentlich älteren Typus der (im 19. Jahrhundert so genannten)
»Sacra Conversazione«: Maria erscheint zwischen Heiligen, unabhängig davon, ob sich diese im realen Leben hätten begegnen können. Paulus lebte zu Zeiten Christi, der Heilige Franziskus um 1200.
Links unten, im schlichten Gewand seiner Zeit, erscheint der
betende Stifter des Bildes. Seine Ehefrau, die ursprünglich ihm
gegenüber dargestellt war, wurde komplett übermalt. Die Gründe
für diese »Eliminierung« sind unklar.

Die Betriebe nahmen die Menschen auf, die auf dem Land
überflüssig und zu viele geworden waren. Die Städte wuchsen. Neue Schicksalsgemeinschaften konstituierten sich.
Arbeitsverhältnisse auf Zeit. Zunächst oft auf Lebenszeit.

Nach den großen Kriegen reduzierten sich auch diese quasi-familiären Bindungen, vertragsgemäß. Wer versagte oder erkrankte, wurde nun zumindest alimentiert. Die Leistungsmaschine entdeckte ihre soziale Seite aus Pragmatismus (irgendjemand muss auch unqualifizierte Arbeiten ausführen) und aus sonstigen Erwägungen. Unsozial wäre unökonomisch, langfristig gesehen. Der Kommunismus, die mathematisch korrekte Verbindung von Pragmatismus und Idealismus, konstituierte sich als Gegenentwurf.

Nicht mehr Herkunft, sondern Bildung und Besitz bestimmen die soziale Stellung. Besitz kann man erben. Bildung muss sich jeder erarbeiten, sowohl Männer wie auch die zunehmend emanzipierteren Frauen. Wobei Bildung zumindest mittelbar wirtschaftlichen Nutzen verspricht. *Nichts ist so gut, als dass man es nicht besser machen könnte.* Erfindungen, Verbesserungen garantieren individuellen Mehrwert und gleichzeitig steigenden Lebensstandard für alle. Söhne mussten mehr erreichen als ihre Väter. Und wenn man sich etabliert hatte – meine Familie, meine Villa, mein Auto, mein Boot ... – dann konnte man in Ehren seinen wohlverdienten Ruhestand genießen.

Kapitalisten versus Proletariat. Eine neue, zeitweilig sehr dynamische (Un-)Ordnung, bei der letztlich – relativ zur alten Epochen-Maschine – (fast) alle gewannen. An Gütern und Freiheiten. Im Schatten von Industrialisierung, Ökonomisierung und der sukzessiven Demontage der ehemals sicher positionierten Räder feierte man heile Welt und Gemütlichkeit, besorgt nur deshalb, weil nichts mehr selbstverständlich war (Abb. 6).

Abb. 6　»Freundschaft und häusliches Glück« angesichts fortschrei-
tender Industrialisierung.
Tasse der Königlichen Porzellanmanufaktur Berlin (KPM) in Glocken-
form mit zwei Perlfriesbändern und Schlangenhenkel auf Tatzen-
füßen, Königsblauer Fond (unglasiert), mit radierten Gold-
ornamenten. Im Eichenlaub-Kranz die Inschrift, Glanzvergoldung.
Höhe 9 cm, mit Henkel 12 cm. Zeptermarke Berlin, um 1830.

Nationen statt Monarchen?
Vernunft statt Religion?
Wie organisiert man Massen?
Gibt Geld eine Orientierung – und wenn ja, welche?

Aus diversen Versuchen, diese Fragen ultimativ zu beantworten, resultierten politische, militärische und menschliche Katastrophen, wie sie die Welt bislang nicht gekannt
hatte: 1914, 1939 … Technischer Fortschritt und ideologisch eindimensionaler werdende Gruppen, Letztere als
reduktionistische Reaktion auch auf das Zeitalter des intel-

lektualisierenden bürgerlichen Individualismus, machten es möglich. Kompliziert wollten und konnten die meisten nicht. In keiner Epoche. Zwischenzeitliche militärisch-politische Patt-Konstellationen, in ihrer Zeit als bedrückendes Pulverfass erlebt, imponierten – zumal nachträglich – als heile Welt. Biedermeier, Jugendstil, die wilden Zwanziger Jahre und die wieder heile Welt der Adenauer-Ära. Vergangenheit ist vergangen. Es lebe die Zukunft, in der alles (noch) besser wird. Da kommunistisch zwar die Rhetorik, das meiste aber nicht funktionierte, blieb bzw. wurde es wieder kapitalistisch. Alle Menschen bei optimaler Gesundheit und bester Lebensqualität ... Das wäre dann die Ideal-Dynamik der bürgerlichen Leistungs-Maschine, die als »Moderne« in die Geschichtsbücher eingegangen ist. Ein Stück weit unter die Oberfläche der Postmoderne abgetaucht, sind diese bürgerlich-moderne Maschine und ihr Motto »*Man kann alles besser und effektiver machen*« bis heute dominant.

3.5 Die Moderne – die zukunftszugewandte Leistungsmaschine

Maschinen haben ein Gehäuse und ein Innenleben. Nicht immer entspricht das eine dem anderen. Der Fortschritt sieht nicht immer nach Fortschritt aus und nicht alles, was nach Fortschritt aussieht, ist einer. Die ersten Fabriken sahen wie Schlösser aus. Später, spätestens seit der Bauhaus-Ära, sahen noble Häuser wie Fabriken aus: funktional, formschön-schlicht.

Als »Moderne« wird üblicherweise die finale Konstellation der bürgerlich-kapitalistisch-revolutionären Maschine ab

Abb. 7   Gigantisch-großer Hochofen und kleine Menschen.
Fritz Gärtner (1882–1958), Hochofen, Lithographie, Plattengröße
50 x 40 cm, signiert, datiert 1921.
In Böhmen geboren, studierte Fritz Gärtner in München und kam
dann über einen Freund ins Ruhrgebiet, wo er nach dessen frühem
Tod von den vermögenden Bankiers-Eltern des Freundes gefördert
wurde und viele Jahre, im Wechsel mit München, lebte: »*Das Indus-
triebild neuer Art zu gestalten, hatte ich mir zur Aufgabe gestellt,
und seine mächtigen Formen, welche ja im westfälischen Hochofen-
gebiet nicht selten sind, interessierten mich immer mehr und mehr.*«

dem späten 19. Jahrhundert bezeichnet. Wobei das Moderne an dieser Zeit war, dass nun alt-aristokratische Machtstrukturen immer entschiedener als Makulatur galten, systematisch hinterfragt und wenn nicht revolutionär gesprengt, dann demokratisch abgewählt wurden. Sogar von Frauen. Neben historistischer Orientierungslosigkeit (reiche Wohnhäuser sahen wie Barockschlösschen aus, allerdings mit moderner Technik; Kirchen taten so, als stammten sie aus dem Mittelalter, aus der Renaissance oder der Barockzeit, mitunter auch aus allen diesen Epochen gleichzeitig) wurden vom Impressionismus über den Expressionismus hinein in die reine Abstraktion künstlerische Traditionen umgekrempelt.

Kapital schafft Verbindlichkeit. Beruf und Arbeit auch. Das Austarieren der Interessen zwischen Kapital und Arbeitskraft führte langfristig dazu, dass die Maschine zunehmend schneller wurde. Es ruckelte zwar gelegentlich. Ein Zahnrad ging kaputt, eine Dampfturbine explodierte: reparieren, weitermachen! Selbst wenn Weltreiche zusammenbrechen, zwischen fanatischen Völkern und unbeschreiblichem Elend, Völkermord, religiösen Nachwirkungen und kommunistischen Utopien. Was zählt, ist Produktion, die erfolgreiche Auseinandersetzung mit der Konkurrenz, Umsatz. Dynamik, nach vorne schauen, Flurschäden beseitigen, notfalls bezahlen. Und weiter. Bildung, zumindest deren auf Optimierung hin verwertbaren Anteile, wird wichtiger. Besitz bleibt der nicht zuletzt über Macht und Ohnmacht entscheidende Faktor. Wobei das Kapital immer weniger fest an Ort und Maschinen gebunden ist. Innovationen und Patente sind die Fäden, an denen global Macht und Geld hängen. Ansonsten: Familien bleiben nötig, der Kinder, der Optimierung und der Gewohnheit wegen. Macht es besser als wir, liebe Kinder! Ehe ist ein nicht immer bzw. immer weniger tragfähiger Faktor gegen Einsamkeit. Das Bedürfnis nach Verbundenheit wird zum Wirtschaftsfaktor. Wie alles andere auch.

Übung III
Revolutionär und modern, for ever!
Werden Sie – wie immer in dieser Gebrauchsanweisung zunächst im Gedankenexperiment – zum modernen, in die Postmoderne führenden Revolutionsführer!

Sie führen das Volk in den Kampf für/gegen:
- bedingungsloses Grundeinkommen für alle
- Abschaltung der Kohle- und Verbrennungsraftwerke
- sofortiges Verbot von Dieselfahrzeugen
- Verstaatlichung aller Automobilkonzerne
- Kita-Plätze für alle und überall, flächendeckend
- Inhaftierung aller Investmentbanker
- Bürgerversicherung
- Austritt Deutschlands aus der EU
- Abschaffung der Bundeswehr
- Gründung einer Fremdenlegion, um die Gleichberechtigung weltweit durchzusetzen
- freies Zuzugsrecht weltweit für alle
- ...

Suchen Sie sich aus der Liste die Punkte aus, die Ihnen wichtig sind bzw. formulieren darüber hinaus für Sie relevante Punkte und erzwingen Sie deren Umsetzung, wie auch immer, sofort. Flurschäden, wenn sich Ihren revolutionären Ideen ein paar ewig Gestrige entgegenstellen, werden in Kauf genommen. Schließlich geht es um eine bessere Zukunft!
Welche Punkte haben Sie in Angriff genommen und umgesetzt? Bitte aufschreiben:

_____

_____

_____

_____

20 Jahre später, wie sieht die Welt nach Ihrer Revolution aus?
Sie residieren im Kanzleramt in Berlin oder haben sich als Privatmensch, vom Volke geliebt und geehrt – schön für Sie, Gratulation! – aus der Verantwortung zurückgezogen.
Heute Vormittag stehen Polizisten vor der Tür.
Diverse Straf- und Zivilverfahren gegen Sie sind anhängig. Es sieht nicht gut für Sie aus.
Sie sollen sich für die Revolution vor 20 Jahren und die daraus erwachsenen Folgeschäden verantworten. Mit welchen Straf-Summen und wie vielen Jahren Haft rechnen Sie?

Fazit: Epochen, soziale Strukturen und Abhängigkeiten sind überaus komplexe Konstrukte. Revolutionen funktionieren dann am besten, wenn man für Folgeschäden nicht die Haftung übernehmen muss. Revolutionsführer, die sich über Folge- und Kollateralschäden Gedanken machen, bleiben am besten zu Hause. Oder sie predigen mit Zurückhaltung, in der Hoffnung, dass ihre Ideen nicht so vehement Wirklichkeit werden, wie sie klingen.

Womit das revolutionäre Potenzial der postmodernen Politik hinreichend umschrieben wäre.

3.6 Die postmoderne Hochleistungs-Komfort-Maschine

Optimierung in jeder Hinsicht: Schneller ist gut, Flexibler ist besser und alles zusammen absolut entspannt, so ist es am besten!

Die bürgerliche Kapitalismus-Revolutions-Maschine, deren entwickelter zweiter Teil dem entspricht, was die »Moderne« ausmacht, ist im Verlauf ein wenig ins Stottern geraten. Was maßlos untertrieben ist. Das Grauen von zwei Weltkriegen und die anschließenden Verwerfungen, in denen diverse Bruchstücke der vermeintlich vergangenen, älteren Epochen wieder zum Vorschein kamen, all das war letztlich kein Zufall: Menschen spielen jeweils mit dem Material und den Inhalten, die ihnen zur Verfügung stehen. Und wenn sie ihre Ziele, Inhalte und Werte verloren haben, dann umso heftiger. Gottgleiche Führer, Herrenmenschen, Neo-Nationalismus, absolute Wahrheiten, die jedes Verbrechen rechtfertigen, revolutionäres Pathos zum Hausgebrauch. Die existenzielle Verunsicherung, die die Moderne auch bedeutet, suchte sich Ventile. Diese fanden sind in Teilaspekten der älteren Epochen-Maschinen (wo sonst?) und stießen mehrfach ungebremst aufeinander. Im Windschatten des Kalten Krieges, der ideologischen Paralyse der Welt, reduzierte sich deren gelebte Intensität, was ein neues »Goldenes Zeitalter« begründete. Dessen Paradoxie bestand darin, dass es als solches nicht wahrgenommen wurde. Das Glück auf Erden sollte dann beginnen, wenn die Teilung der Welt in Machtblöcke konkurrierender Ideologien überwunden war. Letzteres hat sich 1989 ergeben. Ersteres offenkundig nicht. Parallel dazu wurde die Welt dank technischer Innovationen immer schneller und vernetzter.

Womit wir, historisch gesehen, in der Gegenwart, also in der Postmoderne und damit beim Thema dieser Gebrauchsanweisung angekommen sind. Wann genau die Postmoderne begann, ist umstritten und wird es bleiben. Was aber, zumal in der paradoxesten aller Epochen, sowieso kein Problem ist. Schließlich ist es das Markenzeichen der Postmoderne, dass programmatisch-unterschiedliche Standpunkte nebeneinander existieren.

Die Ansprüche aller älteren Epochen auf finale Gültigkeit, die der bürgerlichen Kapitalismus-Maschine ebenso wie die ihres kommunistischen Gegenstückes, wurden zwischenzeitlich wenn nicht auf den Schrottplatz der Geschichte, so doch ins Museum befördert. Die Postmoderne findet derweil Vergnügen daran, auf diesem Schrottplatz archäologische Ausgrabungen zu veranstalten, um möglichst sensationelle Funde zu bergen. Diese werden dann in Museen ausgestellt, wobei die Museen vorzugsweise futuristische Installationen sind, Unterhaltungstempel zwischen Schatzkammer und Geisterbahn. Die vergangenen Epochen werden nach verwertbaren Einzelteilen durchsucht. Mit entsprechenden Entdeckungen lassen sich Stofftüten bedrucken. Als Wirtschaftsfaktor sind diese Relikte ernst zu nehmen, ansonsten bleiben sie Schrott. Früher hat Adel verpflichtet. In der Postmoderne ist Adel gelegentlich noch geschmackvolle, in jedem Fall aber unverbindliche Dekoration. Wer mag, darf sich daran erbauen bzw. darüber amüsieren. Entsprechendes gilt für alle ehemals als Werte gefeierten Aspekte, von der Heimat bis zur Religion. Man hat all dies als Befreiung gefeiert, was es auch war. Geblieben ist Unverbindlichkeit. Unverbindlichkeit als finale Form postmoderner Freiheit wird sich der kategorisch befreite Mensch nicht mehr nehmen lassen, es sei denn mit Gewalt und/oder aus dem Gefühl von Boden- und Hilflosigkeit heraus.

Unverbindlichkeit: das Tor zur Unendlichkeit des Aufstiegs bzw. des freien Falls.
Was angesichts fehlender verbindlicher Koordinaten auf dasselbe hinausläuft.

Irgendwann, spätestens ab den 1980er-Jahren, kam die Frage auf, wie die in vielen Hinsichten eklektizistische Kultur, zunächst was die Architektur anbelangt, zwischen

Neo-Abstraktion, Neo-Expressionismus, Neo-Historismus und diversen anderen Neo-Strömungen, zu bewerten und zu bezeichnen sei. »Modern« im Sinne von schlicht, funktional und formschön war vieles, was da gebaut worden war, offensichtlich nicht mehr (s. Abb. 1).

Angesichts der historischen Abfolge lag der naive Begriff »Postmoderne« nahe. Mit Postmoderne lässt sich, ohne es spezifizieren zu müssen, alles bezeichnen, was – zeitlich gesehen – nach dem Zeitalter der irgendwann nach Ende des Zweiten Weltkrieges verebbten Moderne kommt. Die Paradoxie dieses Post-Begriffes wurde schnell bemerkt und ausgiebig diskutiert. Nach »der Moderne« kann formal-logisch betrachtet nichts anderes kommen als weitere Modernen. Oder, anders herum, eine Moderne, die keine Moderne mehr ist, weil sie definitiv zu Ende und überlebt ist, kann logischerweise, retrospektiv gesehen, keine Moderne mehr sein. Als Epochenbezeichnung müsste von einer *»seinerzeit so genannten Moderne«* gesprochen werden. *Seinerzeit* haben sich nun aber viele Zeiten irgendwie als Moderne erlebt. Womit *danach* eigentlich immer »Postmoderne« war. Mit Überlegungen und noch viel besseren Argumenten dieser Art lassen sich Bibliotheken füllen, die absehbar kaum jemanden interessieren dürften (abgesehen von Studenten, die Seminararbeiten schreiben müssen).

Letztlich hat vermutlich gerade das Schräge des Postmoderne-Begriffes dazu beigetragen, dass er sich etablieren konnte: In seiner paradoxen Qualität entspricht er passgenau dem, was er bezeichnen soll. In den Kunst- und Sozialwissenschaften sowie in der Philosophie lebte man bereits in den 1980er-Jahren in der Postmoderne. Die Protagonisten der Bevölkerung in den westlichen (ehemaligen) Industrienationen kamen einige Jahre später dort an. Das

Internet war und ist dabei das zentrale Vehikel, gleichzeitig Basis und Inhalt der Postmoderne. Die Bauhaus- und Rationalitäts-Moderne wäre auch ohne Internet irgendwann einmal zu Ende gegangen, was aber für sich genommen sicher nicht postmodern, im Sinne der aktuellen Dynamik, ausgesehen hätte. Internet ist heute überall. Die Postmoderne selbst ist gleichwohl noch lange nicht überall angekommen. In diversen sozialen Gruppen und in vielen Ländern der Erde sind nach wie vor frühere Epochen-Maschinen-Modelle bzw. Relikte davon im Einsatz. Nicht nur um uns herum, sondern in jedem von uns auch innen drin. Ist das gut so oder handelt es sich um Rückstände, die schnellstens zu beseitigen sind?

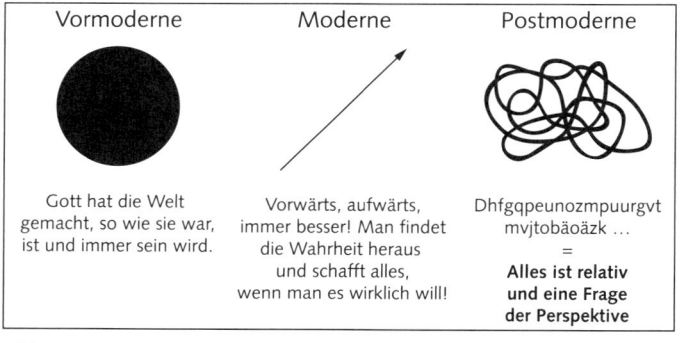

Vormoderne	Moderne	Postmoderne
Gott hat die Welt gemacht, so wie sie war, ist und immer sein wird.	Vorwärts, aufwärts, immer besser! Man findet die Wahrheit heraus und schafft alles, wenn man es wirklich will!	Dhfgqpeunozmpuurgvt mvjtobäoäzk … = **Alles ist relativ und eine Frage der Perspektive**

Abb. 8   Epochen auf den Punkt gebracht.

Postmoderne ist also nichts, was man historisch exakt, mit Jahreszahl und Datum verorten kann – aber das war bei den älteren Epoche-Modellen ähnlich. Es ist wie in der Werbung und überhaupt: Jedes Kind und jede Maschine muss einen Namen haben. »Postmoderne« hat paradoxe Prägnanz und kommt schon deshalb gut an. Lassen wir es dabei. Wer verkauft, hat recht. Zumal das Kind ein paar Generationen später (vermutlich wieder retrospektiv) erneut umgetauft werden wird. Namen sind Schall und Rauch. Für postmoderne Zeitgenossen ist das das geringste Problem. Alle Jahre wieder gibt es das absolut neue Super-Waschmittel, die Ultra-Zahnpasta, den ultimativen Fahrkomfort, den sensationellen Kaffee- und den revolutionären Himbeergeschmack (auf eben solche Dimensionen sind die ehemals kategorischen, weltverbessernden Revolutions-Ideologien in der Postmoderne geschrumpft!). Dass das jeweilige Vorgängermodell dann wohl doch nicht so super, ultimativ, innovativ und revolutionär war, wen stört's? Schnee von gestern. Was kümmern uns die Irrungen und Wirrungen der Vergangenheit, solange wir wissen, dass wir auf dem einzig richtigen, zu Verbesserungen und unendlichen Erfolgen führenden Weg sind? Wir haben uns an eskalierende Superlativen, die wie die Perlen einer Kette aufeinanderfolgen, derart gewöhnt, dass es uns weder auffällt noch stört, wenn derzeit Traditionsbewusstsein als Innovation verkauft wird. Und umgekehrt: Gewöhnungsaspekte dieser Art sind der Klebstoff, der die Postmoderne zusammenhält.

Weitere definitorische Klimmzüge finden Sie an anderer Stelle. Eine Gebrauchsanweisung kann es sich diesbezüglich einfach machen: Die Maschine, die eben diesen Namen trägt, ist die Maschine. Sie haben sie gekauft. Auch deshalb, weil Sie keine Alternative hatten. Egal. Es geht nur noch darum, diese Maschine kennenzulernen und sie möglichst elegant, zu größtmöglichem eigenem Nutzen und zumindest ohne Blessuren zu bedienen.

Entwarnung!

Um keine unnötigen Mystifizierungen aufkommen zu lassen und dem (ggf. auch unangenehmen) Gefühl entgegenzuwirken, in einer ganz eigenen, grundlegend paradoxen Epoche und jenseits allem bislang Gewesenen zu leben: Es muss konstatiert werden, dass vieles in der Postmoderne traditionell ist.

Was nicht verwundert. Schließlich fangen Epochen nicht offiziell an einem bestimmten Datum an, sondern diffundieren ineinander, bis dann irgendwann auffällt, dass jetzt etwas anderes angebrochen ist. Und dann? Zunächst einmal: alter Wein in neuen Schläuchen.

Auch das ist in der Postmoderne programmatisch neu.

Immer wieder.

4 Die Postmoderne ist Ansichtssache

Postmoderne von außen betrachtet ... Eine Maschine kann man von außen betrachten. Eine Epoche nur dann, wenn man nicht in ihr lebt. Die Epochen-Maschinen-Analogie ermöglicht es, diese von der Realität gesetzten Grenzen imaginativ zu überwinden.

4.1 Postmoderne aus der Weltraum-Perspektive

Wenn man sich der Postmoderne vom Weltall her nähert und den von ihr beherrschten blauen Planeten betrachtet, auf der Suche nach Leben, dann glitzert es an sehr vielen Stellen. Es gab noch nie so viele und so große, so schnell wachsende Städte, noch nie so hohe, vielerorts in den Himmel wachsende Häuser, noch nie so viel Beleuchtung, die weithin die Nacht zu Tag macht, kaum je so viel Lärm und noch nie so viel Bewegung, auf dem Land, dem Wasser und in der Luft, im Kleinen und im Globalen. Und noch nie so viele Menschen. Dass es auch weniger belebte Plätze gibt, unterentwickelte Gebiete und Müllhalden, muss konstatiert werden. Man arbeitet dran. Die Postmoderne hat die Welt in eine leuchtende Christbaumkugel verwandelt. Von weit außen betrachtet ist die Postmoderne: bunt, busy, laut, quirlig und in scheinbar unendlichem Wachstum begriffen.

Genießen wir das faszinierende Bild, das die Postmoderne von außen betrachtet bietet!

Ein Wunderwerk und immerwährendes Abenteuer auf Zeit. Einige Stellen leuchten heller als andere. Mitunter gehen Lichter aus, verlöschen langsam oder schlagartig, während es in anderen Bereichen immer greller wird. Man kann die postmoderne Welt als kurioses, geradezu wunderbares Phänomen betrachten, zumal dann, wenn man keine weiteren Fragen stellt. Man kann aber auch zählen und messen, was den Genuss möglicherweise reduziert und zu relativierenden Einsichten führt. Egal, wie man es macht und welche Methoden man anwendet: Dass es sich um eine dynamische, immer dynamischer werdende Epoche handelt, ist vom Weltraum aus betrachtet unübersehbar. Radiowellen sprühen weit ins Universum hinaus. Mitunter fliegen Satelliten umher.

Gratulation, Sie haben gut gewählt: zumindest vom Weltraum aus betrachtet.
Nie zuvor gab es eine derart spannende Epoche!

Überprüfen Sie Ihre Perspektiven.
Wählen und nutzen Sie die, die Ihnen guttun!
Es gab Epochen, in denen die, die darin lebten, davon ausgingen, dass das Ende der Welt bzw. das Jüngste Gericht und dann das Paradies unmittelbar bevorständen.

Und es gab Epochen, in denen man meinte, dringend die Welt verändern zu müssen, um endlich goldene irdische Zeiten herbeizuführen.

Die Postmoderne ist bezüglich finaler Wertungen zurückhaltend und betont kundenfreundlich. Philosophisch fundiert stellt sich ausschließlich die Frage: Welche Perspektive hätten Sie gerne?

Ist eine menschenfreundlichere Epoche als die Postmoderne vorstellbar?

»Aus dem Weltall heraus, so habe ich die Postmoderne noch nie gesehen. Praktisch funktioniert es ja auch nicht, wenn man nicht Astronaut ist. Im Alltag erlebe ich die Welt ganz anders. Also ist sie ganz anders. Was soll die Spielerei ...«

Für den Fall, dass diese Bemerkung von Ihnen stammt: Was ist an der Betrachtung von außen, vom Weltraum aus, auszusetzen?

Entspricht das, was man aus dieser Perspektive heraus sieht, nicht den Tatsachen?

Um Klimaerwärmung und Umweltverschmutzung zu sehen, muss man vergleichsweise sehr genau hinschauen. Kann die Postmoderne etwas dafür, dass sie in so hoher Dichte von Kritikern und Skeptikern bevölkert wird?

Merke
Wer die Welt nur aus der Perspektive heraus wahrnimmt, die ihm zufällig zuteilwurde (*»Hier stehe ich, Gott helfe mir, Amen!«*), macht sich ohne Not gelegentlich zum Helden, oft zum Märtyrer und in den allermeisten Fällen: arm.

Es gibt selbstverständlich Perspektiven, die man sich nicht aussuchen kann und mit denen man klarkommen muss. Die gab es immer, in allen Epochen. Wenn man ein sozial-integriertes Leben führen will, dann ist es unvermeidlich, eine »Normalperspektive« einzunehmen. Diese wiederum ist jeweils so normal und anerzogen, dass sich die Frage, ob man diese Perspektive übernehmen will oder nicht, nur rhetorisch stellt. Die Option, gegen die Normalperspektive zu opponieren, war bzw. ist den jeweiligen Epochen bzw. Perspektiven mehr oder weniger immanent. In der Postmoderne ist die der Opposition integraler Bestandteil der Perspektive, womit sich Opposition erübrigt. Darüber hinaus gibt es in der Postmoderne viele andere Möglichkeiten, die Welt wahrzunehmen: Perspektiven von oben, von unten, von der Seite, metaphysisch, klerikal, transzendent, kleinkariert, aufgeräumt, unaufgeräumt, hoffnungsvoll, satirisch, selbstgerecht, karitativ, desolat, humorvoll …

Übrigens: Sobald Sie die Hintergründe und Eigenheiten Ihrer »Normalperspektive« reflektieren, wird umgehend deutlich, dass alle Normalperspektiven etwas Besonderes sind. Reflexion jedweder Perspektive hat Selbsterkenntnis- und Überraschungspotenzial. Probieren Sie es aus. Entsprechende Versuche sind intellektuell herausfordernd, aber erhöhen die Lebensqualität!

Grundgesetz der Postmoderne

Zu jeder Perspektive, zu jeder Art und Weise, die Welt zu betrachten, gibt es – vorausgesetzt, man behält die Bodenhaftung – mindestens ebenso gültige Alternativen. Unabhängig davon, dass viele Menschen (und Sie?) die jeweiligen »Normalperspektiven« für die einzig »wahren« und »richtigen« halten mögen.

Alternativen, zumal für solche Perspektiven, die ermüdend bis frustrierend, bedrückend bis ängstigend sind, gab es zwar immer. Erst seit Beginn der Postmoderne hat jeder das Recht darauf, Alternativen zu nutzen und bei Bedarf zur individuellen Wahrheit zu erklären. Im weiteren Verlauf, in der »reinen Postmoderne«, dürfte daraus eine Pflicht werden. Wer sich dann unwohl fühlt, macht etwas falsch. Wer diesen Fehler nicht erkennen kann bzw. nicht beheben will, ist krank.

Die Freiheit, sich die Frage stellen zu können, aus welcher Perspektive heraus man die Welt betrachten will, und die sich damit eröffnenden Möglichkeiten zu nutzen, ist ein Privileg, das (bislang) nur die Postmoderne bietet!

4.2   Face-to-Face-Postmoderne

Wir sind auf der Oberfläche der Postmoderne-Maschine gelandet.

Selbstverständlich kommt es – wie immer – darauf an, wo man ganz konkret angekommen ist und wo man steht. Alle Epochen ereignen sich primär in ihren Zentren. Diese sind in der Postmoderne gewaltig, über den Erdball verteilt und miteinander vernetzt. Die Welt war noch nie so homogen. Für Sie als Besucher und Betrachter ist die Wahrscheinlichkeit entsprechend groß, dass Sie in einem Zentrum gelandet sind bzw. sich in einem solchen befinden. Zumal: Online, mit Internet-Zugang, ist überall Zentrum.

Schütteln wir den interstellaren Staub von den imaginären Raumanzügen.

Aus der Nähe betrachtet, mitten drin: Auch hier imponiert die Postmoderne als ein Wunder an Dynamik, Geschwindigkeit, Licht, Lärm und Vernetzung. Elektrisches Licht und fließendes Wasser, früher Attribute höchster Kreise, sind allgegenwärtig und selbstverständlich. Egal, wohin man sich begibt, in welche Stadt westlicher Prägung auch immer: Steigen Sie ein in eines der vielen öffentlichen Verkehrsmittel. Besichtigen Sie eine Welt, die Alltag und – aus welchen Gründen auch immer – nicht Alltägliches trennt. Hat es sich noch nicht herumgesprochen, dass der Unterschied zwischen »sehenswert« und »alltäglich-uninteressant« eine Frage der Perspektive ist? Postmoderne, face to face, ereignet sich üblicherweise wie auf einer Achterbahn im Freizeitpark. Rekorde sind der Normalfall. Stagnation gilt als Risiko und über längere Zeit gleichbleibendes Tempo als Katastrophe. Häuser wachsen schnell. Nach spätestens dreißig Jahren amortisiert, machen sie neuen Häusern, noch größeren, schöneren, Platz. Ansonsten büßen sie ihren Glanz ein, bis auch ihnen die Möglichkeit zur Auferstehung in prächtigerer Form zuteilwird. Und wenn Häuser zu Ruinen werden? Dann sind Sie als Betrachter sicher nicht mehr in einem Zentrum. Sie haben sich verlaufen. Das passiert in der Postmoderne leicht. Aber man findet schnell zurück, dahin, wo es dynamisch, laut und bunt ist. Immer Ihrer Nase nach, dem Konsumrausch hinterher!

Es muss den postmodernen Eingeborenen Spaß machen, an möglichst vielen Schrauben gleichzeitig zu drehen. Es geht ihnen offensichtlich gut dabei. Die einen strömen noch in Kaufhäuser und Supermärkte, die anderen bekommen die Waren ins Haus geliefert. Der Mensch definiert sich entsprechend, offiziell und selbstbewusst, nicht als Erzeuger, sondern als Konsument. Das Spektrum dessen, was konsumiert wird, ist weit und allseits offen. Die Menge der umgesetzten, erhaltenen und konsumierten Waren charakterisiert den postmodernen Menschen.

Wenn man nach dem sucht, was in der Vergangenheit die Schattenseiten ganzer Epochen ausmachte – Leid und Elend –, wird man früher oder später auch in der Postmoderne fündig. Jenseits der Zentren, örtlich und situativ. Phänomene des Darbens, des Hungers und der Not, daraus erwachsende Verzweiflung, sind in der Postmoderne, da, wo sie bislang angekommen ist, objektiv selten, verglichen mit den Zuständen anderer Epochen-Maschinen. Dass dies in der postmodernen Gesellschaft gefühlt ganz anders wahrgenommen wird, dank zeitgleicher Online-Katastrophen-Selektion, die aus werbetechnischen Gründen unumgänglich ist (Emotionen erzielen Aufmerksamkeit, Angst zieht am besten, gefolgt von Schadenfreude und Neid), steht auf einem anderen Blatt. Von außen und nicht online betrachtet, zumal dann, wenn man sich im Zentrum bewegt, wird Müll umgehend weggeräumt und verschwindet in Kraftwerken, die neue Energie ausspucken, um der postmodernen Dynamik auch auf diese Weise zugutezukommen.

Eine Maschine, die läuft und läuft. Dass es mitunter zu Kollisionen und Staus kommt, ist zwangsläufig. Die Maschine wächst und stöhnt, schüttelt sich, räumt die Trümmer fort, um dann wieder anzulaufen, engagierter und vielfältiger als zuvor. Die Postmoderne-Maschine ist auch dann, wenn man ihr auf Augenhöhe begegnet, ein Wunder.

Nehmen Sie sich die Zeit und die Freiheit, die Postmoderne-Maschine aus den unterschiedlichen Perspektiven heraus zu betrachten ... und zu genießen!
Genuss, soweit er nicht aus Konsum resultiert, ist ein von postmodernen Zeitgenossen vernachlässigter Teil der Wirklichkeit.
Welche Perspektiven haben Sie heute bereits ausprobiert?
Welche Perspektiven werden Sie morgen ausprobieren?

Von oben, von daneben, von Augenhöhe, von der Seite, von unten, von ganz unten, mit geschlossenen Augen, mit weit geöffneten Ohren, durch eine rosarote Brille, mit Designerschuhen, in Tennisschuhen, barfuß ...?

Jede Perspektive ein anderes, eigenes Gefühl?!

Anmerkung für kritische Leser und passiv-zurückhaltende Konsumenten

Sie halten Übungen wie die, die im letzten Kästchen vorgeschlagen wurden, für überflüssig, für unnötig, für Zeitverschwendung oder für unsinnig?
Oder für ganz nett, aber zu anstrengend? Ihre private bzw. berufliche Situation ließe Ihnen keine Zeit dazu? Die Welt sei eben so ...?

Einerseits, zumal in der Postmoderne, ist jeder zu jeglicher Meinung legitimiert. Jeder kann jede Meinung selbstverständlich anonym überallhin mailen, posten. Man kann Likes verteilen oder eben nicht.

Andererseits: Wozu lesen Sie diese Gebrauchsanweisung?

Es ist wie beim Skifahren: Wer nicht die elementaren Bewegungsabläufe lernt und übt, angefangen vom Schneeflug bis zum Wedeln, wird kaum jemals souverän schwarze Pisten herunterheizen und das »optimale Skivergnügen« genießen.

Wenn Sie die Möglichkeiten, die die Postmoderne bietet, nutzen wollen, dann kommen Sie nicht um elementare Übungen herum: Reflexion der eigenen »Normalperspektiven« und bewusst vorgenommene Perspektivwechsel. Eben das sind parallele Skiführung und Umsteigeschwung – bezogen auf postmoderne Kompetenzen.

4.3 Postmoderne Ureinwohner – viele Ichs und lauter unbekannte Wesen

Für soeben aus dem Weltall eingetroffene Gäste, also von außen betrachtet, hat es den Anschein, als würde jeder ständig mit jedem kommunizieren. Begegnungen zwischen den Menschen der Postmoderne sind offenkundig leicht und selbstverständlich. Man begegnet sich dabei meist auf Augenhöhe, zumal wenn sich Kunden und Anbieter gegenüberstehen. Und das nicht nur im Hier und Jetzt. Kommunikation über digitale Medien, besonders Handys und Smartphones, mit Netzwerkpartnern im Irgendwo, ist derart selbstverständlich, dass Nicht-Kommunikation als Krankheit diagnostiziert wird. Es hat geradezu etwas Magisches, wenn man alleine durch die Straßen oder durch den Wald spazierende Menschen trifft, die ununterbrochen mit sich selbst zu reden scheinen. Früher wäre der Zustand des laut mit sich selbst Redens geradezu ein Einweisungsgrund in eine psychiatrische Klinik gewesen. Heute ist es umgekehrt. Normale Jugendliche, die kein Handy und kein Smartphone haben und es ständig benutzen, sind nicht normal und fast unvorstellbar geworden.

Schaut man genauer hin, dann wird deutlich, dass die spontane Kommunikation sich begegnender postmoderner Menschen spärlich ist und strengen Regeln folgt. Man begegnet sich, aber es betrifft letztlich keinen von beiden. Damit es so ablaufen kann, braucht es Regeln. Die diesbezüglichen Regeln im Straßenverkehr sind klar definiert. Blinker setzen, Rechts vor Links. An roten Ampeln bleibt man stehen. Jenseits des Straßenverkehrs funktioniert Kommunikation ähnlich, wobei die Regeln abhängig vom Ort des Geschehens und den sich begegnenden Personen sind. In Städten gehen Menschen aneinander vorbei, als gäbe es den jeweils anderen nicht. Der Abstand, der zwischen den Körpern bleibt, ist streng geregelt. In Mitteleuropa sind Berührungen selbst in dicht gedrängten Straßenbahnen nicht vorgesehen und werden als Übergriffe erlebt, soweit sie nicht umgehend durch ein *»Tut mir leid, Entschuldigung«* entschärft werden. Retrospektiv werden solche Begegnungen mit potenziellen Mitmenschen zu *»Heute war die U-Bahn wieder brechend voll!«* oder *»Können Rentner nicht in der Wochen einkaufen?!«* In kleineren Orten ist zwischen sich begegnenden Menschen ein Wort des Grußes üblich. Das Ausmaß des Nickens, die Länge des meist nur Sekundenbruchteile gehaltenen Blickkontaktes und gegebenenfalls ein Lächeln spiegeln die persönliche Nähe der Betreffenden. Unterdosierung wird als

Abweisung, Überdosierung als Aufdringlichkeit erlebt. Soziale Kommunikation von leiblichen Wesen in der Postmoderne ist ein komplexes, schüchternes, hochsensibles Phänomen, das die Einwohner anscheinend ohne speziellen Unterricht, auf geradezu wunderbare Weise erlernen. Im Internet, virtuell, ist es viel einfacher. In der Anonymität von Namenskürzeln spülen die Emotionen, Vulkane und Deftigkeiten hoch, die in der gelebten Realität hochritualisiert und tabuisiert wären. Gelebte postmoderne Freiheit gibt es jenseits des engsten Familienkreises und intimer Freunde üblicherweise nur noch hier: in der Anonymität, dort, wo Individuen auf Kürzel und Fantasienamen reduziert sind.

Persönliche Gespräche, die über den Austausch dezenter Formeln hinausgehend, kommen in der nicht virtuellen Öffentlichkeit, zwischen sich nicht näher bekannten Menschen, ansonsten fast nur in Geschäften und Gaststätten vor, wo gegrüßt, bestellt, kommentiert und bezahlt wird. Im intim-privaten Rahmen von Freundschaften und Beziehungen ist das Spektrum von Kommunikationsmöglichkeiten hingegen breiter und weiter. Aber in einen solchen Rahmen muss man mit Menschen der Postmoderne erst einmal kommen. Ansonsten laufen diese postmodernen Menschen an den allermeisten ihrer postmodernen Mitmenschen – wie beschrieben – ritualisiert vorbei, wenn möglich gefühlsneutral, bestenfalls grüßend und fertig.

Städte, von außen betrachtet, sind Ameisenhaufen. Angesichts uniformierter Kleidung lassen sich kaum noch Geschlechter, Berufs- und andere Gruppen unterscheiden. Wie im Armeisenhaufen läuft alles in weitgehend geregelten, für Außenstehende als solche kaum erkennbaren Bahnen. Was zu den »Stoßzeiten« besonders deutlich wird: morgens Stau zur Arbeit, abends Stau zurück. An Wochenenden und in Ferienzeiten Stau in alle attraktiven Richtungen. Wie von Geisterhand gelenkt. Ein Wunder an komplexer Dynamik. Wobei für den Außenstehenden die Bilanz schwerfällt. Scheinbar waren Menschen niemals so wenig allein wie in der Postmoderne. Einsamkeit ist eine Erkrankung, die ärztlicher Behandlung bedarf. Gleichzeitig ist für das »Wir«-Gefühl in Gruppen, Gemeinden, Nationen anscheinend keine weitergehende Kommunikation notwendig. Die Kommunikation leiblicher, nicht intimer Menschen bleibt auf das Nötigste beschränkt. »Lean Management« in Vollendung. Was auch dem Umstand geschuldet ist, dass niemand Zeit hat. »Zeit zu haben« wäre in der Postmoderne geradezu eine Krankheit. Kommunikation im privaten Rahmen funktioniert anders. Und die online gepflegte Kommunikation gehorcht noch einmal anderen Regeln, je anonymer, desto anarchischer, und das gleichermaßen intensiv und redundant. Hier ist jeder mit jedem vernetzt. Was ungeahnte Möglichkeiten eröffnet. Von denen alle zu profitieren scheinen.

4.4 Kontaktaufnahme in der Postmoderne

Kontaktaufnahme in der Postmoderne ist gänzlich ungezwungen und gleichzeitig streng ritualisiert. Was die Betreffenden gleichwohl als spontan und natürlich erleben. In der Öffentlichkeit limitiert die skizzierte Dynamik Begegnungen. Die Frage ist, ob bzw. wie es gelingt, aus der ritualisierten Nicht-Kommunikation des Alltags oder der unverbindlich-intensiven Kommunikation online auf eine persönliche Ebene zu kommen.

Konkret: Man muss sich kennen, um sich kennenlernen zu können. Ansonsten helfen in den meisten Fällen der Zufall, ein verbindlicher Rahmen in Schule oder Arbeitswelt, Vereine, Alkohol oder, wenn es denn intim werden soll und es sich nicht zufällig anderweitig ergeben hat, Partnerschaftsvermittlungsinstitute, Letztere zunehmend online. Wenn postmoderne Menschen dann tatsächlich kommunizieren, wird für den neutralen Beobachter, soweit er zugelassen ist, unmittelbar deutlich, dass postmoderne Kommunikation selbst auf dieser Ebene ein paradoxes Phänomen ist: Wie man miteinander redet, charakterisiert Identität und Beziehungen. Informationsaustausch wird angesichts dessen oft zur Nebensache bzw. das, worum es im gesprochenen Text geht, wird billigend in Kauf genommen.

Kommunikation ist nichts. Beziehung ist alles.

Postmoderne kommunikative Souveränität
Profis überlassen in der Postmoderne nichts dem Zufall.
Ameisen sind immer die anderen.
Haben Sie bereist Selbsterfahrungskurse belegt und ein Training sozialer Kompetenzen absolviert?
Ein souverän-autonomer Umgang mit den aus älteren Epochen herübergereichten kommunikativen Mustern und Demarkationslinien ist Ausdruck postmoderner Souveränität.

Anmerkung: Die Dynamik postmodernen Kommunikation lernt man am besten kennen, wenn man deren Grenzen und ungeschriebenen Gesetze – ein wenig – überschreitet. Was in früheren Epochen apodiktisch tabu war, ist in der Postmoderne eine Option, die sich erfahren lässt (selbstverständlich, wenn man es sich nicht kraft Amtes erlauben kann, unter Einhaltung bestehender Gesetze).

Je weniger Sie in der Postmoderne angekommen sein sollten, umso mehr Übungsmöglichkeiten ergeben sich.

Falls Sie gerade aus dem Weltall eingetroffen sein sollten, werden Sie sich selbst bereits gefragt haben: Was macht es attraktiv, mit einem Menschen der Postmoderne in Kontakt zu treten, zu kommunizieren oder auch mit ihm »befreundet« zu sein?

Wenn Sie etwas früher gekommen wären, in einer der zurückliegenden Epochen-Maschinen, was bzw. in welcher Weise wären die Menschen seinerzeit anders gewesen?

Das sind natürlich virtuelle Überlegungen. Wenn sie auch zu sonst nichts führen, eine Standortbestimmung der Postmoderne ergeben sie allemal.

5 Fragen an die Postmoderne

5.1 Ein Wald voller Bäume und alles viel zu nahe

Wir haben uns der Postmoderne in den ersten Kapiteln aus unterschiedlichen Perspektiven genähert. Ziel und Sinn der Übungen war es, uns einen ungefähren Eindruck von dem – uns existenziell nahen – Phänomen zu verschaffen. Bei spontaner und unreflektierter Betrachtung wären ansonsten Fehlwahrnehmungen und Missverständnisse unvermeidlich gewesen. So, wie man den Wald vor lauter Bäumen nicht sieht, nur komplexer. Fehlwahrnehmungen dieser Art führen früher oder später dazu, mit dem Kopf gegen diesen oder jenen Baum zu rennen. Ein Anliegen dieser Gebrauchsanweisung ist es, Ihnen Hinweise zu geben, um trotz der Vielschichtigkeit und Paradoxien der Postmoderne handlungsfähig zu bleiben und solche Unfälle nach Möglichkeit zu vermeiden.

Wie funktioniert die Postmoderne, was muss ich tun, um …?
Wenn es um eine vergangene Epoche ginge, dann wäre diese Frage, aus einem gewissen Abstand betrachtet, schlüssig zu beantworten. Da es unsere eigene Epoche betrifft und der Abstand fehlt, sind bestenfalls Annäherungen möglich.
Nur annäherungsweise, weil zu nah dran? Das klingt paradox. Ist es aber (ausnahmsweise) nicht.
Wer mit der Nase in einen Fensterspalt eingeklemmt ist, kann auch nur bedingt sagen, um was für ein Gebäude es sich handelt. Ein prächtiger Regierungspalast, eine Schule wie viele andere auch, eine Gefängnisverwaltung?

Abb. 9 Weihnachtsbaum für große Kinder. L'Arbre de Noël des Grands Enfants.
Honoré Daumier (1808–1879), Lithographie, 20,8 x 24,6 cm, aus LE CHARIVARI, 25.12.1867.
ACTUALITÉS: Das am ersten Weihnachtstag erschienene Blatt zeigt die Verteilung von Spielzeug für Erwachsene, Geld und Macht, wobei sich das Kriegsgerät auf den seinerzeit noch befürchteten, 1870 dann tatsächlich ausgebrochenen Krieg bezieht.

Wenn Sie bei der Lektüre der vergangenen Kapitel ungeduldig und nervös geworden sein sollten, täte mir das leid.

Falls Sie andererseits nun das Gefühl haben sollten, die Postmoderne durchschaut, verstanden und einen klaren Blick darauf zu haben, dann bitte ich um Entschuldigung. Es muss (mindestens) ein Missverständnis vorliegen.

Die Postmoderne ist weder eine Kaffeemühle noch ein Staubsauger, der sich in allen seinen wesentlichen Funktionen klar beschreiben geschweige denn verstehen und durch Freitagsdemonstrationen in Wohlgefallen auflösen ließe. Auch von noch so klugen und charismatischen Experten nicht. Sie ist eher – wir hatten das Bild bereits – ein Automobil mit integriertem multifunktionalem Küchengerät und vernetztem PC. Man weiß nicht wirklich, wozu so etwas gut ist. Es ist eben da. Als Ergebnis einer langen, teils fatalen, teils charmanten Geschichte. Und irgendwie faszinierend und abgründig-bedrohlich.

Dem Anwender, Ihnen und mir, ist anheimgestellt, sinnvolle Verwendungsmöglichkeiten für die Postmoderne zu finden. Abhängig davon, wozu man diese Epoche bzw. Maschine nutzen will (oder auch nicht), gilt es zu klären, wie man diese Ziele erreichen kann.

Dabei gibt es eine unumstößliche Vorgabe: Wir sind genötigt, eben diese Maschine zu benutzen. Eine andere steht nicht zur Verfügung. Und wenn wir nicht ganz aus dem Spiel aussteigen wollen, was weder eine angemessene noch eine zukunftsträchtige Lösung wäre, dann bleibt uns nur, das Beste daraus zu machen. Und, wie in den vier vorangegangenen Kapiteln angedeutet, diesbezüglich ist das, was die Postmoderne zu bieten hat, reichhaltig. Also:

a. Welche Verwendungs- bzw. Nutzungsmöglichkeiten bietet die Postmoderne?
   Welche davon sind für Sie relevant?
   Welche wollen Sie nutzen?
b. Wie lassen sich Ihre Ziele, im Rahmen dessen, wie die Postmoderne mutmaßlich »tickt«, möglichst gut realisieren bzw. leben?

5.2 Welche (sinnvollen) Nutzungsmöglichkeiten bietet die Postmoderne?

Alle und keine! Derart offene, vage formulierte Fragen sind lästig. Schon deshalb, weil konkrete Antworten ausgeschlossen sind. Und was, mit Verlaub, bedeutet hier »sinnvoll«? Alles, was Spaß macht, was irgendwelchen Nutzen bringt und geringeren Schaden bedeutet? Nutzen und Schaden, jeweils wann und für wen?

Gebrauchsanweisungen auf derart vager Grundlage funktionieren nicht!

Natürlich kann man in der Postmoderne ein Leben führen, geboren werden, aufwachsen, einen Partner finden, Kinder zeugen, sterben usw. Auf derart basaler Ebene leben unreflektierte Wesen, etwa Ameisen. Ob das für diese und ähnliche Tiere ein gutes Leben ist? Ein als solches geführtes Ameisenleben wird für Ameisen ein gutes sein, schon weil für Ameisen ihr Ameisenleben – gefühlt wie gedacht – alternativlos ist. Menschen, zumindest einige, hoffentlich die meisten, sind keine Ameisen. Und die Postmoderne ist mehr als eine Kaffeemühle. Menschsein bedeutet, und sei es noch so unreflektiert, ein Leben zu führen, das zum einen auf der basalen (Ameisen-)Ebene stattfindet und zum anderen auf (mindestens) einer darüber hinausweisenden (Meta-)Ebene. Letztere kann, muss aber nichts mit Transzendenz zu tun haben. Transzendenz ist alt. Zumindest so alt wie die ersten – rational überflüssigen – Grabbeigaben, die Menschen der Altsteinzeit ihren verstorbenen Angehörigen ins Grab legten. Darüber hinaus können Meta-Ebenen für Menschen alles sein. Alles, was über den Alltag, die unreflektiert-basale Ameisen-Dimension hinausweisenden Sinn, Zweck und Ziel hat. Wurzel und Baumkrone all dessen ist das derzeit gerne ausgeblendete und verdrängte, nichts desto weniger elementare Bewusstsein angesichts von Endlichkeit und Tod.

1. **Überleben in der Familie:**
   Seinerzeit, in der vor- und frühgeschichtlichen Epoche (bis heute), ging es um das Überleben als Sippe bzw. Familie im Rahmen einer beseelten, bedrohlichen, sich jedes Jahr erneut regenerierenden Natur.
2. **Einhaltung und Gestaltung der irdischen Ordnung für einen höheren Zweck:**
   In der Alles-hat-seinen-Platz-und-seine-Ordnung-Maschine garantierte die Einhaltung der irdischen Ordnung einen höheren Zweck, idealerweise die Unsterblichkeit.
3. **Schaffung des Paradieses auf Erden:**
   In der bürgerlichen Kapitalismus-Maschine ging und geht es darum, das Paradies bereits auf Erden zu erschaffen, Wohlstand durch Mehrwert zu produzieren und Irrationalitäten zu beseitigen. Durch Fortschritt soll ein höheres Ziel auf Erden erreicht werden, was anfangs – zwischen kapitalistischer und kommunistischer Glückseligkeit – unterschiedlich und später zunehmend immer weniger konkret imaginiert wurde.

4. **Emanzipation des Individuums durch Leistung und/
   oder durch Rechtsanspruch:**
   Seit Anbruch der Moderne erhöhten sich die Freiheitsgrade für das Individuum. Diesem wurde es ein immer
   größeres Bedürfnis, sich gegenüber der Gesellschaft
   und, weit darüber hinaus, dem Weltganzen zu emanzi-
   pieren. Nach dem Motto: Ich bin ich!

Diese vier Meta-Ebenen dominierten in den jeweiligen
Epochen – bis heute – Denken, Handeln und Fühlen der
Menschen. Natürlich in diversen Abstufungen und Varianten, je nach Kultur, sozialer Position und persönlicher Sta-
tur. Per se ist keine dieser Meta-Ebenen besser als die andere. Sie spiegeln jeweils historische Konstellationen, in
denen sie sich – im Sinne der kulturellen Evolution – als für
die seinerzeit lebenden Menschen als einfachste, güns-
tigste, attraktivste bzw. überzeugendste Form von Meta-
Ebene und Sinn-Dimension entwickelten und wirksam
waren. Dabei muss konstatiert werden, was nicht zuletzt
für die Postmoderne wichtig ist, dass diese Meta-Ebenen
im Verlauf der Geschichte nicht abgearbeitet wurden. Sie
haben sich nicht »erledigt«, um in der folgenden Epoche
von einer neuen, anderen Meta-Ebenen abgelöst zu werden. Vielmehr summierten sie sich im Lauf der Zeit.

Alle diese Meta-Ebenen sind mehr oder weniger in
jedem von uns präsent! Sie stehen dabei untereinander in
Konkurrenz, überlagern und konterkarieren sich, bestimmen einen Lebensabschnitt, um im nächsten in den Hintergrund zu treten.

Irgendwie, und sei es als rotes Tuch, spielt für jeden von
uns jede dieser Meta-Ebenen eine Rolle. Sie für sich zu
sortieren, zu priorisieren und mit ihrer Relativität zu leben,
macht die Postmoderne, deren Bestandteil wir sind, kom-

plizierter, als es vorangegangene Epochen waren. Nichts ist mehr selbstverständlich. Außer Geburt und sterben müssen auf Ameisen-Ebene. Alles andere wird zu einer Frage und kann zu einem Problem werden. Das mag ungerecht sein. Für uns und unsere Nachfahren wird es vermutlich noch schwieriger. Wenn wir und sie es nicht vorziehen, sich wieder den Ameisen anzunähern.

5.3   Welche Meta-Ebene(n) hätten Sie gern?

Im Folgenden tun wir zunächst einmal so, als könnte sich jeder frei für eine oder mehrere der Meta-Ebenen entscheiden.

Welche Meta-Ebenen, welche Sinn-Dimension und welche Lebensziele hätten Sie gern?

Dass dies de facto eine schöne – in der Postmoderne als Menschenrecht postulierte – Illusion ist, steht auf einem anderen Blatt. Aber ein paar Freiheitsgrade, zumindest für den, der sie nutzen möchte, gibt es. Um diese nutzen zu können, ist es unabdingbar, die Meta-Ebenen-Optionen zu kennen und deren Einfluss auf uns als individuelle Person und auf unser bisheriges Leben zu reflektieren. Natürlich muss sich niemand diese Mühe machen (in der Postmoderne muss niemand mehr irgendetwas). Die Wahrscheinlichkeit, dann als Ameise zu enden, ist allerdings erheblich. Wobei: Schlecht ist das Ameisenleben anscheinend nicht.

Es läuft auf eine Grundsatzentscheidung hinaus: Haben Sie diese Gebrauchsanweisung gekauft, um ein (weiteres) Buch im Schrank zu haben oder um sie zu benutzen?

Die Auseinandersetzung mit den in dieser Übersicht gestellten Fragen ist kein Spaziergang. Sie setzt einerseits Ab-
straktionsfähigkeit voraus (natürlich sind die jeweiligen
Dimensionen nicht trennscharf) und zwingt andererseits
zur individuellen Standortbestimmung. Ansonsten: Man
kann über alles diskutieren. Aber darum geht es hier nicht.

> Wenn es Ihnen ein Bedürfnis ist, im Sinne der Emanzipa-
> tion gegenüber einem als übergriffig erlebten und/oder
> nicht hinreichend kompetenten Gebrauchsanweisungs-
> Autoren, dann können Sie sich gerne entsprechend äu-
> ßern! Aber vermeiden Sie nicht, Ihre Standortbestim-
> mung vorzunehmen, so annäherungsweise sie auch
> immer sein wird.

Es geht hier auch nicht um ein freundliches Abnicken
(»*Ach, wie interessant, originelle Idee …*«), sondern um
eine Festlegung. Festlegungen und somit Verbindlichkeiten
mögen in der Postmoderne als überholt gelten. Wie gesagt,
die Dynamik dieser Epoche geht absehbar in diese Richtung. Wer eine Gebrauchsanweisung benutzen will, der
muss unabhängig davon aber wissen, wo und wie er einen

Meta-Ebenen

In der folgenden Tabelle geben Sie bitte jeweils in Prozent an, wie relevant die Meta-Ebenen für Sie sind, waren und zukünftig sein sollten (in jeder Spalte ergeben sich jeweils 100 %).

Meta-Ebene	Welchen Stellenwert haben diese Meta-Ebenen heute für mich?	Welchen Stellenwert hatten sie für mich, als ich 18 Jahre alt war?	Welchen Stellenwert sollten diese Meta-Ebenen zukünftig für mich haben?
Überleben in der Familie			
Einhaltung bzw. Herstellung irdischer Ordnung für einen höheren Zweck			
Fortschritt zur Schaffung des Paradieses auf Erden			
Emanzipation als Individuum durch Leistung			
Emanzipation als Individuum durch Rechtsansprüche			
	100 %	100 %	100 %

68

Hebel ansetzen kann. Und das funktioniert nur, wenn zumindest ein paar Punkte definiert sind.

Oder anders formuliert: Wer sich treiben lassen will, der braucht dafür vielleicht einen Schwimmreifen, aber keine Gebrauchsanweisung!

5.4 Meta-Ebenen an einem Beispiel transparent gemacht

Fallbeispiel
Stefan P., 58 Jahre, erfolgreich bis zum Umfallen
Stefan P. hat BWL studiert und war zuletzt, über viele Jahre, als selbstständiger Berater erfolgreich tätig. Zunächst begann er seine Karriere in der Marketingabteilung einer international operierenden Firma, wo er sich dank seines Engagements und Durchsetzungsvermögens schnell eine zentrale Funktion sicherte. Nachdem es in der Firma keine Entwicklungsmöglichkeiten mehr für ihn gab, nutze er seine Kontakte und machte sich selbstständig. Konkret ging es darum, in wirtschaftliche Schwierigkeiten geratene Firmen wieder flottzumachen. Stefan kam, krempelte die Ärmel hoch, arbeitete selbst bis zum Umfallen und hatte fast immer Erfolg. Er machte komplexe Abläufe »lean« und steigerte die Effizienz. Dass damit jeweils auch Entlassungen von Mitarbeitern verbunden waren, namentlich älterer und zumal solcher, welche die von ihm durchgezogenen Veränderungsprozesse nicht mitgestalten wollten, war selbstverständlich.
Stefan fuhr Porsche. Er hatte zudem zwei Motorräder von Nobelmarken, ein großes Haus und eine anhängliche, ihn nie kritisierende Frau sowie zwei leidlich geratene Söhne, die ihren Vater allerdings nur selten zu sehen bekamen. Heute macht er sich bezüglich der Söhne

schwere Vorwürfe. Auch deshalb hat er für die Söhne letzte Woche eine Berufsunfähigkeitsversicherung abgeschlossen. Man weiß ja nie. In den vergangenen Jahren jagte Stefan durch die Projekte, in einem Tempo, bei dem er selbst mehrfach kurz davor stand, den Überblick zu verlieren. Dass er neben der Arbeit weder Freunde hatte noch sonstigen Beschäftigungen nachging, fiel nicht auf. Stefan genoss seinen Ruf als kreativer, durchsetzungsfähiger »Macher«.

So lange, bis die Aufträge ausblieben. Das wunderte ihn zunächst. Den Hintergrund – dass zwei von ihm zum Wohle der jeweiligen Betriebe entlassene, sich von ihm »gemobbt« fühlende Mitarbeiter über private Kanäle jede Gelegenheit nutzten, um Stefan in Verruf zu bringen – mag er geahnt haben. Durch sein Auftreten, selbstsicher, anspruchsvoll und souverän über die Schmerzgrenzen einiger Auftraggeber hinaus, tat er letztlich alles, um die gegen ihn blasenden Winde zu einem Sturm anwachsen zu lassen. Einen lautlosen Sturm, dessen Ergebnis schlicht war, dass Stefan keine neuen Aufträge mehr bekam. Die Konkurrenz, die sicher nicht besser oder erfolgreicher, aber charmanter war, hatte nun die Nase vorne. Die fehlenden Aufträge und die undefinierte Situation in seinem Büro konnte Stefan nicht ertragen. Es machte ihn depressiv. Wobei er von der umgekehrten Kausalität ausging: Weil es ihm nicht gut ging, er sich nicht mehr konzentrieren konnte, habe er Aufträge, die es reichlich gab, ablehnen müssen. Wie auch immer.

Schließlich war er »wegen einer Depression« in stationärer Behandlung. Unter den Mitpatienten ging es ihm gut, er organisierte und dominierte vieles. So kannte er sich, so fühlte er sich wohl. Die Abläufe in der Klinik allerdings mussten dringend verbessert werden, was er dem Chefarzt dezidiert kundtat.

Leider führte Stefans Behandlung nicht dazu, dass es ihm wirklich besser ging. Weshalb er aktuell dazu tendiert, die Berufsunfähigkeitsversicherung, die er seinerzeit für sich abgeschlossen hatte, in Anspruch zu nehmen.

Wie er als Rentner seine Tage zu verbringen gedenke? Ärzte stellen dumme Fragen. Das werde Stefan dann schon sehen. Er könnte ja immer noch etwas dazuverdienen.

Meta-Ebenen Stefan P.

Meta-Ebene	Welchen Stellenwert haben diese Meta-Ebenen heute für mich?	Welchen Stellenwert hatten sie für mich, als ich 18 Jahre alt war?	Welchen Stellenwert sollten diese Meta-Ebenen zukünftig für mich haben?
Überleben in der Familie	30 %	0 %	30 %
Einhaltung bzw. Herstellung der irdischen Ordnung für einen höheren Zweck	0 %	10 %	10 %
Fortschritt zur Schaffung des Paradieses auf Erden	10 %	30 %	10 %
Emanzipation als Individuum durch Leistung	10 %	60 %	20 %
Emanzipation als Individuum durch Rechtsansprüche	50 %	0 %	30 %
	100 %	**100 %**	**100 %**

Was bedeuten diese Zahlen für Stefan P.? Die »Emanzipation als Individuum« hatte für ihn über die Jahre hinweg immer im Vordergrund gestanden. Er kommt aus einer

Mittelschicht-Familie. Sein Vater war meistens abwesend, seine Mutter Lehrerin. Beiden ging Leistung über alles. Zudem musste sich Stefan, als drittes von vier Kindern, in vieler Hinsicht gegen die Geschwister durchsetzen. Anerkennung vonseiten der Eltern, für die Leistung selbstverständlich war, bekam er selbst durch gute Schulnoten kaum. Somit ging es um Geld und Statussymbole. Und damit für ihn in erster Linie um sich und seine Karriere. Sicher war es ihm auch ein Bedürfnis, den Fortschritt voranzubringen, jeweils pragmatisch dort, wo er tätig war. Aufgrund *»meiner Depression«* sieht sich Stefan derzeit gezwungen, persönliche Leistungsziele herunterzufahren. Dass dies eine eher veraltete bzw. nicht wirklich stimmige Perspektive ist, kann man Stefan P. nicht vorwerfen. Schließlich bekam er sie von einem Arzt verschrieben und von der gesellschaftlichen Dynamik aufgedrückt. Nun, da er sich als nicht mehr leistungsfähig erlebt, muss er – gefühlt gezwungenermaßen – seinen Sozialstatus durch die Ausschöpfung der ihm zustehenden Berufsunfähigkeitsversicherung sichern. Was ihn plagt, sind Schuldgefühle, vor allem seinen Söhnen gegenüber, die beide an ihren (ersten) Arbeitsstellen erhebliche Probleme haben. Stefan P. hat deshalb vor, seiner Familie mehr Raum in seinem Leben zu geben. Ein wenig möchte er neben der Rente dazuverdienen. Das Ausfüllen der Tabelle hat ihn eine halbe Stunde Zeit gekostet. Irgendwie stimmt es so noch nicht ..., aber zumindest gefühlt schon. Was für ihn das »Einhalten einer Ordnung für einen höheren Zweck« ist? *»Man muss doch arbeiten, damit es uns allen besser geht, damit der Westen seine Überlegenheit behält ...«*

Am Beispiel von Stefan P. wird nicht zuletzt auch deutlich, wie sich Meta-Ebenen bzw. Ziel-Dimensionen im Laufe des

Lebens ändern. Teils gezwungenermaßen, teils weil wir angesichts veränderter Konstellationen etwas bewusst anders machen wollen und andere Prioritäten setzen. Wobei Theorie und Praxis nicht deckungsgleich sind: Wird es Stefan gelingen, seiner Familie mehr Priorität zu geben? Kann er das so einfach? (Frage: »*Was schenken Sie Ihrem Sohn zum Geburtstag?*« Antwort: »*Weiß ich nicht ... Geld brauchen junge Leute immer.*«) Dass es dabei zumeist um graduelle, nicht um kategorische Veränderungen gehen kann, liegt in der Natur des Menschen. Vom Ausstieg aus dem stressigen Management-Job, um in Flüchtlingslagern »*unentgeltlich etwas Sinnvolles zu tun*«, träumen einige. Vom Ausstieg aus dem »*Arbeitsstress*«, um dann als Surflehrer auf Ibiza das Leben zu genießen, davon schwärmen mehr ... Solche Schritte dann tatsächlich zu gehen, fällt in eine andere Kategorie. Stefan hat zumindest ein paar Punkte gefunden, über die es sich nachzudenken lohnt und wo er, wenn er es denn muss oder möchte, Hebel ansetzen kann.

> **PS:** Mit dem Sohn hat Stefan an dessen Geburtstag einen Ausflug gemacht. Der erste Tag im Leben von beiden, den sie komplett und ausschließlich miteinander verbracht haben. Auf den Gedanken, auch Menschen außerhalb seiner Familie geschadet zu haben, wird Stefan P. zeit seines Lebens mutmaßlich nicht kommen. Wer nicht hinreichend leistungsfähig ist, stößt eben an Grenzen. Was kann Stefan dafür?

5.5   Meine Meta-Ebenen und ich

Wie sieht Ihre Übersicht aus – auch im Vergleich zu der von Stefan P.?

Welche Meta-Ebene war bzw. ist für Sie die wichtigste?
Welche Meta-Ebene ist die zweitwichtigste, welche die dritt-
wichtigste ... welches Muster ergibt sich?

- Warum ist das so? Welche Vorbilder und Erfahrungen haben
  dazu geführt, dass Ihre aktuelle Verteilung so ist, wie sie ist?
- Wenn es früher, etwa im Alter von 18 Jahren, anders war, wie
  kam es zu den zwischenzeitlichen Veränderungen?
- Welche Vorteile hat die aktuelle Hierarchie für Sie? Leben Sie
  diese Werte, sind Sie mit der Art und Weise, wie Sie sie leben,
  zufrieden?

Welche Kombination der verschiedenen Aspekte wäre in Ihrer
Lebenssituation am günstigsten? Welche wäre Ihnen am liebsten?

Welche der von Ihnen für wichtig erachteten Ebene sollte ausgebaut, welche ggf. relativiert werden?

Falls Sie auf diese Fragen vom Autor eine Antwort erwarten, dann bitte noch einmal Kapitel 1.1 lesen. Es
handelt sich bei diesem Buch um keinen Ratgeber (dessen Autor vorgibt, zu wissen, was für Sie gut und richtig
ist), sondern um eine Gebrauchsanweisung!

Ihre Antworten auf die o.g. Fragen haben viel mit Ihrer
Person, Ihrer Biografie und Ihrem Alter zu tun.

Besonders für jüngere, quasi in die Postmoderne hinein-
geborene Menschen dürfte die o.g. Tabelle gewissermaßen auf dem Kopf stehen. Historisch jüngere Dimensionen
werden als erheblich wichtiger erlebt als ältere. Die »Emanzipation als Individuum« (Emanzipation, wogegen auch
immer, in der Postmoderne sind etablierte Standpunkte kategorisch eliminiert) toppt derzeit zumindest oftmals noch
alles. Emanzipation, wenn nicht durch Leistung, dann
durch Ansprüche.

Die »Schaffung eines Paradieses auf Erden durch Fortschritt« hat sich hingegen als Meta-Ebene teilweise paralysiert: Welcher Fortschritt würde realistisch betrachtet wirklich dazu führen, dass es der Gesellschaft noch besser geht? Ist ein »besser gehen« durch materiellen Zugewinn und technische Innovationen vorstellbar, sinnvoll und umweltverträglich? Für Untergruppen, möglicherweise. Die, die weniger haben, möchten mehr. Aber für die Gesellschaft als Ganzes? Machen selbstfahrende Automobile glücklicher? Lohnt es sich, im Dienste der Gesellschaft daran zu arbeiten? Die diesbezüglichen Perspektiven erscheinen zumindest limitiert. Dass im Wahlkampf anderes behauptet wird, besser, gerechter, gesünder, klüger ... gehört in die Kategorie: Klappern gehört zum Handwerk. Die verbreitete Wahlmüdigkeit belegt, dass dies vielfach ähnlich gesehen wird. Wie auch immer, in jedem Fall liegt es näher, wenn schon, dann etwas für die Verbesserung der eigenen Lebensqualität zu tun. Wenn noch Luft nach oben ist, idealer wie materieller Art, dann durch Leistung. Schneller, höher, schöner als andere. Wenn die Luft dünner wird oder Leistung sinnlos bzw. als unzumutbar erscheint, dann durch eine konsequente Konsumentenhaltung (s. Kap. 10), also das Pochen auf Rechte und Ansprüche.

Daneben werden zwischendurch transzendente Ziele – individuell und kollektiv – wiederentdeckt, was seine Individualität unterstreichende und sogar demütig-weise Aspekte haben kann. Die in der mittelalterlichen Gesellschaft immanente, alternativlose Religiosität und durch freie Entscheidung gegangene religiöse Wege mögen ähnlich aussehen. Die Unterschiede, in allen Bereichen, sind gleichwohl erheblich. Das Leben mit und in der Natur hat Konjunktur. Etwa im Waldkindergarten. Wobei die Beibehaltung der Zentralheizung auch von den meisten Naturfreunden nicht ernsthaft infrage gestellt wird. Womit einige der diversen Interaktionen und Kontaminationen, Relativierungen und Unverbindlichkeiten, welche die Postmoderne charakterisieren, angedeutet wären.

Ist der Eindruck entstanden, dass die (Über-)Emanzipation des Individuums gegenüber dem »Wir« und der Gesellschaft ein typisches Problem der Postmoderne sei, im Sinne unserer oft gescholtenen »narzisstischen Gesellschaft« (Maaz, 2012)? Falls ja, dann war eine solche Aussage und Wertung nicht beabsichtigt und wäre bestenfalls bedingt richtig. Narzissten und Egoisten gab es immer. Angesichts zunehmend diffundierender sozialer Sicherheiten und unschärfer werdender beruflicher Rollen ist »Egomanie« weder überraschend noch schlimm. Statistisch gesehen sind wir Nummern. Gräber werden im Regelfall nach 25 Jahren aufgelöst. Die soziale Ewigkeit, das ewige Gedenken in der Erinnerung der Weiter-Lebenden, dürfte für die meisten von uns schon zuvor zu Ende sein. Was bleibt uns postmodernen Zeitgenossen anderes übrig, als uns selbst wichtig zu nehmen? Dass dabei gelegentlich überdimensioniert wird, erstaunt nicht. Für die Postmoderne typisch ist das nicht. Charakteristisch ist der Umstand, dass in der Gesellschaft parallel ganz unterschiedliche Meta-Ebenen-Muster gelebt werden und es keine verbindlichen Maßstäbe mehr gibt, anhand derer sich deren Wertigkeit festlegen ließe.

Alles ist möglich. Auch wenn einige Varianten möglicher als andere sind. Nochmal und angesichts dessen:
Wie sieht Ihre Meta-Ebenen-Standortbestimmung aus?

Was auch immer das Ergebnis Ihrer Standortbestimmung war ...

5.6 Freiheit, die ich meine …

Freie Auswahl an Zielen, Werten und Meta-Ebenen: klingt gut.

Diese freie Wahl hat nur den kategorischen Nachteil, dass sie Verantwortungsübernahme bedeutet.

Das wiederum ist anstrengend und heißt, dass, wenn der einen Meta-Ebene höhere Relevanz zugewiesen werden soll, diese sich bei anderen reduziert. Mehr als 100 % geht nicht.

Ansonsten wird es unverbindlich, wortreich und gelegentlich hysterisch: »*Mir ist alles ganz, ganz wichtig! Meine Familie, die Natur, mein Erfolg und natürlich ich selbst!*« Auch so, erfrischend emotional, kann eine Kapitulationserklärung bezüglich der Verantwortungsübernahme aussehen.

Als *Kunde* hat man selbstverständlich überall die freie Auswahl, wenn man sie bezahlen kann. Als *Mensch* bleibt einem gleichwohl vieles verwehrt. Nicht nur, weil alles seine Grenzen hat (bzw. bekanntermaßen dafür gesorgt ist, dass die Bäume nicht in den Himmel wachsen), sondern auch, weil sich vieles, wenn es inhaltlich unstimmig wird, aufhebt. Formal-logisch kann einem jeweils nur ein Aspekt »am wichtigsten« sein. Falls einem das am wichtigsten ist, was sich im Leben nicht realisieren lässt, dann hatte man in zurückliegenden Epochen Pech und wurde schlimmstenfalls eine tragische Figur. In der Postmoderne führen entsprechende Konstellationen vorzugsweise dazu, ein Psycho-Patient zu werden. Man hat dann falsch gewählt bzw. war letztlich nicht flexibel genug, um sich angemessen aufzustellen. Die Postmoderne, durch und durch psychologisch, hat die Schuldfrage – seit Sigmund Freud, wofür ihm herzlich zu danken ist – weitestgehend abgeschafft. Nur Juristen, die an Konventionen, nicht an Wahrheiten gebunden sind, dürfen sich noch damit plagen. In allen anderen Lebensbereichen ist es charmanter: Wer unglücklich ist, ist krank und muss behandelt werden. Allen wohl, niemand weh. Was sehr sozial und zudem ein Geschäftsmodell ist.

Oder aber man stellt die Weichen so (ob mit oder ohne Gebrauchsanweisung), dass die Rechnung plus/minus null aufgeht. Womit wir wieder bei der Verantwortung und der Akzeptanz möglichen Verzichts wären (Goethe hätte es »Entsagung« genannt).

> Musikalisch ausgedrückt: »*I did it my way!*« Wenn man zum Star am Bühnenhimmel wurde, ist das ein schöner, berührender Song. Wenn man in Partnerschaft und Beruf gescheitert ist, klingt das gleiche Lied bei Weitem nicht so charismatisch.

5.7   Versuch einer Zusammenfassung

Die Meta-Ebenen, die man im postmodernen Leben für wichtig hält, sind keineswegs »eben so, wie sie sind« und müssen auch nicht »zwangsläufig so sein, wie sie sind«. Wenn, dann ist dies das zentrale, in sich paradoxe Meta-Ebenen-Paradigma der Postmoderne.

In jeder vorhergehenden Epoche war das Individuum durch die jeweils geltende Meta-Ebene dominiert und definiert. Die Freiheitsgrade für die meisten Menschen waren gering. Ab dem 18. Jahrhundert wurden sie zunehmend größer (wie immer anhängig davon, in welcher sozialen Schicht man verortet war). Menschen, welche die Relativität der Muster, in und nach denen sie lebten, reflektierten und unter deren Grenzen litten, gab es immer. Im Laufe der Zeit wurden es mehr. Bauernkriege, Aufklärung, Industrialisierung ... haben den Weg geebnet. Materielle Werte reduzierten sich auf das Kapital. Alle übrigen Werte wurden zur Diskussion freigegeben. Freie Meta-Ebenen-Auswahl gibt es erst seit Beginn der Postmoderne.

Wobei freie Auswahl in der Praxis etwas anderes ist als in der Theorie.

Sie ist immer noch relativ und wird es vorläufig auch bleiben.

Voraussetzungen dafür, frei wählen zu können, sind:

a. sich die Möglichkeiten einer Wahl und die Auswahlmöglichkeiten klarzumachen

b. die durch die eigene Biografie, seine Persönlichkeit und das soziale Umfeld limitierten Freiheitsgrade nutzen zu wollen

c. bewusster Verzicht auf nicht gewählte, als weniger wichtig angesehene Möglichkeiten, also: Verantwortungsübernahme

6 Identität in der Postmoderne

6.1 Wer bin Ich?

Ihre Antwort auf diese Frage, spontan, aus dem Bauch heraus:

_____

_____

_____

Wenn Sie »*Ich bin ich*« gedacht oder geschrieben haben, haben Sie einerseits recht.

Andererseits sind Sie dann aber – zumindest bislang – noch nicht wirklich in der Postmoderne angekommen.

»Ich« bzw. ich, »Ich selbst« und »ganz ich« haben derzeit Hochkonjunktur. Und für das postmodern-verunsicherte Individuum einen geradezu magischen, von aller Überlagerung und Überlastung erlösenden Beigeschmack.

Das Charisma des Ich ist derart überwältigend, dass nicht nur die Unterschiede zwischen den diversen Ich- und Selbst-Begriffen oft unklar bleiben.

Es gibt Legionen von Ratgeber-Büchern, die einen besseren, unmittelbareren, elementaren und erlösenden Zu- und Umgang zum bzw. mit dem eigenen Ich versprechen. Und jeder meint zu spüren und glaubt zu wissen, was sein wahres Ich ist. Innere Kinder finden ihre Heimat wieder, auch dort, wo nie eine war. In Ratgeber-Büchern kann man es dabei belassen. Hauptsache ist, »*der Kunde bekommt geholfen*« und fühlt sich wohl. Verunsicherungen inhaltlicher und konzeptueller Art sind zu vermeiden, solange Begriffe zu funktionieren scheinen.

Gebrauchsanweisungen sind hingegen (leider) verpflichtet, wenn sie ihrem Namen gerecht werden wollen, auch das zu zeigen, was hinter der Benutzeroberfläche liegt.

> Wen das nicht interessiert, wer es nicht wissen will und/oder sich ungestört dem romantischen Zauber des eigenen, wahren Ichs hingeben möchte, kann und sollte dieses Kapitel überspringen!
> Gebrauchsanweisungen übernehmen keine Garantie für (durch sie) zerstörte Illusionen.

Sich selbst auch in der Relativität seiner Person, seines Ichs, reflektieren, verstehen und entsprechend flexibel reagieren zu können, ist eine in der Postmoderne wichtige Kompetenz. Mit naivem Glauben daran, autonom und konsistent über die Lebenszeit hinweg und in allen möglichen und unmöglichen Situationen, in die wir geraten, ein stabiles Ich zu sein bzw. zu haben, ist mit dem, was nicht nur aktuelle wissenschaftliche Befunde, sondern auch alte Weisheiten mehr als nahelegen, unvereinbar.

Lieber romantisch intakt als postmodern zerteilt, fraktal, situativ?!

> Sind Sie wirklich sicher, dass Sie weiterlesen möchten?

Falls Ihnen das Weiterlesen automatisch passieren sollte: Gegen ungemütliche Fakten gibt es in der Postmoderne gute Rezepte und fast immer einen Notausgang. Entweder ist alles, was einem nicht behagt, nur hypothetisch und/oder die subjektive Meinung eines Autoren und irgendeiner Wissenschaft (da weiß man ja nie so genau …). Oder aber man sucht, kauft oder fantasiert sich alternative Fakten. Je nachdrücklicher diese vertreten werden, umso blasser und marginaler werden die Realitäten. Gibt es die überhaupt noch?

Im Rahmen dieser Gebrauchsanweisung waren diese machtpolitisch relevanten Hinweise leider unvermeidlich. Für deren Gebrauch lehnt der Autor jedwede Haftung ab.

Also weiterlesen? Dann beginnen wir mit der emotionalen Sicht auf das Thema:

Endlich und wirklich Ich selbst sein. Mein wahres Ich finden und leben!
Sei einfach du selbst!
Nimm dir Zeit für dich! Du bist hier, um echt zu sein, nicht perfekt.
Glaube an dich, folge deinem Herzen, sei mutig, vertraue auf deine Stärken, tanze im Regen, genieße die kleinen Dinge und höre niemals auf zu träumen.
Sei eine erstklassige Ausgabe deiner selbst ...

Wer wollte all das nicht? Aber was heißt das und wie funktioniert es?

Einführend und illustrierend dazu nachfolgend zwei wahre Geschichten.

6.2 »Du musst einfach du selbst sein, dann wirst du auch gesund!«

Fallbeispiel
Lena, 16 Jahre

Lena ist ein Mädchen aus »gutem Hause«. Der Vater ist Arzt, die Mutter Lehrerin. Lena hat eine vier Jahre jüngere Schwester. Lena geht in die neunte Klasse eines Gymnasiums. Sie ist gut in der Schule, was die Eltern freut und die Schwester, die nicht so gut ist, ärgert. Lena hat zwei feste Freundinnen, mit denen sie sich unterhält, Spaß hat und über alles Mögliche und Unmögliche redet (so erleben es ihre Eltern). Lena hat selbstverständlich ein Smartphone. Alle ihre Freundinnen und überhaupt alle haben eines. Auch Lena hat es fast immer dabei (nur in der Schule ist es verboten). Sie ist auf Facebook und dort einigermaßen beliebt. Lena ist ein modernes Mädchen, das Jeans (die teurere Variante mit vorgefertigten Rissen unterhalb der Knie) und T-Shirts trägt, aus den Geschäften, in denen auch ihre Freundinnen kaufen. Es macht Spaß, gemeinsam shoppen zu gehen. Und alles ist gut.

Alles war gut. Denn seit zwei Jahren leidet Lena unter Magersucht. Sie ist 166 cm groß und wiegt derzeit 38 Kilo. Es fing damit an, dass sie meinte, zu dick zu sein: Das geht gar nicht. Zu dick ist unattraktiv, unsportlich, nicht cool. In der Schule war und ist Lena gut. In der Schule, im Religionsunterricht, hat sie oft und gerne das Lied »Du bist Du, das ist der Clou ...« gesungen. Weil die Melodie so schön ist. Mit dem Klavierunterricht, den ihre Mutter ihr unbedingt nahebringen wollte, hat sie nach einem Jahr aufgehört. Weil es keinen Spaß machte. Im Ballett, das sie zwei Jahre gemacht hat, hörte sie auf, als andere deutlich besser wurden. Wenn man von der Ballettlehrerin nur kritisiert wird, dann hat auch der Vater dafür Verständnis, wenn man da nicht mehr hin will. Und anderen Sport? Mit dem Vater joggen? Das hat Lena ein paar Wochenenden lang gemacht. Bis es in der Schule so stressig wurde, dass sie nun am Wochenende ausschlafen muss. Was sie im Leben will, weiß sie nicht. Vielleicht Künstlerin werden? Sie kann gut zeichnen, vor allem Mangas. Und singen kann sie auch, wofür sie eine App hat. Wenn sie sich dann in den Aufzeichnungen hört, findet sie sich richtig gut. Sie ist aber zu schüchtern, um darüber mit den Eltern zu reden. In jedem Fall will sie später einmal, was aber noch lange hin ist, einen Beruf haben, der Spaß macht. Familie und Kinder? Vielleicht. Mehr muss sie nicht wissen, sie ist ja erst 16 Jahre alt. Mal schauen. So wie es alle, also ihre Freundinnen, machen.

Seit Lena ihre Magersucht hat, ist sie etwas ganz Besonderes. Erst waren die Freundinnen neidisch. Dann machten sich die Eltern Sorgen und zuletzt sagte die Sportlehrerin, dass Lena beim Sport nicht mehr mitmachen darf. Zuerst hat sich Lenas Vater bei der Lehrerin beschwert. Weil alle nur neidisch darauf sind, dass Lena so hübsch und schlank ist. Wenig später haben die Eltern aufgehört, sich in der Schule zu beschweren.

Lena hat jetzt eine Therapeutin, die sich jede Woche sehr um sie bemüht. Natürlich weiß Lena, dass sie mehr essen muss. Aber sie ist schnell satt. Es geht dann nichts mehr in ihren Magen hinein. Und zunehmen möchte sie auch nicht. Sie hat zu viel Angst davor, wieder zu dick zu werden.

Sie macht zu viel Sport? Joggen ist gesund.

Und so schlimm kann es nicht sein, weil sie in Sozialkunde wieder eine Eins geschrieben hat.

»*Du musst einfach du selbst sein*«, hat die Therapeutin gesagt, »*dann wirst du auch gesund!*«

Lena stimmt dem zu. Sie weiß nur nicht, wie das gehen soll. Ist sie nicht bereits ganz sie selbst? Und wenn nicht, wie sähe »ganz ich selbst« aus? Sich nichts mehr sagen lassen müssen:

»*Alles aus dem Gefühl heraus tun, so, dass es einem gut geht.*«

»*Das mache ich doch jetzt schon*«, denkt Lena.

»*Es soll Dir langfristig gut gehen, ein Leben lang*«, sagt die Therapeutin.

Ach, diese Erwachsenen, denkt Lena, die wissen auch nicht, was sie wollen.

6.3 »... wieder ganz ich, ohne jemals so gewesen zu sein«

Fallbeispiel
Peter, 43 Jahre

Peter kommt aus einer Bauernfamilie. Der Vater war streng, die Mutter »lieb«, der ältere Bruder war der stärkere und mit seiner jüngeren Schwester hatte er wenig zu tun. Ein Mädchen eben. Wirklich schön war seine Kindheit nicht. Es gab viel Arbeit, zumindest das gab es immer. Dass er mithalf, bei allem, was anfiel, vom Stallausmisten bis zur Rübenernte, war selbstverständlich. Die Schule lief nebenbei. Dafür aber ausnehmend gut. Peter litt unter dem strengen, kaum redenden, oft schlagenden Vater derart, dass ihm die Frage, wer der Vater sei, außer eben der Chef, nie in den Sinn kam. Bei der Mutter war das anders. Auch sie arbeitete immer, aber sie redete dabei, streichelte den Kindern über den Kopf und lachte gelegentlich, etwa wenn Peter mit kaputter Hose, es war beim Klettern auf den Bäumen passiert, nach Hause kam: »*Schnell, damit der Vater es nicht merkt* ...« Dass Peter in der Schule so gut war, besser als sein Bruder, hätte den Vater erstaunt, wenn er es denn wahrgenommen hätte. Schule ist egal. Der ältere Bruder war der prädisponierte Hoferbe und Peter dementsprechend undefiniert. Für Freundschaften hatte er dennoch keine Zeit. Und als er die mittlere Reife mit guten Noten abgeschlossen hatte, ging er auf die Fachoberschule, weil der Lehrer, den er am meisten mochte, es ihm riet.

Peter wurde Informatiker. Wobei er unter seinen Mitstudenten, wie früher unter den Mitschülern, eine merkwürdige Erscheinung blieb. Unpassend-sorglos gekleidet, eher ungepflegt, mit halblangen, strähnigen Haaren, ein großer, etwas hilflos wirkender, wortkarger Mann, der alles, was es im Studium zu tun und zu lernen gab, zuverlässig erledigte. Nach dem Abschluss fand Peter trotz seines Erscheinungsbildes schnell einen Job in einem größeren Unternehmen. Er verdiente gutes Geld und konnte sich auf einem kleinen Grundstück, gleich neben dem Elternhaus, ein eigenes Häuschen bauen. Dort verlebte er die Wochenenden, wobei er zunächst noch auf dem Hof aushalf. Als sein Vater starb, riss der ältere Bruder das Erbe an sich. Die Mutter war nach einem Schlaganfall behindert. Peter kümmerte sich um sie und versuchte, ein Seniorenheim zu finden, da es auf dem Hof für sie kein Leben mehr gab.

Eine Freundin hatte Peter bislang nicht gehabt.

Und dass seine Firma in Konkurs ging, hatte er zu spät bemerkt. Was hätte er auch tun können?

Er lebte einige Monate ziellos und fast verwahrlost vor sich hin, bis ihn der Hausarzt in eine Klinik einwies. Dass er zunächst einmal zurück zu seinem »wahren Ich« finden müsse, offenbarte ihm ein freundlicher Mitpatient gleich beim ersten Treffen.

Es kam ganz anders. Nach zwei Wochen versuchte Peter sich selbst zu beschreiben, in etwa so, wie man ein Computerprogramm beschreibt. Wobei das Programm nach und nach aus der Spur zu kommen schien. Peter lernte verschiedene Menschen kennen. Nebenbei fiel ihm auf, dass Frauen ganz anders sein können als seine Mutter. Und vor allem, dass Männer ganz anders sein können als sein Vater. Peter kam gewissermaßen aus einer wenn nicht irrealen, so doch nur sehr begrenzt realen Welt. Jenseits dessen konnte es durchaus nett sein.

Nach acht Wochen fühlte sich Peter nicht nur ganz anders, er war es auch: Er redete mit vielen, ging mit zwei Mitpatientinnen ins Kino, ein »Frauenfilm«, den er witzig fand, er hatte sich neue Jeans gekauft und würde sein Häuschen verkaufen. Dass er woandershin wollte, war klar. Er hatte Lust darauf.

Peter hat aktuell das Gefühl, wieder ganz er selbst zu sein. Das merkwürdige ist, dass er eigentlich noch nie so war, wie er jetzt ist. Nur, dass es sich trotzdem stimmig anfühlt. Psycho-Kliniken sind schon merkwürdig: Man wird wieder ganz man selbst, ohne es jemals gewesen zu sein. Peter versteht das nicht. Muss er auch nicht. Aber er hat bereits zwei Jobangebote, weit weg von der Gegend, aus der er kommt.

Eine Anmerkung und zwei Fragen

Wie auch immer die Antworten auf die Frage nach Identität und wahrem Ich ausfallen, die Menschenrechte bleiben davon unberührt!

Frage I: Wie, in etwa, sieht das wahre Ich von Lena, wie das von Peter aus?

Frage II: Wie und wie wahr ist Ihr wahres Ich?

6.4 Einfach nur Ich selbst sein ...

... wollten Menschen vermutlich und irgendwie schon immer.

Dezidiert und in hohem Maße »ganz ich« sein zu wollen, wie es im postmodernen Heute viele Menschen bekunden, setzt zweierlei voraus:

Zum einen das **Gefühl, mehr bzw. etwas anderes zu sein als ein selbstverständlicher, integraler Bestandteil einer Gemeinschaft.**

Wer bin ich? Die Tochter/der Sohn von XY, die Frau/der Mann von YZ, Mutter/Vater von YX, aus dem Hof neben der Brücke.

In einer weitgehend entwurzelten Epoche, in der sich solche einfachen Bestimmungen und Traditionen überlebt haben, sind Selbst-Definitionen umso wichtiger. Bewusst und vorsätzlich Ich sein zu wollen ist keine Selbstverständlichkeit, sondern das Ergebnis einer langen Geschichte und einer Entscheidung. Vorher war man ein Name und eine Nummer in der Generationenabfolge. Historisch gesehen. Und heute:

Wo WIR war, soll ICH werden.

Mehr ICH ist weniger WIR.

Was per se weder gut noch schlecht ist, nur anders. Postmodern, zeitgemäß.

PS: Wer behauptet, mehr ICH führe auch zu mehr WIR, ist jenseits psychologischer Realität auf metaphysischen Meta-Ebenen unterwegs. Die sind für sich gesehen ideal-schön. Leider aber nicht handlungsrelevant.

Und zum anderen das **Erleben von »Entfremdung«**.

Die Welt um mich herum zwingt mich dazu, anders zu sein, als ich es bin. Wenn ich dürfte und könnte, wie ich wollte, wäre ich ganz anders. Kultur und Gesellschaft sind ein Gefängnis. Das daraus befreite Ich leuchtet hell und unerreichbar wie ein Stern am Firmament. Annäherungen daran sind möglich. Es gab schon in der Antike Philosophen, etwa die Stoiker, die sich aus der Welt um sie herum, so gut es ging und soweit sie es sich leisten konnten, zurückzogen, um in Einklang mit sich zu leben, Gefühlsausbrüche zu meiden, Gerechtigkeit zu üben und kontemplative Weisheit zu leben. Christliche Einsiedler suchten Gott und fanden zumindest sich selbst. Buddhistische Mönche gingen den Weg des Buddha, auf der Suche nach dem Eins-Sein mit dem Universum. So viele es waren und sind: Relativ zur Bevölkerung insgesamt waren Menschen, die sich aus ihrem sozialen Rahmen heraus begaben, um ihr Ich zu suchen und zu leben, Einzelne oder kleine Gruppen. Seit dem ausgehenden 18. Jahrhundert, im Rahmen der sich entwickelnden Moderne und einer damit einhergehenden –

gefühlten – Entfernung des Mensch von seinen Wurzeln und seiner natürlichen Bestimmung (was auch immer das ist), wurde die Suche nach dem Ich zu einem Volksbegehren und ist heute zu einer Volksbewegung geworden. Rhetorisch-konstruierte Selbstvergewisserung angesichts ansonsten fraglicher Umstände. Das Erleben des eigenen, einzigartigen Ich, oft einhergehend mit dem Glauben an die Unsterblichkeit der eigenen Seele, macht den Kern der Romantik aus.

Die Hoffnung darauf, im Einklang mit seinem Ich zu leben bzw. dieses zumindest grundsätzlich erreichen zu können, wurde immer wieder tief erschüttert. Was ist ein Individuum, was ist es wert? Auf den Schlachtfeldern von Waterloo, in den Schützengräben von Verdun, in der Hölle von Stalingrad oder auch angesichts alter, vergilbter Schwarz-Weiß-Fotos unbekannter Menschen in den Grabbelkisten eines Flohmarktes? Gestern im KZ, heute in Syrien, morgen ...? Bei den Rüstungsausgaben werden derzeit mehrere hunderttausend Euro veranschlagt, um einen gegnerischen Soldaten »auszuschalten«. Immerhin. Mehr als 10 000 Suizide in Deutschland, noch mehr Verkehrstote, mehr als 100 000 Abtreibungen aus sozialer Indikation, jeweils jedes Jahr. Die jedem Menschen gleichermaßen zustehende Sehnsucht nach und der Glaube an das »eigene Ich«, zumal im Abendland, wurde trotz oder wegen dieser und vieler anderer aus welchen Gründen auch immer als notwendig bzw. leider als unvermeidlich angesehenen Tatsachen umso stärker. Mein Bauch gehört mir. Woraus sich folgende Liste von Standortbestimmungen ergibt:
- Ich als Teil eines unübersehbaren Räderwerkes
- Ich als kleine Nummer in der Maschinerie einer sich ins Unbestimmte bewegenden Gesellschaft

- Ich als ein Name auf einer Todesanzeige in der Lokalzeitung
- Ich in einem genormten (Grabsteingröße maximal z.B. 70 × 80 cm, vorzugsweise Granit), nach 25 Jahren abzuräumenden Grab
- Ich in hundert Jahren mit an Sicherheit grenzender Wahrscheinlichkeit: vergessen

Solche Aussagen, sich selbst betreffend, zu konstatieren, kosten spürbar Überwindung. Den Glauben an das eigene Ich erschüttert es absehbar noch nicht. Im Gegenteil:
- Ich, ein Teil der Schöpfung
- Ich bin einzigartig
- Ich lebe und wirke im Angesicht der unsterblichen Natur ...
- Ich als eine alle Realitäten sprengende Offenbarung

Falls Ihnen die letzten Sätze merkwürdig und zu pathetisch anmuten, verweist dies auf Ihren bemerkenswertschlichten Umgang mit dem Ich-Thema. Aber kalte Füße und falsche Bescheidenheit sind an dieser Stelle unangebracht! Um in der Postmoderne nicht nur zu überleben, ist es wichtig, seine Träume und nicht zuletzt auch deren emotionale Qualitäten ernst zu nehmen. Entsprechend müssten gerade Sie die nachfolgende Frage schriftlich beantworten, um Ihre bislang möglicherweise zu nüchternen Ich-Ansprüche angemessen zu emotionalisieren und damit zu vervollständigen.

Wenn Gefühle aufkochen, an dieser Stelle darf es das! Wenn die Standortbestimmung unseres Ich der Gesellschaft und dem Kosmos gegenüber nicht emotional getragen sein darf, was dann? Also:

- Wie sieht Ihre Vorstellung vom »wahren Ich« aus?
- Wie erleben Sie Ihr »wahres Ich«?
- Gesetzt den Fall, Sie könnten Ihr wahres Ich uneingeschränkt leben: Was wäre anders?

Anmerkungen zum Ich

Die Vorstellung, dass so gut wie alle Probleme gelöst sind, wenn man sein wahres Ich erkannt hat, ist weitverbreitet. Die in entsprechenden Ratgeber-Büchern vertretenen Konzepte dazu sind beneidenswert einfach. Verkaufen sich diese Bücher deshalb so gut? Um das wirkliche, ureigene Ich zu finden, braucht es demnach weniger Verstand, aber umso mehr Gefühl und Herz. Man sieht (laut dem kleinen Prinzen) sowieso nur mit dem Herzen gut.

Das Märchen vom kleinen Prinzen

Die Idee, wonach man nur mit dem Herzen gut sehe, ist romantisch, aber ansonsten leider Unsinn. Auch alle Vorurteile, die uns umtreiben, haben eine starke emotionale und – im Sinne des kleinen Prinzen wörtlich genommen – »herzliche« Komponente. Die Zauberkraft des Satzes, wonach man nur mit dem Herzen gut sehe und das Wesentliche für die Augen unsichtbar sei, ist selbst ein schönes, verzeihliches, weil historisch gesehen überlebenswichtiges, aber gleichwohl abgrundtiefes Vorurteil.

Haben wirklich Auge und Verstand zu einer mitunter übertechnisiert-unmenschlich-technokratischen Welt geführt? Sie waren die Werkzeuge, sicher. Ohne sie ging es nicht. Aber hinter ihnen, als Triebfeder, stand das »Herz«, das mehr wollte: Feinde besiegen, groß sein, mächtiger als andere. Der Krieg mag nicht die Mutter aller Dinge sein. Aber er war sehr oft eine Herzensangelegenheit und ist einer der mächtigsten Stimuli des technischen und gesellschaftlichen Fortschrittes. Von

Auge und Verstand gelenkte Handlungen waren oft katastrophal-selbstzerstörerisch. Antoine de Saint-Exupéry (1900–1944) konnte als Pilot – zuletzt als Kampfflieger im Zweiten Weltkrieg, wo er den Tod fand – ein Lied davon singen. Und er tat es. Er gab der märchenhaft-guten Seele in Form des Kleinen Prinzen Form, Gehalt und Wirksamkeit, leider nur in entfernten Universen. Psychologisch-realistisch sieht man leider mit dem Herzen zumindest ebenso schlecht wie mit den Augen. Besser gesagt: Das Auge sieht, es nimmt aber nicht wahr. Es war und ist letztlich immer das »Herz«, das aus den durch die visuellen Funktionen der Augen vermittelten Informationen Schlüsse zieht. Wer das wissen will, der weiß es. Es ist eine der weniger angenehmen Weisheiten. Wie oft geht die Sicht des Herzens fundamental daneben, nicht nur bei der Partnerwahl (etwa die Hälfte aller Ehen wird geschieden), sondern auch ansonsten im Leben? In Sekundenbruchteilen meint das Herz einen Mitmenschen beurteilen zu können (experimentell bewiesen). Eine solche, jenseits rationaler Erwägungen vollzogene Einschätzung später zu relativieren, ist uns vermeintlich rationalen, de facto (im Guten wie im Bösen) »herzlichen« Menschen dann nur noch schwer bis – je prinzipientreuer man meint sein zu müssen – gar nicht mehr möglich. Soweit, so (zum angemessenen Selbstverständnis als postmoderner Mensch) gut.

Was sehen Sie, wenn Sie sich mit dem Herzen ansehen?

Ihre Antwort auf diese mehr als schwierige Frage ist für eine Gebrauchsanweisung absehbar zu intim und zu komplex. Stattdessen folgen hier ein paar kategorische Imperative der postmodernen Psycho-Beratungs-Rhetorik, die passgenau auf aktuelle Bedürfnisse zugeschnitten und entsprechend kommerziell sehr erfolgreich sind:

»Sei ganz bei dir. Sei niemand anders als du selbst ...«

»Glaube an dich, folge deinem Herzen, sei mutig, vertraue auf deine Stärken, tanze im Regen, genieße die kleinen Dinge und höre niemals auf zu träumen!«

»Sei eine erstklassige Ausgabe deiner selbst statt eine zweitklassige von jemand anderem. Sei ganz du selbst!«

Diese den oben erwähnten Ratgeber-Büchern entlehnten Sätze klingen so, als seien sie magisch aufgeladen? Ihnen wohnt ein stiller Zauber inne, der uns bestimmt, zu leben?

Je weiter sich die westlich-zivilisierte Menschheit von ihren »Ursprüngen« entfernt hat, wobei die Postmoderne bislang das diesbezügliche Maximum ist, umso größer wird die Sehnsucht nach dem absoluten Gegenteil:

»Von allem Wissensqualm entladen, in deinem Tau gesund sich baden ...«

Haben wir uns verlaufen auf der Suche nach unserem Ich?

Teils ja, teils nein. Bislang waren wir einerseits historisch, ein wenig philosophisch und sogar religiös, andererseits sentimental-emotional unterwegs. Was fehlte, waren die psychologischen Fakten. Gebrauchsanweisungen sind nicht dazu da, um Märchen zu erzählen. Sie sollten bzw. müssen die Funktion des jeweiligen Gegenstandes so darlegen, dass er vom Leser so gut wie möglich verstanden und genutzt werden kann. Es kostet Überwindung, die Suche nach dem »wahren Ich« auf eher nüchtern-psychologischer

Ebene fortzusetzen. Um nicht den Eindruck zu erwecken, dass hier etwas vorsätzlich entzaubert und zerstört werden soll, wofür es keine Alternativen gibt, vorab ein wohlgereimtes Motto:

Ich bin nicht Ich. Ich bin nicht Du.
Ich bin Prozess. Das ist der Clou!

Fallbeispiel
Normalität, was ist das?
Zwei 15-jährige Mädchen, beide aus gutem Hause und magersüchtig, waren schon lange in Behandlung. Aktuell waren sie in einer psychosomatischen Klinik, wo sie aus Sicht der Therapeuten und ihrer Eltern leidlich Fortschritte machten. Das Leben ist ein Spiel und die Hoffnung stirbt zuletzt. Eines Nachts wurden sie von der Nachtschwester in stark angetrunkenem Zustand auf ihren Zimmern angetroffen. Nach der Ausnüchterung (bei 34 kg Körpergewicht sind zwei Promille schnell erreicht) wurden sie gefragt, warum sie Wodka-Flaschen in die Klinik geschmuggelt und deren Inhalt getrunken hätten. Die Antwort lautete: »*Wir wollten doch auch einmal normal sein.*«

6.5 Der postmoderne Mensch – nackter als nackt

Wissenschaftler sind bemüht, allem, auch sich selbst und damit uns, die letzten Geheimnisse, die allerletzten Hüllen zu rauben. Mit Kernspintomografen und anderen Hightech-Methoden lassen sich lebende Menschen in Schichten schneiden – ehemals war dies nur mit anatomischen Präparaten möglich. Die genauen Abläufe beim Beischlaf wurden während des Geschehens unter anderem mit Ultraschallbildern dokumentiert und sind im Internet abrufbar. Psychologen durchleuchten mit geschickt konstruierten

Fragebögen die Seele und kehren das Unterbewusstsein nach oben. Verdrängte Gefühle hervorzuholen und online zu stellen gehört zum Alltag vieler postmoderner Menschen.

Ich entblöße mich so öffentlich wie möglich, also bin ich?!

Angesichts dessen: Wäre es dem postmodernen Menschen nicht zu gönnen, wenn wenigstens sein »wahres Ich« sein Geheimnis bleibt?

Zu gönnen ja. Es liegt in der Dynamik der Postmoderne, dass Geheimnisse notorisch gelüftet werden müssen. Fortschritt und Effizienzsteigerung toppen alles. Geheimnisse und wirtschaftlicher Erfolg sind letztlich unvereinbar. Informationen sind das Kapital der Zukunft. Soweit es eine gibt. Wer Informationen hat, hat die Macht. Und sei es, um Verkaufs- oder Wahlkampfstrategien daran auszurichten.

**Begriffe und Worte sind Schablonen,
alles in allem geht es um Emotionen ...**
Wenn man in der postmodernen Dynamik selbst einen Kurs bestimmen will, ist es unvermeidlich, hinter die Begriffe, auch hinter »Ich« und »Selbst«, zu schauen.
Die Postmoderne ist erklärtermaßen rational.
Gleichzeitig stehen (zumindest hier und heute) Emotionen hoch im Kurs und mutieren zu alternativen Fakten.
Das Leben in der Postmoderne ist ein Balanceakt zwischen dieser und anderen Paradoxien.

6.6 Ich und Selbst werden gelernt

Zunächst einmal muss festgestellt werden, dass weder Ich noch Selbst Gegenstände sind, die von außen betrachtet, objektiv vermessen und klassifiziert werden können. Soweit die Erforschung des Menschen auch vorangekommen ist, weder das eine noch das andere wurden irgendwo im Gehirn oder in umschriebenen Funktionen dieses Organs entdeckt. Es gibt gute Gründe, davon auszugehen, dass dies auch nie geschehen wird. Ich und Selbst sind, im besten Sinne des Wortes, »Konstrukte«. Begriffe, die er-/gefunden wurden, um bestimmte Phänomene und Funktionen, die überlebenswichtig waren und sind, zu benennen und kommunizierbar zu machen. Jeder von uns hat sie im Laufe seiner Entwicklung gelernt und dabei gewissermaßen selbst neu konstruiert. Über mögliche metaphysische Hintergründe, ob so etwas wie eine Seele unabhängig von den Funktionen unseres Gehirns existiert, sagt das: gar nichts.

> Ebenso wenig, wie der offenkundige Umstand, dass die Menschen ihren Gott bzw. ihre Götter vorzugsweise (und in Ermangelung gleichermaßen prägnanter Alternativen) nach ihrem Bilde geschaffen haben, etwas über die Existenz bzw. Nicht-Existenz und das Aussehen göttlicher Konstellationen aussagt.

Ein kleines, ein bis zwei Jahre altes Kind kann mit den Worten Ich und Selbst zunächst noch wenig anfangen. Es erfreut sich an klar benennbaren Objekten. Auto, Ball, Wauwau. Nach und nach lernen dann Max und Maria, dass der Max oder die Maria, wenn sie selbst reden, nicht der Max und die Maria sind, sondern jeweils Ich sind.

Wenn sich Max und Maria im Spiegel erblicken, wissen sie dann, dass »ich« es bin. Zu kognitiven Höchstleistungen dieser Art sind ansonsten nur noch Menschenaffen in der Lage, unsere nächsten Verwandten im Tierreich. »Ich« ist ein prächtiges, prägnantes Wort, dass in Verbindung mit anderen schnell zum festen Bestandteil des Lieblingswortschatzes wird: *»Ich bin …, Ich habe …, Ich will …!«* Unseren beiden Protagonisten wird angesichts der Reaktionen ihrer Eltern und anderer Personen schnell die substanzielle Qualität des Ich-Wortes klar. Ich ist etwas anderes als Du. Ich bin immer im Zentrum des gefühlten Geschehens. Anders ist es unserem Ich schlicht unvorstellbar.

Bis zum Selbst ist es dann noch ein weiter Weg. Selbst fällt nicht vom Himmel, sondern wird, wo sonst, im mitmenschlichen Umfeld vorgelebt, konstruiert und gelernt. Ich meine den Kern unserer Existenz und Identität. Näher zu uns selbst geht nicht und gibt es nichts. Je nach Perspektive sind unser Ich und unsere Seele identisch, zumindest überschneiden sich die beiden Aspekte. Und unser »Inneres Kind« wohnt, liegt, haust, leidet, friert und kuschelt eng daneben.

»Wer bist Du?«
»Ich bin der Max/die Maria.«
»Und wie ist der Max/die Maria?«
…

Um mit den letztgenannten Fragen etwas anfangen zu können, müssen die beiden schon ein paar Jahre älter sein. Zwischenzeitlich hat Max oft von seinen Eltern gehört, dass er ein guter Junge ist, dass er stark ist und gut Fußball spielen kann. Auch Maria hat oft gehört, was sie ist: gut, lieb, hübsch, musikalisch … Und absehbar gibt es auch ein paar weniger freundliche, kritischere Adjektive, die den beiden mitunter zornigen Individuen von den Angehörigen dargebracht wurden. *»Max, du bist ein vorlauter, frecher ... Junge!«* Auf diese Weise haben wir alle gelernt, uns die Außenperspektive auf uns selbst als Selbst zu eigen zu machen. Also die Außenperspektive auf uns in uns zu integrieren. Unser Selbst schaut – hoffentlich so liebevoll wie die skizzierten Eltern – auf unser Ich und kann aus dem imaginären Abstand heraus die Eigenschaften und Qualitäten des Ich erkennen. Gleichzeitig ist das Selbst gewissermaßen auch das Sprachrohr des Ich.

Wie gesagt, weder mit noch so guten Röntgenaufnahmen des Gehirns noch durch andere Untersuchungsmethoden war es möglich, unser Ich und unser Selbst zu entdecken. Was letztlich nicht überrascht. Unser Gehirn besteht aus Milliarden von Nervenzellen, die durch diese umgebenden Stütz- und Hüllenzellen (die absehbar noch erheblich diffizilere Funktionen haben) voneinander getrennt, gepolstert und, in genau richtig konzentrierte Salzlösungen gebettet, miteinander kommunizieren. Und zwar so, dass wenige Millisekunden dauernde Impulse weitergeleitet werden oder, wenn sie nicht stark genug sind, nicht weitergeleitet werden. Aus diesen Abläufen ergeben sich Muster, je nachdem, welche Teile des Gehirns beteiligt sind. Und mit bestimmten Muster dieser Art, ohne dass es bis heute wesentlich konkreter beschrieben werden könnte, geht das Erleben von Ich und Selbst einher. Soweit, so unendlich kompliziert.

Mit dem Denken an sich werden wir uns im Rahmen dieser Gebrauchsanweisung noch eingehender beschäftigen müssen. Hier ging es zunächst nur darum zu verstehen, wie es zum Ich und Selbst kommt: Es sind Konstrukte, die im Rahmen der individuellen Erziehung kommunizierend gelernt, in den Grundmustern über Generationen hinweg angelegt und weitergegeben, dabei aber jeweils von jedem von uns neu entdeckt, konstruiert und mit individuellen Aspekten gefüllt werden.

Fallbeispiel
Wie haben Lena und Peter ihr Ich und ihr Selbst gelernt?
Lena (s. Abschn. 6.2) wurde in einer normalen Familie (früher hätte man sie »bürgerlich« genannt) umsorgt. Ihr Ich wurde mit diversen positiven Attributen gefüttert, wobei ihr daraus resultierender »Selbstwert« derzeit offenbar leider in keinem tragfähigen Verhältnis zu ihren sonstigen Fähigkeiten, Fertigkeiten und ihrem Reifungsgrad steht. Frustrationstoleranz und Entscheidungsfähigkeit, Verantwortungsübernahme, konstruktive Durchsetzungsfähigkeit und Durchsetzungswillen (der mehr als Verweigerung beinhaltet) brauchte sie ihrem derart konstellierten Selbstverständnis entsprechend nicht zu lernen. Sie ist als Ich soweit ja auch ohne dies alles absolut okay. Das ihr grenzenlos liebevolles bis bequemes (wer hat nicht gerne »super« Kinder?) an-sozialisiertes (nicht zuletzt »narzisstisches«) Ich wurde, relativ zur realen Dynamik ihres Lebensumfeldes (und nicht zuletzt einer postmodernen »Leistungsgesellschaft«), zur Sollbruchstelle ihrer Entwicklung.

Peter (s. Abschn. 6.3) hingegen fehlte fast alles, was Lena genossen hat. Sein Ich resultiert mehr aus praktischen Erfahrungen. Er hat mitgeholfen, konnte anpacken, wurde von der Mutter gemocht. Eine weitergehende Reflexion dessen, was ihn ausmacht, war in seiner Familie kaum möglich. Er hat das später, so gut er konnte, nachgeholt. Das gelang ihm, weil er klug, durchsetzungsfähig, durchsetzungswillig und zudem neugierig war. Das alles war er, lange bevor sich sein Selbst Gedanken darüber machen konnte, dass sein Ich offenbar ein solch beachtlicher Typ war.

Ich und Selbst werden gedacht und gefühlt, täglich im Wachzustand, immer wieder neu. Entgegen der ihnen traditionell zugeschriebenen Qualität, also fest verankerte, in uns in Stein gemeißelte Phänomene zu sein, sind Ich und Selbst Konstellationen, die sich wie auf einem fließenden Gewässer bilden. Die Strömungsbedingungen haben eine gewisse Stabilität. Steine, mitunter Felsen, die Beschaffenheit des Bodens und die Menge des den Bach oder Fluss füllenden Wassers. Ein statisches Bild ergibt das Ganze nur, wenn man es durch eine statisch eingefärbte, dynamische Aspekte ausblendende Brille betrachtet. In unserem Fall ist die Brille: unser westliches Selbstkonzept.

6.7   Wie Denken funktioniert

Seit dem ausgehenden 19. Jahrhundert, seitdem alles systematisch auf der Suche nach nutzbaren Erkenntnissen hinterfragt wurde, begannen auch Psychologen damit, introspektiv, sich selbst zu beobachten und mit sich selbst auch auf diese Weise zu experimentieren. Dabei beschäftigten sie sich unter anderem mit folgenden Fragen:

* Wie lange dauert ein Gedanke?
* Haben Gedanken scharfe Grenzen?
* Woher kommen die jeweiligen Gedanken?

Um diese Fragen zu beantworten, braucht man weder Fachbücher noch aufwendige Gerätschaften geschweige denn einen Computer. Ein ruhiges Zimmer, eine Uhr mit Sekundenzeiger, Zeit und den Mut, sich gewissermaßen von außen selbst beobachten zu wollen, reicht. Dabei geht es auch nicht darum, »sich selbst zu finden«, sondern nur darum, die Funktionen des eigenen Gehirns kennenzulernen. Natürlich gibt es heute hochmoderne Methoden, um Denken zu erforschen. Man kann darstellen, welche Regionen des Gehirns beim Anblick eines bestimmten bekannten oder unbekannten Gegenstandes (ein Werkzeug, das Foto einer nackten Frau, bestimmte Wörter etc.) aktiv sind (etwa indem man die Durchblutung oder den Verbrauch von radioaktiv markiertem Zucker in den verschiedenen Hirnregionen misst). Man kann auch die sich verändernden elektrischen Potenziale messen, die mit den Aktivitäten von Nervenzellen und, bezogen auf unser Gehirn, quasi mit unserem Denken einhergehen. Auf diese Weise erzeugte Bilder zeigen, wie Aktivitätswellen entstehen, sich durch das Gehirn ausbreiten und verebben. So spektakulär solche Forschungsergebnisse sind, das, was unser Denken ausmacht, bilden sie stets nur annäherungsweise ab. Was gemessen und abgebildet wird, sind die körperlichen Voraussetzungen, Begleitaspekte und Folgen. Die Gedanken an sich gehören uns – bis auf Weiteres – ganz alleine!

Selbstbeobachtung als Methode

Ein Protagonist wissenschaftlicher Selbstbeobachtung war der amerikanische Psychologe William James (1842–1910). Er unterschied das »erkennende Selbst« vom »erkannten Selbst« bzw. dem »Ich«. Letzteres wäre demnach der die individuelle Persönlichkeit ausmachende Kernbereich. Das in den verwendeten Begriffen liegende Modell bedingt das Ergebnis. »Kernbereich« dürfte für uns ein griffiger Begriff sein: Das erkennende Selbst sitzt dann gewissermaßen in der Schale einer Nuss. Das »erkannte Selbst«, das Ich, wäre dann der Nusskern. »Über uns nachdenken« ist demnach etwas, was die Nussschale Ihrer Persönlichkeit tut. Diese hat so viel Abstand zu Ihrem Ich und zudem so viel Intelligenz und Sensibilität, dass sie das Ich zumindest einigermaßen gut erkennen kann.

Kern und Nussschale? Überzeugt das? Wirklich? Unser Verstand säße demnach in einer Nussschale? Wäre der Kern als Sitz für unseren Verstand nicht viel bequemer und angemessener?

Egal, welche Begriffe man benutzt, um Teilaspekte der komplexen Funktionen unseres Denkens zu beschreiben: Mehr als Annäherungen gelingen nicht und werden, soweit absehbar, auch nie gelingen!

An dieser Stelle wäre es schade, wenn Sie weiterlesen, nach dem Motto: Der Autor wird mir schon sagen, was es zu beobachten gibt. Das wird er, aber es selbst wahrzunehmen ist eindrucksvoller und deshalb entschieden wichtiger, als ein paar Daten zur Kenntnis zu nehmen.

Selbstbeobachtung
- *Wie lange dauert ein Gedanke?*
- *Haben Gedanken scharfe Grenzen?*
- *Woher kommen die jeweiligen Gedanken?*

Setzen Sie sich in einen ruhigen Raum. Wie und in was für einem Raum Sie sitzen, ist nebensächlich. Idealerweise schließen Sie die Augen, um nicht durch ständige optische Eindrücke abgelenkt zu sein. Und beobachten, was passiert. Nicht mehr. Nicht weniger. Wenn bestimmte Gedanken kommen, üblicherweise kommen offene Fragen, Probleme, Überlegungen wie *»Habe ich die Haustür zugeschlossen«*, *»Welche Aufgaben muss ich morgen in der Arbeit erledigen«*, viele Gedanken und Gedankenfetzen dieser Art: Registrieren Sie diese Gedanken als das, was sie sind, als Gedanken. Ihr »Gehirn« wird versuchen, sie festzuhalten, die Fragen zu beantworten, Lösungen zu finden, sich Sorgen zu machen: *»Ist die Haustür auch wirklich zu?«*, *»Morgen darf ich nicht vergessen …«* Darum geht es jetzt nicht. Lassen Sie die Gedanken ziehen und achten Sie darauf, welche Gedanken nun kommen.

Diese Übung, die hier improvisiert wird, ist ein zentraler Baustein dessen, was aktuell als **Achtsamkeit** diskutiert und gelehrt wird. Achtsamkeit ist eine Form der Meditation, deren zentraler Inhalt es ist, im Hier und Jetzt zu sein. Mit frei schwebender Aufmerksamkeit. Letzteres setzt voraus, Gedanken kommen und gehen lassen zu können. Das ist deshalb möglich, weil Gedanken nicht die Probleme und Inhalte sind, die sie transportieren, sondern schlicht Gedanken – quasi die Meta-Ebene der physiologischen Abläufe in unserem Gehirn.

Achtsamkeit ist nicht als Entspannungsverfahren konzipiert. Wenn, dann ist Entspannung eine gern in Kauf genommene Nebenwirkung. Achtsamkeit ist vielmehr ein Weg, einen anderen Zugang zu uns als Person zu finden und unsere Perspektive zu erweitern. Die hohe Popularität, die Achtsamkeit heute genießt, unterstreicht, wie wichtig eine entsprechende »Verankerung« in der Postmoderne ist. Achtsamkeit zu praktizieren, dazu werden Sie auch in dieser Gebrauchsanweisung herzlich eingeladen.

Im Rahmen dieses Kapitels geht es jedoch nur darum, zu erleben und zu erforschen, wie Ihr Gehirn funktioniert.

Gedanken kommen und gehen.
Oft angestoßen von etwas, was man sieht oder hört.

Mitunter aber auch, ohne dass einem klar ist, warum man gerade daran denkt, woran man denkt.

Ein Gedanke, wenn man sich nicht mit dessen Inhalt beschäftigt, sondern ihn »ziehen« lässt, dauert ein paar Sekunden, um dann, ohne feste Konturen, von einem anderen, gerade auftauchenden Gedanken abgelöst zu werden.

Versuchen Sie, Ihre Gedanken anzuhalten ... einfach mal nichts denken!

Undenkbar.
Gedanken fließen.
Sobald man einen Damm errichten will, in Gedanken, wird dieser selbst zum Gedanken und fließt dahin.
Die Paradoxie eines Dammes ...

Wenn Menschen, die Probleme haben, versuchen, »nicht daran zu denken«, denken sie daran.

Die Paradoxie des Nicht-Denkens.

Jeder kennt sie. Sie funktioniert – als Paradoxie – immer. Rosarote, gelbe Elefanten.

Indem ich etwas nicht denken will, habe ich bereits daran gedacht.

Wäre es wünschenswert, wenn unser Gehirn logischer funktionieren würde? Wenn sich Gedanken an- und ausschalten ließen, nach Situation und Bedarf? Rational, modern, funktional, direkt-gezielt optimierbar?

Was würde unser Gehirn, wenn es sich denn abschalten ließe, in eben dieser Zeit machen?

Ließe es sich so programmieren, dass wir, wie »auf Droge«, nur Angenehmes denken?

Achtung – postmoderner Optimierungswahn!

Logischer, praktischer, angenehmer wäre das alles vielleicht. Aber unmöglich, weil solche mechanistischen Vorstellungen bzw. Strategien nicht mit den physiologischen Grundlagen unseres Gehirns vereinbar sind. Versuche, Entsprechendes zu erzwingen, müssen absehbar scheitern. Sie gefährden die Funktionstüchtigkeit Ihres Gehirns und damit alles, was davon abhängig ist, Ihr Leben.

Für den Fall, dass Sie sich auf das offenkundig existenzielle Bereiche berührende Experiment eingelassen haben, ist die folgende Zusammenfassung entbehrlich.

Unser Gehirn ist eine Art fühlende Maschine, die ständig Gedanken »produziert«.

Wobei Gedanken mehr als kurze oder längere Sätze

sind, mehr als kurze Informationseinheiten, mehr als eine SMS im Gehirn. Gedanken sind, ob man darauf achtet oder nicht, mit bestimmten Gefühlen, Ahnungen und Bildern verbunden. Mitunter bahnen Gefühle Gedanken. Sie können mit Gerüchen und Tönen einhergehen. Sobald man sich auf einen Gedanken einlässt, etwa *»Ich gehe die Straße entlang«*, weiten sich die Gedanken aus, reichern sich an, werden zu Geschichten, zumindest von Optionen zu Geschichten, um dann zu diffundieren und anderen Gedanken Platz zu machen.

Die Beschäftigung mit »Aufgaben« fokussiert Gedanken auf die entsprechenden Themen. Sobald etwas »Luft« bleibt, gleichbedeutend mit unserer auf die eigenen Gedanken gerichteten Aufmerksamkeit, merken wir, dass Gedanken und Gefühle weiterströmen. Das kann lästig sein. Wir sind unkonzentriert. Wir wollen, müssen wieder an die Aufgabe denken. Also nicht daran, worauf sich die Gedanken gerichtet haben ... Womit wir in der oben bereits erwähnten paradoxen wie anstrengenden Dynamik *»Ich darf nicht an den rosa Elefanten denken«* angekommen sind. Oder wir nicken Gedanken freundlich zu und lassen sie ziehen. Was wenige Augenblicke dauert. Und sind glücklich, uns wieder mit dem eigentlichen Thema beschäftigen zu dürfen.

Einerseits macht das jeder entweder so oder so, automatisch. Andererseits ergeben sich daraus Möglichkeiten, bewusst mit sich und seinem Gehirn umzugehen, das eben kein durch »Druck machen« bzw. »mehr Strom geben« in seinen Funktionen optimierbarer Computer ist, sondern ein hochsensibles, eigenwilliges Organ, das nebenbei den Eindruck vermittelt, dass es unser Ich ist, das dem allen zugrunde liegt.

Die Grenzen der Begriffe

Um das Phänomen »Denken« erfassen und erforschen zu können, ist man auf Bilder, Modelle und Begriffe angewiesen, die den Sachverhalt bestenfalls annäherungsweise treffen.

Fließen Gedanken wirklich?

Unser Gehirn jedenfalls fließt nicht. Es laufen Erregungswellen durch Nervenzellverbände, in komplexen Verschaltungsmustern. Parallel dazu »geschieht« der Gedanke. Jede weitergehende Aussage, was die Zusammenhänge von Erregungsmustern und Gedanken anbelangt, bleibt spekulativ.

Und hinsichtlich der Verortung von Ich und Selbst wird es noch rätselhafter:

Beinhaltet unser Gehirn zwei Computer, von denen der äußere den inneren »betrachtet«?

Sicher nicht. Anatomischen Strukturen, die mit dem einen oder anderen identifiziert werden könnten, finden sich in unserem Gehirn nicht …

Spätestens hier werden die Grenzen der Begriffe deutlich. Ich und Selbst sind und bleiben Konstrukte, die durch die mit ihnen verbundenen Bilder perpetuiert und dadurch zu von uns erlebbaren Wirklichkeiten werden. Nicht mehr und nicht weniger. Konstrukte, die uns helfen, uns selbst zu »verstehen«, auch um die fundamentale Rätselhaftigkeit des damit umschriebenen Phänomens auf alltagstaugliche Dimensionen zu verringern.

Zusammenfassung

Ein notorisches Charakteristikum der Postmoderne ist es, auf der Suche nach Fortschritt und Optimierung Gewohnheiten zu hinterfragen. Tradierte Vorstellungen, auch die von Ich und Selbst, werden konsequent infrage gestellt und relativiert. Sinn und Zweck einer Gebrauchsanweisung ist es, das, was im postmodernen Alltag implizit passiert, zu explizieren und nachvollziehbar zu machen. Ob es nun auf den ersten Blick kundenfreundlich ist oder nicht.

Deshalb musste auf die fluktuierend-flexible Dynamik unseres Denkens, Wahrnehmens und Empfindens hingewiesen werden. Sie hat absehbar einen überlebenswichtigen Grund: Unser »schweifendes« Denken ist immer »auf dem »Sprung«, bereit, auf unerwartete Störungen und Bedrohungen zu reagieren. Überlebens-Sicherheit versus Wunsch nach Ruhe; dazwischen steckt die dialektische Spannung jedweden – endlichen – Lebens: Traditionen und Normen geben Sicherheit und reduzieren Freiheit.

Wer Freiheit gewinnt, bekommt die Unsicherheit gratis dazu.

Auch der Postmoderne, zwischen radikaler Emanzipation des Individuums und historisch gesehen höchsten Ansprüchen auf Wohlergehen und Sicherheit, kann und wird die Quadratur des Kreises nicht gelingen. Wie individuelle Balance gelingen kann? Die Möglichkeiten des Absturzes sind in der Postmoderne unbegrenzter als je zuvor.

Unser postmodernes Gehirn lässt sich zum Teil durch »Achtsamkeit« austricksen, was wir (ansatzweise) geübt haben (s. oben). Zudem wurde deutlich, dass Ich-Erleben jeweils nur ein bewusst gewordener Punkt auf einer sich durch unsere Lebenszeit ziehenden Linie ist. Das Ich wird dabei in ganz unterschiedlichen Konstellationen auf der Grundlage eingeübter Muster immer wieder neu konstruiert. Mit der fluktuierenden Qualität der eigenen Persönlichkeit umzugehen ist eine der kategorischen Herausforderungen, die die Postmoderne an uns stellt – soweit wir bereit sind, Herausforderungen anzunehmen (s. Kap. 9). Wer Postmoderne als Option nutzen will, wird sich früher oder später mit dieser Thematik auseinandersetzen müssen.

6.8   Unser westliches Selbstkonzept

Unsere Vorstellungen vom Ich haben wir seit frühester
Kindheit quasi mit der Muttermilch aufgesogen.

┌
│ **Das westliche Selbstkonzept**
│ Das westliche Selbstkonzept, also die Vorstellung davon, was ein
│ Individuum bzw. ein Ich ausmacht, beinhaltet
│ • zeitliche Konsistenz.
│ • situationsübergreifende Konsistenz bzw. Stabilität.
│ • innere Konsistenz – Kongruenz zwischen verschiedenen »Teil-
│   Identitäten«.

Das Individuum, Sie und ich, gehen entsprechend dem
westlichen Selbstkonzept davon aus, dass wir von der
Wiege bis zur Bahre, über unser gesamtes Leben hinweg
(und ggf. darüber hinaus), konsistent dieselben sind.

Ich war ein Embryo.

Heute bin ich erheblich älter.

Ich bin viele hundert Mal schwerer.

Ich bin erheblich größer, bestehe aus potenziert mehr Zellen und Zellbestandteilen.

Ich habe zwischenzeitlich unendlich viel erlebt, gelernt und wieder vergessen.

Ungeachtet dessen bin ich – zumindest gefühlt – immer noch exakt derjenige, der ich immer war.

Egal, wie und wo ich mich befinde: Ich bin ich.

Soweit die dem westlichen Selbstkonzept entsprechende Perspektive. Dass und warum das nicht die reine Wahrheit sein kann, dürfte inzwischen deutlich geworden sein.

Unsere Wahrnehmung ist, egal, wie wir es erleben, nicht statisch, sondern dynamisch.

Ansatzweise erleben das auch westlich geprägte Individuen, etwa wenn man sich in den eigenen vier Wänden und/oder unter Freunden anders empfindet, verhält und reagiert als in einer fremden Umgebung.

Hat man sich z. B. bei einem, bezogen auf die eigenen Normen, merkwürdigen Verhalten »erwischt«,

- etwa wenn man angesichts eines autoritären Chefs »gekuscht« hat statt selbstsicher aufzutreten,
- wenn man »gepetzt« hat, obwohl man so offen und ehrlich ist,
- wenn man jemandem Komplimente macht, ohne es so zu meinen,

entschuldigt man sich mit »eigentlich bin ich ja ganz anders«.

Schön, wenn es so einfach wäre und sich das westliche Selbstkonzept damit retten ließe. De facto denken, fühlen und handeln wir abhängig von unterschiedlichen Situationen und Konstellationen anders. Wir haben, so wurde schon vor mehr als 100 Jahren postuliert, so viele Ichs und Selbst wie es Menschen gibt, mit denen wir interagieren. Ist das eine bösartige Unterstellung oder eine sehr sensible Erkenntnis? Wenn man sich in geordneten Bahnen bzw. sozialen Konstellationen bewegt, mögen die unterschiedlichen Dynamiken unserer Persönlichkeit kaum auffallen. Jenseits des Gewohnten wird es spannender ... Die Postmoderne erhöht die Chancen bzw. Risiken, aus geordneten Bahnen herauszufallen.

Eben deshalb ist es in einer Gebrauchsanweisung wichtig, auf das Phänomen des Kontext-abhängigen Ichs hinzuweisen. Und zur diesbezüglichen Selbst-Beobachtung anzuregen:

Gab es Situationen, in denen Sie sich verhalten haben, »als ob Sie gar nicht Sie selbst sind«?
In denen Sie etwas getan haben – im Guten wie im weniger Guten –, zu dem Sie »eigentlich« nicht fähig wären?

Es gab diese Situationen. Garantiert!

Falls nicht, hatten Sie entweder das Glück(?), nie mit unvorhergesehenen Situationen konfrontiert gewesen zu sein, so wie unsere in gottgewollter Ordnung lebenden Vorfahren. Oder Sie sind ein Heiliger ... oder, am wahrscheinlichsten, es ist Ihrer Achtsamkeit entgangen. Letzteres ist nicht schlimm, Sie können es ab sofort ändern.

Abhängig davon, in welchen Kontexten wir uns befinden, fühlen, denken und handeln wir anders …

Ergänzend dazu: Unsere jeweilige Stimmung, unser Affekt hat maßgeblichen Einfluss darauf, was wir wahrnehmen, was wir empfinden und wie wir handeln, was in der Wissenschaft als »**Affektlogik**« bezeichnet wird (s. Ciompi, 1997). Im gemütlichen Wohnzimmer erscheinen die Konflikte in der Welt und das Verhalten der involvierten Menschen viel unlogischer, als wenn man selbst unmittelbar in einem entsprechenden Konflikt gefangen ist. Die Nicht-Beachtung dieses Umstandes macht viele im Internet hinterlassenen Kommentare wohlmeinender Zeitgenossen gleichermaßen unsinnig und lästig.

Bezogen auf die Frage nach dem Ich und dem Selbst: Die unendliche Komplexität des Themas dürfte andeutungsweise nachvollziehbar geworden sein. Vom Gefühl her, als Mitgift und Erbe unserer Geschichte, wird der in westlichen Ländern aufgewachsene Mensch, Sie und ich, zumindest noch für ein paar Generationen weiterhin meist spontan davon ausgehen, eine und stets dieselbe konsistente und stabile Person zu sein. Gegenargumente gibt es viele. Einige davon haben Sie in diesem Kapitel der Gebrauchsanweisung kennengelernt. Das westliche Selbstkonzept immunisiert gegen diese Argumente (noch) weitgehend. Das hat Vorteile, aber, beispielsweise im Fall von Lena, der 16-Jährigen, der wir am Anfang dieses Kapitels begegnet sind, mitunter auch gefährliche Nachteile: Wenn Lena die Relativität ihres Ichs erkennen und die lebenswichtige Gewichtszunahme nicht im Kampf gegen ihr vermeintlich autonomes Ich erfolgen würde, eben weil das Ich weder autonom noch konstant ist, wäre der Verlauf entspannter.

Die Postmoderne wird uns mit der Frage, wo jeweils die gesunde Balance zwischen Individuum und situativer Dynamik liegt, absehbar alleine lassen bzw. es ist eine der Aufgaben, die im Hausaufgabenheft des postmodernen Menschen steht. Man kann es diesbezüglich laufen lassen oder auch nicht. Für Letzteres ist diese Gebrauchsanweisung gedacht.

Festzuhalten bleibt:

- Unser Körper baut sich ständig auf, ab und um. Der Mensch, der im gesegneten Alter stirbt, besteht nur noch zu einem Bruchteil aus den Atomen, mit denen er einst geboren wurde.
- Denken ist an die Funktionen des Gehirns gebunden. Diese sind nicht konstant, sondern werden durch stärkere Emotionen, Alkohol, Drogen, Übermüdung … und schließlich auch, wenn das Gehirn »abbaut«, etwa im Rahmen einer Demenzerkrankung, beeinflusst. Wir denken und fühlen dann jeweils anders, enthemmter, unkontrollierter, ruhiger … Sind wird dennoch stets das gleiche Ich und Selbst wie zuvor und danach, ideologisch bzw. faktisch?
- Unser Bewusstseinsstrom wird immer wieder unterbrochen, u. a. im Schlaf. Wenn wir aufwachen, dann funktioniert unser Gehirn wieder – fast genauso – wie zuvor, ausgehend von den erlernten und trainierten Verknüpfungen der Zellen. Nirgendwo sonst sind unser – als solches erlebtes – Ich und Selbst abgespeichert, fixiert. Unser Gehirn ist eine sich durch Lernen, Erinnern, Umlernen kontinuierlich umbauende und anpassende Institution. Alles fließt (wie schon griechische Philosophen wussten), unser Ich selbstverständlich auch.

- Das westliche Selbstkonzept ist selbstbewusst, beruhigend, gleichzeitig aber unlogisch und nachgewiesenermaßen: eine Illusion. Es ist die Brille, durch die Menschen unseres Kulturkreises uns und andere wahrnehmen: Ich bin ich! Letztlich bin ich mit mir: widerspruchs- und konfliktfrei. Wenn ich so bin, dann bin ich »authentisch«, ganz ich selbst. Darin lag bislang persönliche Stärke und seelische Gesundheit. Gleichzeitig zementiert es Muster, welche die Lebensqualität und mitunter das Leben gefährden (»psychische Störungen«). In der Postmoderne ist all dies fließend bis paradox geworden. Dies nicht nur zu lesen, zu schreiben oder zu sagen, sondern zu realisieren, ist wie ein Sprung ins kalte Wasser: Bis man sich daran gewöhnt hat, dauert es …

In statischen Epochen war das westliche Selbstmodell angemessen und überlebenswichtig. Dass es in der Postmoderne angekommenen Zeitgenossen schwerfällt, sich vom westlichen Selbstkonzept zu verabschieden, hat Gründe:

a. Wir sind es von Kindheit an gewohnt.
b. Es fehlen dazu emotional-überzeugende Alternativen.
c. Sobald man das Konzept beiseiteschiebt, tun sich existenzielle Abgründe auf.
d. Sich mit entsprechenden Abgründen konfrontiert zu sehen tut weh und reißt Wunden. Auf Wunden klebt man, je schneller, umso angenehmer, Pflaster. Wohlgemeinte, freundliche, weise klingende Ratgeber-Seelentröster, die vorübergehend den gefühlten Abgrund vergessen machen. Die Angst vor dem, was nach dem überlebten westlichen Selbstkonzept kommt, wird damit umso größer.

»Ich habe dich gerufen, du bist mein!«

Wenn es dieses Du – also das Ich – so nicht gibt?

Wo sind Netz und doppelter Boden im christlichen Abendland? Erlösung, (westliche) Spiritualität und die Annahme eines individuellen, unzerstörbaren Wesenskerns sind unmittelbar miteinander verknüpft. Das romantisch überhöhte Ich wurde zu einem sich selbst tragenden Kosmos, aufgehängt zwischen den Polen des Alls, zwischen Schöpfung und Ewigkeit. So weit, so gut. Im Zeitalter des Konstruktivismus, angesichts der Erkenntnis, dass menschliche Wahrheiten immer abhängig von Perspektive und Begriffen sind, leider nicht gut genug. Auch unser Ich ist historisch bedingt, gelernt, relativ und konstruiert. Ich und Selbst wurden über die Generationen hinweg zur selbsterfüllenden Prophezeiung. Wohin geht der Weg des Ichs in der Postmoderne?

Fest steht nur, dass sich ein postmodernes Individuum genauso wie seine modernen und vormodernen Vorfahren als solches, als Ich, erleben wird. Wird es hinter dieser Überschrift diversifizierter, flexibler, flacher, bewusst-achtsamer oder konsumfreudig-oberflächlicher? Das hängt absehbar davon ab, ob die der Postmoderne immanenten Gestaltungsmöglichkeiten genutzt werden. Eine konsequente Konsumentenhaltung alleine reicht nicht aus.

7 Postmodernes Individuum und Gesellschaft – Standortbestimmungen

7.1 Programmatisch reflektiert

Fassen wir zusammen. Schon wieder?

In der Postmoderne läuft jede Form des Nachdenkens, die diesen Namen verdient, auf Zusammenfassungen hinaus. Dass man sich dabei, wenn es gut läuft, wiederholt, ist kein Problem, sondern der Sinn der Sache. Wiederholungen vermitteln das Gefühl, dass das Zusammengefasste Gültigkeit hat.

Wenn es Wahrheit nicht mehr geben kann, ist Gültigkeit immerhin etwas!

Frühere Epochen verliefen im Rahmen unumstößlicher, gottgegebener Gesetze. Menschen aller Stände, Städte und Staaten hatten sich innerhalb dieses vorgegebenen Rahmens zu bewegen und trachteten danach, sich entsprechend zu konsolidieren.

Seit Beginn der Moderne laufen die Uhren anders. Konsolidierung wurde gleichbedeutend mit Resignation, Bequemlichkeit und Akzeptanz inakzeptabler Zustände. Optimierung wurde zum Leitmotiv der Moderne und Revolutionen zum bevorzugten Weg, selbige voranzubringen. Wobei das Ziel, eine in jedem Fall bessere Welt, zwar in der Zukunft lag. Daran, dass es eines schönen Tages erreicht werden würde, war jedoch kein Zweifel möglich: *»So oder so, die Erde wird rot.«* Oder anders herum, aber das dann ganz sicher und aus guten Gründen.

*Nichts ist selbstverständlich und nichts ist gut genug,
um nicht verbessert werden zu können.*

Dieses Glaubensbekenntnis der Moderne eliminiert alle
Selbstverständlichkeiten. Der postmoderne Mensch muss
sich, wenn er etwas werden will, dementsprechend (»Wer
bin ich?«) notorisch reflektieren und optimieren. Die Postmoderne hat das zitierte Glaubensbekenntnis der Moderne
geerbt. In Ermangelung von Alternativen wurde es wider-
standslos übernommen. Dabei wird programmatisch übersehen, dass sich der Bezugsrahmen verändert hat: Die Moderne glaubte an eine bessere Zukunft. Der Postmoderne
fehlt diese Zukunftsgewissheit. Das Paradies, sei es kommunistisch, kapitalistisch oder sonst wie, erwartet niemand mehr. Eher das Gegenteil. Was wir nicht hoffen wollen. Gute Gründe, die gegen das Anbrechen einer besseren
Welt im Himmel wie auf Erden sprechen, besser wie auch
immer, gibt es genügend. Und auch gravierende Argumente
gegen jedweden glücklichen Finalzustand der Weltgeschichte.

Ein vereintes Europa als Vision am Horizont. Alle Menschen werden Brüder.
    Das war einmal.

Es dürfte heute schwerfallen, realitätsnahe Menschen zu
finden, die diesbezüglich andere Ansichten vertreten. Es
bröckelt an vielen Enden des politischen und sozialen Weltganzen. Ein bisschen besser wird es schon werden. Trotz
allem. Das hoffen und daran arbeiten viele. Darüber, wie
solche Verbesserungen aussehen und wo ihre Nebenwirkungen liegen könnten, lässt sich unendlich diskutieren.
Das revolutionäre Charisma ist verschwunden. Politisch

wie technologisch. Rhetorik wird bemüht, die Glut gelegentlich anzublasen. Zumal vor Bundestagswahlen. Viel mehr an Zukunft erwartet niemand.

Was soll nach der weltweiten Etablierung des Internets und der damit verbundenen kategorischen Veränderung unserer Kommunikation-, Informations- und Gedächtniskultur noch kommen?

- Wissen? Niemand muss sich mehr etwas merken. Das kann man jederzeit im Internet googeln. Lernen war gestern (s. Assmann, 1999, 2013). Heute braucht man wenn, dann Medienkompetenz.
- Selbst fahrende Automobile? Die ersten Toten gab es bereits und ob die auf diese Weise gewonnene Zeit wirklich ein Gewinn ist, darüber lässt sich streiten.
- Leben auf dem Mond oder dem Mars? Mit dem Raumschiff durch fremde Galaxien als Pauschalreise?
- 100 Jahre als statistisch normales Lebensalter?
- Alle Krankheiten werden heilbar?

Aus die schönen Träume. Die Epoche der Revolutionen und des Fortschritts ist relativ zu den Fanalen, mit denen sie begann, einem gestürmten Gefängnis und der Guillotine, kläglich zu Ende gegangen. Parallel dazu hat sich die Gesellschaft verändert. Die streitbare 69er-Generation ist längst verebbt. Ihre Kinder und Enkel sind angepasst, realistisch, smart. Im Zweifelsfall liest man Ratgeber-Bücher. Was bleibt? Der romantische Weg zurück zur Natur, zur Ursprünglichkeit, zur Innerlichkeit … zum Ich?

Was ist angesichts der Dynamik des rasenden Stillstandes
von weiterer Optimierung – wovon auch immer – tatsächlich zu erwarten? Politische Parteien und Geschäftsfüh-
rungen bedienen sich weiter der für modern erachteten,
bereits damit anachronistischen Optimierungs-Rhetorik.
Was sollten sie sonst tun?

»Für eine bessere Zukunft«

»Alles für das Wohl unserer Kunden/Patienten«

»Wo wir sind, ist der Fortschritt« ...

So und ähnlich klingen innovative Leitbilder. Dass dahinter Gewinnmaximierung als letztes und höchstes, einzig
denkbares Ziel steht (gute Quartalszahlen gehen demnach
über alles, alles, alles in der Welt), ist kein Vorwurf an die

118

innovationsgewaltigen Protagonisten dieser Leitbilder. Sie können nicht anders. Nicht, weil es das Gegenteil von Wählern-, Kunden- und Patientenorientierung ist und insofern geradezu peinlich wäre, sondern weil es schlicht tabu ist, weiter zu denken.

Und was das Ich anbelangt (wir hatten es bereits ausführlich diskutiert; s. Kap. 6.6): Wenn entwurzelte, nicht zu Performern geborene Menschen ihr Ich entdecken und als Weg in eine bessere Welt oder gar als Lösung aller Probleme ansehen, wer könnte es ihnen verdenken? Mal abgesehen davon, dass den Betreffenden diese Illusion meist selbst kurzfristig wieder abhandenkommt, spätestens beim nächsten »Problem«.

Der Postmoderne bzw. dem postmodernen Menschen fehlt eine hinreichend stabile Basis, um die diese Epoche tragenden Tabus systematisch zu hinterfragen. Das war in allen Epochen so und ist insofern ein alter Hut. In einer Gebrauchsanweisung kommen wir leider nicht umhin, auch diese Schubladen zu öffnen. Gebrauchsanweisungen legitimieren keine Ideologien, sondern legen Funktionsweisen dar. Einblicke ins Innere der eigenen Epochen-Maschine? Der Autor bittet um Pardon. Sie müssen ja nicht hineinschauen.

Fassen wir noch einmal zusammen (das kann, wie gesagt, nie schaden):
Die Postmoderne gibt sich programmatisch progressiv, inhaltlich assoziativ und ist perspektivisch freischwebend. Ihre Einwohner erleben sich darüber hinaus vorzugsweise sentimental-regressiv, reagieren auf die dekonstruierende Verunsicherung mit Rückzug auf ein romantisches Ich und verlieren bei alledem die Lust auf Erkenntnis jenseits dessen, was kurzfristig wohltuend ist.

Um weiter pflichtgemäß beschleunigen zu können, wird Entschleunigung zur Kür und achtsam geübt. Vergangenheit und Zukunft schrumpfen angesichts des rasenden Stillstandes zu virtuellen Punkten.

Triumph der Gegenwart!

Letzteres wäre dann das Motto jedes weise geführten postmodernen Lebens?

Absolute postmoderne Weisheiten

Wenn du depressiv bist, lebst du in der Vergangenheit.
Wenn du Angst hast, lebst du in der Zukunft.
Wenn du inneren Frieden erlebst, dann lebst du in der Gegenwart. (Laotse)

Nur wer für den Augenblick lebt, lebt für die Zukunft.
(H. von Kleist)

Der richtige Augenblick zum Glücklichsein ist jetzt. (R. Kunze)

Lebe im Hier und Jetzt, denn jeder Augenblick ist ein brennender Funken der Ewigkeit.
Die Zukunft ist nicht greifbar, die Vergangenheit nicht zu ändern. Was uns bleibt, ist die Gegenwart – und die ist reich an Möglichkeiten und tollen Augenblicken.

Und auf Geburtstagskarten-Niveau:
Man lebt nur einmal. Und wenn man es richtig macht, dann reicht das auch.

7.2   Fundamental desillusioniert

Wie wohl fühlt sich der postmoderne Mensch, Sie und ich, auf dem Drahtseilakt, den ein nur in der Gegenwart gelebtes Leben bedeutet?

Im intensiv-glücklich gelebten Moment, was könnte es Schöneres geben!
In weniger schönen Momenten, angesichts von Stagnation, Unsicherheit, drohenden Verlusten (was einige der objektiv weniger schlimmen, niemandem fremden Konstellationen sind) wird der Moment, die nackte Gegenwart, ohne davor und danach, unendlich schwer, kalt, bedrückend!

Es ergibt sich folgendes Bild: Das Seil, auf dem wir balancieren, ist auf der einen Seite an der verlorenen, ungültig gewordenen Vergangenheit festgezurrt. Dorthin führt kein Weg zurück. Auf der anderen Seite hängt das Seil an einer de facto nie zu erreichende Zukunft. Der postmoderne Wohlstandsbürger setzt einen Fuß vor den anderen, entweder ein fortschrittliches Lied auf den Lippen (*»Wir steigern das Bruttosozialprodukt«*) und/oder mit Achtsamkeit im Herzen und sein »Inneres Kind« unter dem Arm. Stehenbleiben gilt nicht und geht nicht. Nur Virtuosen der Artisten-Zunft ist es gestattet. Sie beherrschen die Nummer: Meditationsgurus, buddhistische Heilige und langbärtige Kirchenmänner. Wir anderen balancieren ums Überleben. Immer im heiligen Augenblick, in der Gegenwart, bewusst und achtsam, nie einen Moment davor oder danach. Die Gegenwart, physikalisch gesehen zwar unendlich kurz, klebt wie Kaugummi an unseren Füßen. Wir werden sie, was immer wir tun, zeitlebens nicht los. So schnell oder langsam wir auch laufen.

Angesichts dessen: Was bleibt uns anderes übrig, als die tyrannische Gegenwart zu lieben? Seinerzeit wurde man, über die Jahrtausende hinweg, Könige und Kaiser nicht los. Sie waren eben gottgegeben da, wehrhaft und unantastbar. In ihrer Nachfolge dominiert uns mit gleicher eiserner

Hand die Gegenwart. Ob wir sie lieben oder nicht, der Gegenwart ist es absehbar gleichgültig. An der Situation, am Kaugummi, ändert das nichts. Dass sich Menschen wohler fühlen, wenn sie ihre Tyrannen lieben, ist weltgeschichtlich ein offenes Geheimnis. Die Liebe zu mehr oder weniger charismatischen Führern verringert die Spannung und macht Untertanen zu guten Bürgern. Mit Urgewalten zu ringen, da haben selbst unsere biblischen Vorfahren stets den Kürzeren gezogen. Noch kürzer als der Moment geht nicht. Also lieben und verehren wir die Gegenwart, genießen wir sie und schreiben Bücher, die den gelebten Moment preisen. Wir winden ihr Kränze, singen ihr Lieder ...

Lebe den Augenblick!
Du lebst nur jetzt!
Achtsamkeit, Meditation, alles, was auf diese in der Postmoderne wieder modern gewordenen Phänomene abzielt, gilt und huldigt dem Augenblick.
Vergangenheit und Zukunft wurden entmachtet und für ungültig erklärt.
Es bleibt uns nur die Gegenwart? Es lebe die Gegenwart.

Leider ist diese Zentralperspektive der Postmoderne ebenso kurzsichtig, wie der gefeierte Jetzt-Moment dauert. Sie ist bestenfalls physikalisch logisch und greift ansonsten zu kurz.

Trifft es den Punkt?
Unsere Zeit, die Jahre um 2020, hätten sich unsere Vorfahren anders, vermutlich paradiesischer vorgestellt. Jean-Paul Sartre wiederum hätte aus dem aktuellen Gegenwarts-Fanatismus unschwer eine Höllenvision gezaubert (Sartre, 2012). Die Einsicht *»Die Hölle, das sind die anderen!«* bekommt durch *»Wir sind dazu verdammt, in der Gegenwart zu leben!«* zusätzliche Schärfe. Wohin wir auch immer in der Gegenwart gehen, als Menschen, nicht

als Elementarteilchen, Lichtquanten oder elektromagnetische Welle, wir kommen nirgendwo an.

Schon gar nicht in der Zukunft.

Achtsam angesichts unendlicher Weite

Wir sitzen entspannt. Wir schließen die Augen.
Wir lassen unsere Gedanken kommen und gehen.
Wir sind gegenwärtig. In uns und im gelebten Augen-
blick.

Wer dies achtsam und meditierend übt, wird Erfahrungen
machen, die sich nur annähernd in Worte fassen lassen.
Und wenn, dann vorzugsweise in Paradoxien.

Bewusst unbewusst.
Ein Schweben in sich, neben sich.
Sich in äußerster Wachheit selbst beobachten, wie von
außen und doch von innen heraus.
Jenseits der Zeit sein.
Tief entspannt, gleichzeitig hellwach.
Die Zeit spielt für den Moment keine Rolle.
Wir leben.
Wir erleben.
Wir sind.
In aller Bescheidenheit und Demut angesichts der Größe
des Momentes.

Menschen, die diese Dimensionen kennen, haben den no-
torischen Konsumenten der Postmoderne (s. Kap. 10) vieles voraus, vorzugsweise an Tiefe und Freude.

Warum das so ist, müsste und könnte uns allen egal
sein.

In der Postmoderne ist uns aber nichts egal.

Das, was im Gehirn während und durch Meditation geschieht, wurde wissenschaftlich untersucht. Dabei zeigte sich Erstaunliches: Meditation führt nicht nur zu veränderten, entspannten Mustern der Hirnfunktionen. Sie ist bezüglich Stress-Reduktion hochwirksam und somit, zumal in Stress-dominierten Zeiten, gesund. Ganz man selbst sein, ganzheitlich, seine Wurzeln finden.

Achtsamkeit und Meditation sind derzeit, und soweit absehbar, die substanziell besten Antworten auf die Zumutungen der Postmoderne. Sie haben Tradition und die Kraft, die postmodernen Paradoxien schmelzen zu lassen wie Schnee in der Sonne.

Ist unser Gehirn für Achtsamkeit und Meditation im Rahmen der Evolution »geschaffen« worden?
Wurde es dafür »konstruiert« und »gemacht«?
Falls nicht, was haben die beschriebenen Effekte von Meditation und Achtsamkeit zu bedeuten? Was funktioniert da tatsächlich und wie?

Stopp! Wollen wir das wirklich wissen?
Niemand, der in perspektivisch offenen Beschleunigungs-Strudeln treibt, schneidet den Rettungsring auf, der ihn über Wasser hält, nur um zu sehen, was sich darin befindet. Hauptsache, er hält einen mit dem Kopf über dem Wasser.

Die Postmoderne kann grausam sein. Sie stellt jede Frage. Tabus zu hinterfragen ist eines ihrer Grundgesetze.

Jede Epoche hatte ihre Tabus. Tabus markieren die Grenzen der für Normalsterbliche betretbaren Welt.

Was ist ein tabulos-unbegrenzter Mensch? Eine diffundierende Wolke.

Ein Tabu-beladener Mensch ist ein Gefangener in eben diesen Tabus.

Die Wahrheit und wir liegen bzw. stehen dazwischen.

In der Postmoderne sind Tabus programmatisch tabu. Diese Paradoxie ist existenziell. So gesehen ist es beruhigend, in der Postmoderne noch real existierende Tabus zu finden (wir kreisen gerade darum)!

Achtsamkeit und Meditation sind postmoderne Rettungsringe.

Sie sind uns als solche ebenso heilig wie z.B. Gesundheit, Ganzheitlichkeit und Natur.

Tabu hin, Tabu her.

- Es ist Menschen grundsätzlich unmöglich, nur in der Gegenwart zu leben.
- Wenn Meditation ein Weg ist, sich diesem Zustand anzunähern ... dann ist Meditation ebenfalls eine Paradoxie: also zeitgemäß.

Zusammengenommen bleibt nur die bittere (?) Erkenntnis:

Wir sind unsere eigene Vergangenheit und werden sie nicht los.

Die Grundlagen unsere Wahrnehmung liegen in unserer Vergangenheit.

Unser Gehirn ist, auf der Basis unserer Erbanlagen, das Ergebnis unserer Lebensgeschichte, unserer Sozialisation, unserer vielen kleinen und großen Erlebnisse. Unsere Sprache integriert, transportiert und reproduziert die in unse-

rem Umfeld üblichen Bilder und Vorstellungen (einschließlich die bezüglich Meditation und Achtsamkeit). Solange
wir leben, konstelliert sich unser Gehirn auf dem Boden
seiner Geschichte kontinuierlich neu. Die Worte, die wir
verwenden, die Empfindungen, die wir haben, sind jeweils
durch Erfahrungen, also in der Vergangenheit Gelerntes,
determiniert.

Die Art und Weise, wie Ihre Nervenzellen in Ihrem Gehirn verknüpft sind, ist die Matrix, durch die und auf der
Sie Gegenwart erleben. Gegenwart selbst, als Wort und als
psychologisches Phänomen, ist ein Konstrukt, in dem
zwangsläufig in unserer Vergangenheit geprägte Muster,
angestoßen durch aktuelle innere und/oder äußere Impulse, aufgerufen, aktiviert und umgeschrieben werden.

Für denkende und empfindende Wesen gibt es somit
keine reine Gegenwart. Gegenwart wird erlebbar, indem
sie mit Bildern, Worten, Ideen, Ideologien, Gefühlen und
Nicht-Gefühlen aufgeladen wird, die ihrerseits in der Vergangenheit geprägt wurden.

Erlebte Gegenwart ist nicht das, was sie zu sein vorgibt.
Der definierte Punkt auf einer Zeitachse für sich genommen ist gar nichts. Er hat keine Empfindungen, keine Tiefe,
keine Wurzeln. Als mathematisch-theoretischer Ereignis-
horizont liegt er jenseits der Dimension, auf der sich
menschliches Bewusstsein abspielt.

Gegenwart pur hätte möglicherweise die Qualität eines auf
ex getrunkenen Bierglases voll 100 % Alkohol. Das ver-
trägt sowieso niemand.

Solche Überlegungen und Befürchtungen sind erfreulicherweise überflüssig. Denn ohne Vergangenheit hätten wir
keinerlei Kriterien, Begriffe oder Kategorien, um die pure

Gegenwart überhaupt als solche wahrnehmen und wert-schätzen zu können. Steine und elektromagnetische Wellen wären so gesehen die Krone der Schöpfung. Sollte es das Ziel postmoderner Zeitgenossen sein, sich eben solchen be-wusstlosen Zuständen anzugleichen? Ist das Ihr Ziel?

> **PS:** Im Finalzustand einer Demenz, dann, wenn jede Orientierung unmöglich und alle Begriffe vergangen sind, werden es einige von uns so oder so erreichen.

Lebe den Augenblick!
Leider ist diese Zentralperspektive der Postmoderne ebenso kurz-sichtig wie jeder Jetzt-Moment. Die dahinter stehende Idee mag physikalisch und daran anknüpfend (irgendwie) philosophisch logisch sein, bezogen auf die Realität menschlichen Lebens greift sie definitiv zu kurz.

Nochmal, weil es wichtig ist: Das, was wir achtsam im Hier und Jetzt wahrnehmen, ist nie reine Gegenwart. Was wir auch immer dabei erleben, mit Worten beschreiben und als Bilder malen, es ist unsere intuitive Deutung eines jenseits aller Erfahrbarkeit liegenden Phänomens. Erlebte Gegenwart ohne Vergangenheit ist menschenunmöglich. Die Idee, nur in der Gegenwart leben zu können, ist dem-entsprechend eine von vielen Paradoxien, die die Postmo-derne bereithält.

Ein postmodernes Gedankenexperiment
Wir löschen unser Gehirn, so wie man eine Computerfestplatte »löscht«.
Also: Alle alten Gedanken, Erinnerungen etc. werden eliminiert.
Tabula rasa.

Womit der Ideal- und Zielzustand des Meditierens erreicht wäre (zumindest wenn man diverse Autoren, die sich zu diesem Thema äußern, beim Wort nimmt).

Nichts mehr, was uns aus uns selbst heraus vom Wesentlichen ablenkt. Achtsamkeit auf den Augenblick ist uneingeschränkt gegeben. Ganz im Hier und Jetzt, eben weil die gelebte Vergangenheit nicht mehr präsent ist und auch keine Idee davon, was Zukunft sein soll.

Gleichzeitig gibt es keine Vorstellung, was gelebte Gegenwart und was der Wert vom Sein im Hier und Jetzt sein sollte.

Ganz im Hier und Jetzt sein löst sich, wie vieles in der Postmoderne, auf.

In eine Paradoxie. Wer nur im Hier und Jetzt ist: ist nirgendwo.

Psychophysiologisch gesehen sind die bei Meditation erlebten und messbaren Phänomene induzierte Rückkopplungen eines mehr oder weniger im Leerlauf befindlichen, auf Selbstreflexionsmodus geschalteten Gehirns.

Pardon! Wer angesichts des letzten Satzes vehement den Kopf schüttelt und unmittelbar widersprechen möchte, der hat natürlich recht!

Selbstverständlich müssen Bücher kundenfreundlich sein. Sie dürfen niemanden verunsichern und müssen Tabus respektieren. Leider kennen Gebrauchsanweisungen keine heiligen Kühe.

Meditation hat was.

Stören Sie mich nicht. Ich bemühe mich gerade um Achtsamkeit.

Also, wie lautete der Satz?

Psychophysiologisch gesehen sind die bei Meditation erlebten und messbaren Phänomene induzierte Rückkopplungen eines mehr oder weniger im Leerlauf befindlichen, auf Selbstreflexionsmodus geschalteten Gehirns.

Nicht mehr und nicht weniger. Unbestritten! Die spürbaren und messbaren positiven Effekte auf Befindlichkeit und Gesundheit machen Meditation und Achtsamkeit zu sinnvollen, potenziell hilfreichen Übungen. Nebenbei reflektiert man die Relativität alles Seins, genießt es, »Sein« erleben zu dürfen, wird bescheiden und dankbar. Beschleunigung und andere Dogmen der Postmoderne schrumpfen auf die Größe relativer Launen.

Meditation wurde über die Jahrtausende hinweg praktiziert. Für unsere nach Wurzeln suchende Postmoderne wird sie dadurch umso attraktiver. Leider ist die Idee, im Rahmen von Meditation und Achtsamkeit unmittelbar und elementar irgendwie tatsächlich »im Hier und Jetzt« oder sogar transzendent ankommen zu können, nicht mehr als eine Idee bzw. eine Hoffnung. Wenn Meditation von meditierend-achtsamen Menschen als wichtig, beruhigend und festigend erlebt wird, ist ihnen der entsprechende, gut nachweisbare Effekt zu gönnen. Als bewusst gesetzte Pausen, als Zäsuren in einer rastlosen Zeit, haben solche Übungen in jedem Fall einen die Relativität von Ich und Welt reflektierenden kategorischen Wert. Was an den dabei ablaufenden, oben skizzierten Mechanismen aber nichts ändert.

So oder anders: In all unseren Wahrnehmungen und Empfindungen schwingt Vergangenheit mit. Wir werden unsere Vergangenheit, solange wir leben und lebendig sind, genauso wenig los wie die Kaugummi-ähnlich an uns klebende Gegenwart. Den Umstand, wonach unser Leben auf Zukunft ausgerichtet ist und jede Gegenwart sich unmittelbar in Vergangenheit verwandelt, schüttelt niemand ab. Solange er lebt.

Dies alles zu akzeptieren und angemessen zu kultivieren hat erhebliches Potenzial!

Bildlich gesprochen: Das Seil, auf dem wir balancieren, wäre demnach gar kein Seil, sondern ein fest in der Vergangenheit verankertes Brett, fast schon eine Brücke in die Zukunft, auf der sich angenehm-sicher flanieren lässt. Entschleunigung inklusive. Womit die Postmoderne auf ein lebbares Maß heruntergedimmt wird.

Anmerkung: Leider sind die Strategien, die in der Postmoderne einen Restbestand an aktiv-gestaltender Selbstbestimmtheit gewährleisten, nicht umsonst und somit nur bedingt kundenfreundlich (s. Kap. 9).

7.3 Vergangenheit »aufarbeiten«

Es geht um einen verantwortungsvollen Umgang mit dem eigenen Leben. Auf schwierigen Lernerfahrungen basierende psychische Muster bzw. Schemata, die in der Gegenwart zu Problemen führen, nannte man früher »Neurosen«. Gemeint sind festgefahrene Muster im Denken, Fühlen und Handeln, die davon Betroffene nötigen, sich immer wieder in diesen Bahnen zu bewegen. Diejenigen, die drinstecken, halten sich gleichwohl oft für selbstbestimmt. Von außen betrachtet vollführen sie wie Marionetten immer wieder die gleichen Verrenkungen, Anstrengungen, Unterwerfungsgesten.

Anmerkung: Zumindest ein bisschen Marionette dieser Art sind wir alle. Das Ausmaß unserer Marionettenschaft bleibt uns – betriebsblind – erfreulicherweise verborgen.

Solche Neurosen bzw. biografischen Wunden werden bekanntermaßen durch Aufarbeitung der Vergangenheit ge-
heilt. Wenn man weiß, warum man sich so verhält, wenn
man nur tief genug die Vergangenheit analysiert und repariert, dann verschwinden die schwierigen Muster und alles
wird gut. So die Theorie.

Vergangenheit aufarbeiten: Wie soll das gehen und funktioniert das wirklich?

Was mit »aufarbeiten« gemeint ist, ist jedem praktisch ver-
anlagten Menschen sonnenklar. Man kann einen Schreibtisch oder auch eine Bibliothek aufräumen, Müll in den
Mülleimer werfen und neue Gegenstände anschaffen,
um die Wohnung schöner zu machen. Abgenutzte Möbel
werden mit neuer Politur »aufgearbeitet«. In allen genannten Beispielen wurden unschöne Zustände beseitigt. Ordnung und/oder ein adretteres Erscheinungsbild wurden geschaffen.

Und nun tief durchatmen! Wenn Sie die Gebrauchsanweisung bis hierher gelesen haben (danke für Ihren Einsatz in
eigener Sache!) und/oder wenn Sie sich mit den Grundfunktionen des Gehirns auskennen, dann wissen Sie, dass
ein Gehirn gerade so nicht funktioniert. »Schlechte Erinnerungen« lassen sich nicht rauswerfen und problematisch-
neurotische Verschaltungsmuster nicht ad libitum umpro-
grammieren.

Seine Vergangenheit aufarbeiten ...

Oder: Wollen Sie wirklich wie ein PC neu oder umprogrammiert werden?

Zwei Beispiele:

I. Sie kommen mit dem neuen Chef nicht klar ...

... weil er Sie u. a. an jemanden von früher erinnert?

Kein Problem, Ihr Therapeut programmiert Sie um!
Nun finden Sie den neuen Chef richtig nett und alle sind glücklich.

II. Ihr Partner droht mit Trennung ...

... weil Sie bestimmte Eigenheiten haben, die ihn stören?

Kein Problem. Ihr Therapeut programmiert Sie und/oder Ihren Partner um.
Selbstverständlich gehen Sie mit gutem Beispiel voran.
Ihre kleinen oder größeren Macken werden umprogrammiert, gelöscht.
Und wieder sind alle glücklich und lebten glücklich bis an ihr ENDE!

Die Beispiele klingen nicht nur makaber, sie sind es auch.

Sind umprogrammierte Menschen noch die, die sie vorher waren?

Sie meinen, dass sei nicht so wichtig? Hauptsache, die Probleme wurden gelöst ...?
Gratulation: Die Eintrittskarte in die Fortgeschrittenenklasse der Postmoderne ist Ihnen sicher!

Aber Spaß beiseite. Erfreulicherweise ist die therapeutische Wissenschaft noch Kilometer davon entfernt, so arbeiten zu können. Dass es in der Postmoderne starke Trends in die Richtung »Selbstoptimierung« gibt, ist eine andere Baustelle.

Wenn man die Vergangenheit ebenso wenig loswird wie die Gegenwart und die Zukunft, dann bedeutet das, dass man sich im Laufe seines Lebens diverse Ballast auflädt bzw. aufgeladen bekommt. Wie wird man den wieder los?

Das Gehirn funktioniert (leider?) grundlegend anders, als es der aus dem Alltag entlehnte Begriff »aufarbeiten« suggeriert. Prägende Aspekte der Vergangenheit hinterlassen in unserem Gehirn ihre Spuren: in Form von Verschaltungsmustern der Nervenzellen. Indem man die darin kodierten »Belastungen« reflektiert, neu durchdenkt und vor allem neue Erfahrungen macht, verändern sich nach und nach die betreffenden Muster, auch die problematischen. Dabei hat man zu keinem Zeitpunkt tatsächliche Bodenhaftung. Jeder Versuch einer Rekonstruktion vergangener Erinnerungen *(»Ich will mich genau erinnern, um zu wissen, was gewesen ist ...«)* scheitert bzw. das, was man findet, ist bestenfalls eine Annäherung und nicht selten eine Illusion. Man trifft in Erinnerungen nie auf die wirkliche seinerzeitige Situation, sondern auf das Bild, dass zwischenzeitlich von eben dieser durch Erinnern, aber auch durch Nicht-erinnern-Wollen entstanden ist.

> Einerseits werden wir in der Gegenwart unsere Vergangenheit nicht los, andererseits schaffen wir stets neue Vergangenheiten. Soweit diese für uns angenehmer sind, kann man dies »Vergangenheitsbewältigung« nennen. Letztlich werden Erinnerungen umgeschrieben.
>
> Zu erschließen, was ursprünglich »tatsächlich« war, liegt jenseits der Möglichkeiten unseres Gehirns. Nochmal: Auch falsche Erinnerungen fühlen sich authentisch und absolut wahr an. Auch wenn man es noch so als elementaren Bestandteil seines Ichs erlebt: Kriterien, um falsche und wahre Erinnerungen zu unterscheiden, haben wir (intern) nicht.

Indem wir vorsätzlich an etwas denken und es »aufarbeiten« wollen, resultieren stets überschriebene, neue Muster. Wenn diese angenehmer und hilfreicher sind als die älteren, im Laufe dieses Prozesses ihrerseits unwiederbringlich untergegangenen älteren Versionen, dann hat sich die Übung gelohnt.

Gelegentlich passiert jedoch genau das Gegenteil. Wenn etwas hervorgeholt wird, um aufgearbeitet zu werden, dann definiere ich etwas als ein Problem, das genau dadurch (Probleme neigen dazu, sich aufzublasen) und wegen aller Bemühungen, es los zu werden, immer wieder überschrieben wird und damit noch tiefere Spuren hinterlässt. Diese können so tief werden, dass sie Menschen regelrecht paralysieren. Man meint dann, »unter dem Vergangenen zu leiden«. Tatsächlich leidet man darunter, etwas mit aller Kraft aus seinem Gehirn, aus seiner Vergangenheit entfernen bzw. bewältigen zu wollen. **Akzeptanz**, nicht als neue Technik der Psychotherapie, sondern als alte Weisheit, reduziert den Druck. Die Spurrillen werden absehbar kleiner. *»Das Vergangene ist vergangen ...«* kann in diesem Kontext ein durchaus hilfreicher Satz sein.

Dass Trauma-Erinnerungen authentisch im Gehirn konserviert werden, weil sie »verdrängt« wurden, ist neurophysiologisch unmöglich. Unser Gehirn ist kein Keller, in dem als problematisch angesehene Gegenstände in den hintersten Winkel geräumt werden. Unser Gehirn ist auch keine Datenbank, in der etwas irgendwie abgelegt werden kann, sondern ein lebender Organismus: Je mehr man ihn leben lässt, umso vielseitiger kann er Probleme lösen. Einschließlich erlittener »Trauma-Wunden«, ggf. von Extremfällen abgesehen.

Angesichts der in der jeweiligen Gegenwart, im Hier und Jetzt gesetzten Prioritäten werden unterschiedliche Muster aktiv bzw. aktiviert (wer da was wie aktiviert, darüber streiten sich die Gelehrten). Eben deshalb funktionieren Strategien, die z. B. bei der Reparatur eines Autos selbstverständlich sind (*»Ich kann erst dann wieder fahren, wenn das Getriebe repariert wurde!«*), psychologisch/psychotherapeutisch oft nicht.

Merke

Unser Gehirn funktioniert nicht so, wie es die von uns diesbezüglich verwendeten Begriffe implizieren. Die meisten dieser Begriffe sind das Erbe früherer, praktisch veranlagter Epochen, in denen noch niemand ahnte, was in unserem Gehirn tatsächlich passiert und wie komplex es ist.

Beispiele dafür sind: Vergangenheit aufarbeiten, Nervenzusammenbruch, Neurasthenie, Burnout. Solange wir leben, »brechen« unsere Nerven nicht pauschal »zusammen«, Nervenschwäche und Burnout werden so erlebt, weil unser Erleben durch die entsprechenden, sehr prägnanten Begriffe kanalisiert wird.

Unsere gegenwärtigen Vorstellungen von dem, was im Gehirn vor sich geht, mögen zwar bessere Annäherungen an die Wahrheit sein als die in vergangenen Epochen für die Wahrheit gehaltenen. Aber kaum mehr. Begriffe systematisch zu hinterfragen bzw. dazu als mündiger Bürger aufgefordert zu sein, ist ein postmodernes Privileg.

Davon Gebrauch zu machen, ist postmoderne Freiheit pur!

»Ich kann mich genau erinnern …«, ist Teil unseres westlichen Selbstkonzeptes (s. Kap. 6.8). Wir fühlen uns dann als »Herr im Haus«, also quasi als Cheforganisator unseres Gehirns. Leider ist eben dies eine ka-

tegorische Illusion. Diese mit hinreichender Lässigkeit und kollegial (*»Mein Gehirn und ich ticken leider nicht immer im gleichen Rhythmus, aber wir arbeiten dran!«*) zu akzeptieren, gehört zu den zentralen Herausforderungen der Postmoderne.

Wenn das gelingt, ist man auch bezüglich Achtsamkeit (s. oben) ein gutes Stück vorangekommen.

Was bleibt zu tun, postmodern betrachtet?

Wenn man es radikal angehen will, die Desillusionierung all dessen, was subjektive Gewissheiten über unser Gehirn und uns selbst anbelangt, wird es absehbar komplex und unangenehm. Nicht-Wissen als gegeben anzunehmen, das Gefangensein in eigenen Mustern (bzw. denen seines Gehirns) und in der Bodenlosigkeit vieler subjektiv erlebter Wahrheiten, ist für Menschen, auch solche der Postmoderne, schwer verdaulich. Der vermeintlich sichere, feste Boden an Normen, Werten und Wissen, den es in früheren Epochen gab, ist in der Postmoderne abhandengekommen.

Zu wissen, dass man nichts weiß, ist ein schöner Satz, mit dem man in Diskussionen Eindruck macht.

Aber mit einem solchen Gefühl und dem Wissen, dass unser Gehirn die vermeintlich reale Welt und uns selbst immer wieder neu konstruiert, gut leben und schlafen zu können, setzt Souveränität voraus, die mit dem, was traditionellen Selbstwert ausmacht, wenig gemeinsam hat. Solche Überlegungen sind weder smart noch konsumentenfreundlich.

Schön, dass eine Gebrauchsanweisungen diesbezüglich Klartext schreiben (ob es jemand liest und liked, ist etwas anderes) und zudem auf das potenziell befreiende Potenzial dieser Aspekte hinweisen darf.

7.4   Milieus statt Klassen

Leider wird es noch bodenloser.

Wer bin ich?

Früher konnte jeder diese Frage mit dem Hinweis auf seine soziale Position in einer bestimmten sozialen Gruppe, seinen Beruf und seine Herkunft (fast) umfassend beantworten.

Nur der Herkunfts- bzw. Geburtsort ist als feste Größe geblieben. Der Rest nicht.

Traditionelle berufliche Identitäten werden sukzessive abgebaut. Was die Flexibilität fördern mag und die Anpassung an sich schnell wandelnde berufliche Konstellationen erleichtert. Immer mehr Menschen »managen« etwas, wobei die jeweiligen, konkreten, in der Regel englisch klingenden (und nicht selten tatsächlich »denglischen«) Berufsbezeichnungen für Außenstehende kaum noch Hinweise geben, was die betreffenden Personen tatsächlich können, tun, verantworten und welche Stellung sie innerhalb der beruflichen Hierarchie haben. Das Identität gebende Potenzial solcher Berufsbezeichnungen, relativ zu den traditionellen wie Arzt, Bäcker, Schneider, ist entsprechend gering. Einerseits mag es ganz großartig klingen. Andererseits kann es eine Wolke sein, ein Luftballon, der unvermittelt platzt.

Wer bin ich?
Account Executive, Accountant, Accountant General, Accountant in Charge, Advertising Director, Advertising Manager, Agency Manager, Application Engineer,

Approval Manager, Arbitrator, Art Director, Asset Manager, Asset Manager NPL, Associate Director, Assistant Legal Department, Assistant Manager, Auditor, Autor, Billing Manager, Bid Manager, Booker … – das Alphabet ist dann noch lang und bis Z ließe sich die Liste um mehr als 100 weitere »neue« Berufsbilder erweitern.

Egal, ob Bäcker, Schreiner oder Schweißer: Früher gehörte man, solange man diese Tätigkeit im Angestelltenverhältnis ausübte, zur »Arbeiterklasse«. Als Arzt oder Jurist war man Mitglied der bürgerlichen Mittelschicht und Adelige waren eine Klasse für sich. All diese und weitere, zwar nicht trennscharfe, gleichwohl für die jeweils zugehörigen Personen mit verbindlichen Normen und Werten einhergehenden Kategorien haben sich im Laufe der letzten 100 Jahre zunehmend … in Luft aufgelöst.

Ein Arbeiter trug Blaumann. Der Arzt einen weißen Kittel. Der Jurist Anzug mit Krawatte, ein Oberschicht-Angehöriger desgleichen, nur von einer exklusiveren Firma.

An den Begrüßungsritualen, Tischmanieren, den politischen Einstellungen und vielem mehr, mitunter Nuancen des Sprachgebrauchs, konnten Individuen meist augenblicklich ihrer jeweiligen sozialen Klasse zugeordnet werden. Wer wo »nicht reingehörte«, merkte es entsprechend und fühlte sich meist unbehaglich.

Schuster, bleib bei deinen Leisten! Heute kann der Schuster eine der oben genannten Berufsbezeichnungen tragen; wo er damit bleibt, ist offen.

Definierte, klar als solche abgrenzbare gesellschaftliche Gruppen, Klassen und Gemeinschaften mit verbindlichen Werten und Normen gibt es in der Postmoderne nicht mehr.

Schnee vom vergangenen Jahr

Die Rolle, die man in der Gesellschaft einzunehmen hatte, fiel einem früher durch Geburt zu, wurde im Rahmen der Erziehung definiert (eingeschmeichelt bis eingeprügelt) und bestimmte dann das Leben – bis hin zur Größe des Grabsteines. Das gab Sicherheit. Gleichzeitig war es ein Gefängnis. Familie, Stand, Beruf …

(Spätestens) Seitdem im Rahmen der Aufklärung im 18. Jahrhundert die Frage nach Gleichheit, Freiheit und Brüderlichkeit mit hinreichender Überzeugung gestellt worden war, brachen vermeintlich gottgewollte Gegebenheiten eine nach der anderen ein und schließlich wie Kartenhäuser zusammen. Die Industrialisierung demontierte den Rest.

In der Postmoderne bestaunt das befreite Individuum die Trümmer der überwundenen Vergangenheit.

Ist es heute noch vorstellbar, wie sich Generationen unserer Vorfahren in die irrationalen, Klassen-begründenden Gegebenheiten haben fügen und ihre selbstverschuldete Unmündigkeit haben aufrechterhalten können?

Heute ist jedes kleine Mädchen Prinzessin. Warum sollte ein kleines Mädchen mehr Recht auf diese Glitzer-Rolle haben als ein anderes? Solche Triumphe der Rationalität haben wehmütigen Beigeschmack: Wenn es keine »richtigen« Prinzessinnen mehr gibt, was hat man dann davon, sich als solche fühlen zu dürfen?

Vernunft und Gerechtigkeit haben gesiegt. Darauf sollten wir stolz sein. Illustrierte leben noch recht gut von dem, was vom Adel, von Prinzessionen und anderem Promi-Auserwählt-Sein übrig geblieben ist. Nostalgischer Zauber. Sich als Aristokrat zu fühlen ist heute genauso anachronistisch wie das Selbstverständnis eines Proletariers, der auf eine gerechte Revolution und Umverteilungen (zu seinen Gunsten) hofft.

Anstelle sozialer Klassen, nicht als Ersatz dafür, gibt es heute: **soziale Milieus.**

Der Umstand, dass es keine sozialen Klassen mehr gibt, bedeutet nicht, dass damit die Unterschiede zwischen den Menschen verschwunden wären:

Es gibt reiche und arme Menschen.
Es gibt Menschen mit einem Bücherschrank voll alter Bücher (die sie auch gelesen haben) und es gibt solche, die auf Bildung pfeifen und trotzdem stolz darauf sind.
Es gibt eher arme Menschen, die in Nobel-Klamotten mit Aristokratenschick herumlaufen, und Vorstandvorsitzende in Jeans und Turnschuhen.
Es gibt Traditionalisten, Gläubige, unbeirrbare Gefolgsleute und solche, die alles hinterfragen, vermutlich aus Gewohnheit.
Einige Menschen streben zurück in die Vergangenheit, in Religion und Tradition, andere streben in eine Zukunft und wiederum andere, derzeit die Mehrheit, streben nirgendwo hin ...

All das ergibt das Bild einer diffusen, wertneutralen, allseits offenen Postmoderne. Zwischen den genannten Extremen (und vielem anderen) gibt es weder verbindliche Grenzen noch Kriterien, anhand derer man das eine »so sein« kategorisch für fortschrittlicher, reaktionärer, klüger oder dümmer erklären könnte als das andere. Es kommt immer und überall, postmodern-geschmeidig, »darauf an«.

Wahrheiten, in allen Abstufungen, zur freien Auswahl!

Positionspapier: Wo stehen Sie?

Bezogen auf das inhaltliche Spektrum der zwischen den im Folgenden aufgelisteten Aussagen-Paaren: Wo stehen Sie bzw. was trifft zu? – Bitte kreuzen Sie an.

	←	←	0	→	→	
Die Zukunft liegt in unserer Vergangenheit						Die Zukunft liegt in der Zukunft
In Zukunft wird alles besser, schöner, weiter						Früher war alles besser, schöner, weiter
Materieller Reichtum ist Armut						Ohne Moos nichts los
Bücher sind Ballast und damit überflüssig						Ohne Ballast sinkt ein Schiff beim ersten Sturm
Kleider machen Leute						Wer Glamour nötig hat, ist ein armer Hund
Die Erlösung liegt im Glauben						Glauben ist Manna fürs Volk
Tradition pflegen, Wurzeln haben						Traditionen sind Fesseln
Es gibt nichts, was man nicht besser machen kann						Was wirklich wichtig ist, wurde bereits hinreichend optimiert
Lebe den Augenblick						Lebe als Integral zwischen Vergangenheit und Zukunft

Wo auch immer Sie sich in den oben genannten Spektren verorten: Ihre Einschätzung ist richtig! Schon deshalb, weil die postmoderne Gesellschaft ein Menschen-Konglomerat mit unverbindlichen Strukturen ist. Es gibt keine Schubladen, keine festen Kategorien, keine Mauern, kein Netz und keinen doppelten Boden. Freiheit, Unsicherheit und Orientierungslosigkeit, alles ist gleichermaßen folgerichtig in reichem Maße vorhanden.

Unabhängig davon gibt es Menschen, die anhand von Kriterien (ähnlich den oben aufgeführten) als einander ähnlich klassifiziert werden können. Sozialwissenschaftlich bzw. psychologisch lassen sich auf diese Weise »soziale Milieus« ausmachen. Innerhalb eines Milieus finden sich Menschen, die mehr oder weniger ähnliche Einstellungen, Werte und Lebensformen haben. Menschen, die ähnliche Produkte kaufen, ähnliche Parteien wählen und ihren Kindern ähnliche Namen geben. Solche sozialen Gruppen bzw. Milieus spiegeln die soziale, kulturelle und ideologische und Orientierung, die die betreffenden Personen haben. Diese Orientierungen wiederum sind – im aktuellen Entwicklungszustand der Postmoderne – üblicherweise meist Relikte vergangener Epochen (s. Kap. 3).

Die Eigenheiten, Vorlieben und Interessen sozialer Milieus zu kennen ist wichtig, etwa wenn eine Firma Kunden bzw. Zielgruppen für ihre Produkte ausmachen will. Oder wenn Parteien danach suchen, wo in der Gesellschaft sich ihre Wähler verstecken. Eine Funktion haben diese Milieus ansonsten nicht. Sie bilden sich korrelativ und werden im Laufe der Zeit wieder zerfließen, ähnlich Turbulenzen und Strudeln in einem Gebirgsbach. Milieu-Zugehörigkeit verpflichtet zu nichts. Was nichts kostet, ist nichts wert? Wer Sehnsucht nach individueller Verortung in einer ansonsten ungeordneten Gesellschaft hat und damit leben kann, dass seine Individualität eine relative Größe ist, der kann sich angesichts sozialer Milieus definieren. Wer ihn sucht, der findet darin ein wenig Rückhalt und Trost (mit meinen Werten und Vorlieben bin ich nicht ganz alleine). Sicherheit und Identität geben soziale Milieus darüber hinaus definitiv nicht. Sie spiegeln sie nur.

Die elaboriertesten Ansätze bezüglich der Definition und Erfassung sozialer Milieus liefert aktuell das SINUS-Institut. Regelmäßig werden für die Gesellschaft repräsentative Gruppen interviewt, Fragebögen ausgefüllt und auch Hausbesuche gemacht, um die jeweiligen Wohnzimmer zu fotografieren. Bei der Darstellung der Ergebnisse wird ein Koordinaten-System zugrunde gelegt. Die jeweiligen Milieus werden in Form von »Kartoffeln«, mit allseits offenen, sich überschneidenden Grenzen, abgebildet (Abb. 10).

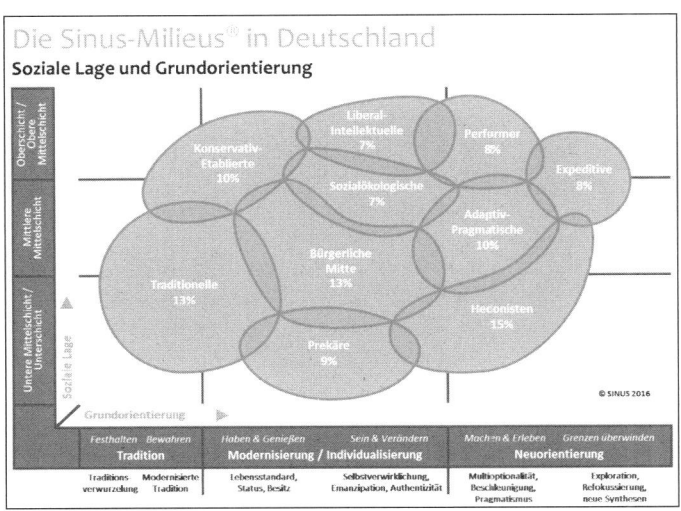

Abb. 10   Die Sinus-Milieus® in Deutschland – Soziale Lage und Grundorientierung (www.sinus-institut.de).

Die vertikale x-Achse ist die materielle Dimension: Je reicher bzw. finanziell wohlhabender eine Person ist, umso höher ist deren Position.

Auf der horizontalen y-Achse geht es um die politisch-ideologische Positionierung: Je traditioneller (d.h. je weniger postmodern) die Grundhaltung einer Person ist, umso mehr links ist sie, je postmoderner, umso mehr rechts ist ihre Position in der Grafik.

Sich in vielen Aspekten ähnliche Personen werden dann zu den »Milieu-Kartoffeln« zusammengefasst, anhand markanter Merkmale bezeichnet und inhaltlich charakterisiert.

Es ist das Markenzeichen und Qualitätsmerkmal des SINUS-Instituts, dass diese Milieus nicht am Schreibtisch erfunden, sondern anhand der Ergebnisse umfangreicher Untersuchungen erfolgten und immer wieder aktualisiert werden. Aktuell lassen sich folgende Milieus unterscheiden:

- **Konservativ-etablierte,** in ihren Villen mit ererbten und erworbenen, gediegenen Möbeln und Orientteppichen lebende Menschen, die vorzugsweise z.B. Mercedes fahren.
- Die **Bürgerliche Mitte** steht irgendwo dazwischen.
- **Prekäre** lesen keine Bücher und diffundieren ideologisch zwischen Harz IV, Proletariat, Hoffnungslosigkeit und Egal.
- **Liberal-Intellektuelle** haben Geld und performen in Chefetagen mit postmodernem Schick.
- **Sozialökonomischen** geht es materiell fast genauso gut, man kommt schließlich aus guten Familien, ist aber ökologisch und sozial gesehen programmatisch verantwortungsbewusster und gefühlt entsprechend ein besserer Mensch.

- Die fast schon mit beiden Füßen in der Postmoderne angekommenen **Performer** performen.
- Und/oder sie sind **Expeditive**, d. h. ambitioniert, kreativ und/oder genießerisch *(»Ausbrechen aus den Zwängen des Alltags in die Freizeit«)*. Mitunter auch beides.
- Was man dann **adaptiv-pragmatisch** nennen kann: leistungsbereit, soweit es unbedingt sein muss, und gleichzeitig ein starkes Bedürfnis nach Verankerung, Spaß und Unterhaltung.
- **Traditionelle** befinden sich vorzugsweise in gesicherten Verhältnissen. Arbeit hat noch einen Wert. Gleichzeitig rechnet hier niemand damit, hoch hinaus zu können. Bleib in der Heimat, nähre dich redlich!

Die »Kartoffel-Grafik« spiegelt somit auch die Geschichte unsere Gesellschaft. Sie ist ein Kondensat aus Vergangenheit und Zukunft (hatten wir das nicht schon?).

Die Werte und Traditionen, die rechten wie die linken, sind nicht vom Himmel gefallen. Sie wurden vererbt, erlernt, gelebt, erstritten und geprägt. Auf uns als Individuen bezogen hat das Resultat seine Entsprechung letztlich auch in den in unseren Gehirnen angelegten und immer wieder neu angelegten Mustern. Niemand kann ganz aus seiner Haut heraus (auch wenn man gelegentlich aus selbiger fahren möchte). Grundsätzlich fällt sogar in der Postmoderne der Apfel nicht weit vom Stamm. Und nicht zuletzt, und nicht überraschend, korreliert auch das Lebensalter mit der Orientierung: Jugend neigt dazu, sich kollektiv als individuell anzusehen (paradox, aber naiv, verzeihlich und sogar beneidenswert) und sich zudem als weniger traditionell zu verorten. Jugend neigt zum Aufstand, Alter zur Konsolidierung.

Also: Nichts Neues unter der Sonne.

Ist es nicht beruhigend, dass gesellschaftlich gesehen auch in der Postmoderne – zumindest derzeit – noch vieles so ist, wie es früher mal war?

So postmodern, wie man befürchtet oder gehofft hätte, sind wir derzeit noch lange nicht.

Und so findet sich unsere gehetzte Gesellschaft in sozialen SINUS-Kartoffeln wieder – mit gewissen Durchlässigkeiten und Überschneidungen, sicher verpackt in einer Kiste, wenn nicht glücklich vereint, so doch eng benachbart.

8 Werte und Ziele postmoderner Individuen

8.1 Werte, Ziele und Kartoffeln

In welcher SINUS-Kartoffel (s. Abb. 10) finden Sie sich – am ehesten – wieder?

_____

Und:
Wie sind Sie dort hineingekommen?

_____

_____

(Die Zeilen reichen absehbar nicht aus, um Ihre Lebensgeschichte zu erzählen? Bitte anderweitig zu Ende schreiben!)

Die Postmoderne, als Erbe der allseits revolutionären Moderne, hat (unter anderem) das Motto »Freiheit und Gleichheit« übernommen. So ähnlich steht es im Grundgesetz. Daraus ergibt sich formal-logisch folgende Frage:

Wenn Sie sich eine Kartoffel aussuchen könnten, in welcher wären Sie am liebsten?

_____

Sie können mit dieser Frage, obwohl sie logisch ist, nichts anfangen bzw. Sie finden sie merkwürdig?

Stimmt, das ist sie!

Merkwürdig, paradox und weitgehend (zumindest derzeit noch) unsinnig.

In den alten Epochen-Maschinen, in einer »Ständegesellschaft«, da wünschte sich jedes Aschenputtel, einen Prinzen zu heiraten, und Tellerwäscher waren auf dem Weg zum Millionär. Auch heute werden wirtschaftlich – auch im Sinne der Kartoffel-Grafik – eher unten positionierte Menschen mutmaßlich nichts dagegen haben, finanziell bessergestellt zu sein. Ansonsten aber: Wer möchte seine Werte, seine ästhetischen Vorstellungen, seine Hobbys und alles, was man seit Kindheit gewohnt ist – und was auf der y-Achse der Grafik aufgetragen ist –, wirklich und endgültig hinter sich lassen? Und sie damit für falsch bzw. »null und nichtig« erklären?

Werte und Ziele: im Gehirn (derzeit) nicht nachweisbar

Auch Wert- und Ziel-Phänomene sind letztlich irgendwie in den Verknüpfungen bzw. Erregungsmustern der Nervenzellen unseres Gehirns verankert. Hiervon ausgehend konstellieren sich unsere Wahrnehmungen, Vorstellungen und – gewissermaßen auf einer weiteren Meta-Ebene – unsere Werte, die wiederum, im Abgleich mit den Rahmenbedingungen und den Fähigkeiten, die wir uns selbst zuschreiben, unsere kurz und langfristigen Ziele implizieren ...

Beispiel gefällig?

Welcher sozialökologische Zeitgenosse würde sich gerne im noblen Performer-Milieu ansiedeln und zum konservativ-etablierten Spießer werden?

Welcher Konservativ-Etablierte möchte zum Expeditiven bzw. Performer mutieren?

Und umgekehrt?

Wer würde seine ökologischen Wertvorstellungen über den Haufen werfen, um z.B. im Sinne unitaristischer Ethik (erlaubt ist, was nützlich ist) Börsen-Broker zu werden und mit Aktien von Öl-Fracking-Unternehmen Millionen zu verdienen?

Um beim letztgenannten Beispiel einzuhaken: Materiell gesehen wäre es sicher attraktiv, Broker-Millionen auf dem Konto zu haben. Aber wenn man es als bekennender »Ökologe« abwägt, dann liefe ein solcher Milieuwechsel auf eine Zumutung, nicht auf eine Traumerfüllung hinaus. Vermutlich wäre es der reinste Albtraum. Identitätsverlust pur, Gehirnwäsche. Der ideale Stoff für einen Horrorfilm.

Zumindest aus dem prekären Milieu hinein in die Society? Das funktioniert selbst in Hollywood-Märchen Marke »Pretty Woman« nur ansatzweise. Bezeichnenderweise happy endet der Film gerade da, wo das reale Leben des glücklichen Paares beginnt. Die beiden Protagonisten unterscheiden sich eben nicht nur, was die finanziellen Möglichkeiten anbelangt, sondern auch bezüglich ihrer Milieugeprägten Normen und Werte.

Sollten wir Hollywood bitten, eine Fortsetzung des Kultfilmes zu drehen? Wurden Pretty Woman und ihr Millionär langfristig glücklich? Absehbar: leider nein.

Flexibilität mit und ohne Kartoffeln

Flexibilität gilt als zentrale Tugend des postmodernen Menschen. Die postmoderne Gesellschaft lässt sich am prägnantesten in Form von Kartoffeln darstellen.
Wie passt das zusammen?
Seinerzeit, als die Menschen begannen, sich mit Revolutionen, Weltkriegen und technischen Innovationen bis hin zum Internet von allem zu befreien, was sie unmündig macht und einengt, hat sicher niemand an Kartoffeln als Ergebnis der mühsam und verlustreich erkämpften Fortschritte gedacht …
Als revolutionärer Idealist gestartet, in einer Kartoffel gelandet: Sic transit gloria mundi.

8.2 Postmoderne vom Reißbrett?

Wenn man die Postmoderne aus dem Nichts heraus auf dem Reißbrett neu konstruieren könnte, wie sähe die Gesellschaft dann aus? Homogen, ohne Kartoffeln, eine offene Spielwiese, in der individuelle Entfaltungen und Entwicklungen kreuz und quer durch die Klassen- und Milieu-lose Gesellschaft, vor allem aber nach oben, der Normalfall sind. Flexibilität und optimal genutzte Freiheit pur!

Würden Sie sich in dieser idealen Postmoderne wohlfühlen? Was wäre anders ... bzw. ist das überhaupt vorstellbar?

_____

_____

Verglichen mit einer ideal-flexiblen, so gesehen den Namen »Postmoderne« tatsächlich verdienenden Gesellschaft mutet die real existierende Postmoderne geradezu rückständig an. Es gibt heute zwar keine von außen definierten Klassen mehr. Diese sind in den Untergrund abgetaucht, als Wiedergänger längst überwunden geglaubter Normen und Werte. Als Milieus sind sie durchaus lebendig, wirtschaftlich relevant und identitätsbildend.

Direkt gefragt:
Wenn sich die sozialen Milieus abschaffen ließen (nach dem Motto: »Raus aus den Kartoffeln!«): Wären Sie dafür oder dagegen?

Falls Sie dafür sein sollten … (Argument: Freiheit, Gleichheit, Brüderlichkeit, Gerechtigkeit):

… dann sollten Sie sich vor sich selbst in Acht nehmen. Theoretiker mit radikalen Umsetzungsansprüchen haben in der Weltgeschichte leidvolle Spuren hinterlassen.

Wenn man die Milieu-begründenden Werte und Normen ausradieren würde (wie auch immer man das praktisch tun würde), was wären die Folgen? Entwurzelung und Identitätsverlust der Betroffenen! Für in umschriebenen sozialen Milieus sozialisierte Menschen würde dies existenzielle Verunsicherung, anhaltenden Stress, erhöhte Erkrankungsrisiken und geringere Lebensqualität bedeuten. Vom Ballast der Geschichte befreit wären sie Vertriebene und Flüchtlinge im eigenen Land.

Falls eine Milieu-Befreiung bzw. Entwurzelung zur Steigerung der individuellen Flexibilität Ihr politisches Ziel sein sollte:

Womit würden Sie die dank Ihrer Intervention radikal postmodern gewordene Gesellschaft stabilisieren, etwa was den inneren Halt von Menschen angesichts unvermeidbarer Lebenskrisen anbelangt?

Freiheit und Flexibilität sind – bezogen auf real existierende Individuen – weniger zentrale postmoderne Werte denn intellektuell verbrämte, überlebenstechnischen Gründen gehorchende Anforderungen. Radikal umgesetzt bedeuten sie den Totalverlust von Bodenhaftung: gleichbedeutend mit dem freien Fall.

Falls Sie dagegen sein sollten und die Milieu-Kartoffeln weiter kultivieren möchten …

… dann haben Sie die in die Gegenrichtung driftende, deregulierende Postmoderne nur bedingt verstanden. Sie

lassen ein gewaltiges Entwicklungs- und Wertschöpfungs-
potenzial aus traditionellen bzw. ängstlichen Gründen
links (und rechts) liegen ... Tatsache ist und bleibt, dass
soziale Milieus, auch wenn die Grenzen zwischen den Kartoffeln durchlässiger und unverbindlicher werden, individuelle Entwicklungsoptionen limitieren. Ausnahmen bestätigen immer alle Regeln. Aber im Normalfall fällt auch
in der aktuellen Gesellschaft, wie bereits konstatiert, der
Apfel nicht sehr weit vom Stamm.

Allseitige Flexibilität mögen Unternehmer und Wirtschafts-
wissenschaftler fordern. Mit den real existierenden Menschen ist das (noch) nicht zu machen. Einerseits arbeiten
wir daran, andererseits: Wer schwebt schon gerne im bezüglich Werten und Normen weitgehend undefinierten
Raum? Sollte das tatsächlich unsere Zukunft sein? Praktisch spricht Vieles dagegen.

Wie sähe der radikal wertoffene postmoderne Mensch
aus?
* Wäre er der ideale Konsument?
* Wie verhält er sich angesichts von Krisen?
* Wären Sie gerne mit ihm befreundet? Worüber würden
  Sie mit ihm sprechen?
* Mag sein, dass er ein guter Zuhörer wäre, aber was
  hätte er Ihnen zu sagen?
* Die frei schwebend freundliche Relativität in Person?
* Ein in sich haltloser Zombie?
* Was wären seine Werte und Ziele?

8.3 Werte unter der Lupe

Das Gute an unserer Sprache ist, dass sie viele Wörter beinhaltet, die man benutzen kann und die von anderen verstanden werden, ohne dass den Beteiligten klar sein muss, worüber konkret gesprochen wird. Hauptsache, wir haben darüber geredet. Wir verstehen uns und sind uns einig.

»Werte« ist eines dieser Worte (die Niclas Luhmann »generalisierte Kommunikationsmedien« nannte; z.B. Luhmann, 1997).

Werte klingen wertvoll.
Was wertvoll ist, ist gut.
Entsprechend groß ist das Spektrum an möglichen Missverständnissen.

Dass wir Werte brauchen, weil Werte wertvoll sind, ist allgemeiner Konsens. Spätestens seit den 1968er-Jahren. Werte zeigen auf, was der Sinn und das Ziel in unserem Leben sind, also den Weg, den Individuen, die mit sich selbst im Reinen sind, konsequenterweise zu gehen haben. Werte verankern uns im Leben. Sie sind Ressourcen und damit die Basis von »Resilienz«, also der Fähigkeit, Stress – ohne weitergehenden Schaden zu nehmen – bewältigen zu können. Werte sind somit die Grundorientierung, etwas, das man niemals erreichen kann. Ziele hingegen können erreicht und dann abgehakt werden.

Ich will ein guter Schüler sein und ein 1.0-Abitur machen ... ist ein Ziel.

Ich will ein guter Mensch sein ... ist ein Wert. Und was für einer! Man müsste nur noch definieren, was »gut« bedeutet. Daran arbeiten Philosophen seit mehr als 3000 Jahren ...

Soweit ist es einfach und hinter jedem Ziel steht (mindestens) ein Wert. Werte zu haben ist edel, hilfreich und gut. Solange es die richtigen Werte sind. Was die richtigen Werte sind, ist anscheinend jedem, der darüber redet und schreibt, intuitiv klar. Schließlich sind Werte ja Werte! Wir alle, besonders aber Eltern und Lehrer, sollten Werte vermitteln. Auch deshalb, weil – bereits in der Antike, also schon immer – ein allgemeiner Werteverlust besonders der Jugend beklagt wird. Leider bedeutet Werte auf Fragebögen anzukreuzen nicht, dass nach diesen Werten auch gelebt wird.

Werte der Jugend laut einiger aktueller Studien
Schön, wenn Generation-Y-Menschen in Interviews und auf dem Papier, je nachdem, wie man fragt, die weisesten Werte angeben, die man sich vorstellen kann. Wenigstens das haben sie gelernt! Ob sie die Worte genauso verstehen, wie ältere Wissenschaftler sie meinten, ist dann bereits eine andere Frage ...

Einerseits sind Werte »internalisierte Handlungsnormen«, also quasi in uns angelegte, erlernte, kultivierte, als gut und wichtig erkannte rote Fäden, die unserem Leben Gehalt und Ziel geben (sollen). Andererseits werden Werte als ethisch-moralische Instanzen definiert, womit sie abhängig von kulturellen, historischen, philosophischen und nicht zuletzt religiösen Aspekten sind. Angesichts dieses Spektrums hat letztlich jeder, der sich über Werte Gedan-

154

ken macht, seine eigene Definition. Je differenzierter man Werte argumentativ durchleuchtet, umso vager und schillernder wird die Angelegenheit. Was paradox-tragisch ist: Schließlich sollen zumindest Werte Bodenhaftung vermitteln!

Wo kommen Werte her? Vieles davon findet sich in den Zehn Geboten. Manches wird uns in der Familie, im Kindergarten, in der Schule und im Sportverein vermittelt. Und selbstverständlich auch in den Medien. Werte entsprechen darüber hinaus – mehr oder weniger – elementaren menschlichen Bedürfnissen. Werte spiegeln den Abgleich zwischen Individuum und Gemeinschaft wider. Werte sind gleichzeitig Ergebnis und Ziel unserer Entwicklung und Erziehung. Sigmund Freud verortete Werte im Über-Ich, also in der (virtuellen) moralischen Institution in uns, die uns sagt, was und wie wir idealerweise sein sollten.

Werte-Definition: ein Vorschlag

Werte sind in unserem Gehirn gespeicherte Leitlinien, die unsere Wahrnehmung und unser Handeln in bestimmter Weise ausrichten – »wertorientiert«. Werte spiegeln dabei unsere soziale, kulturelle und (soweit vorhanden) spirituelle Identität und haben insofern etwas mit unserer Milieu-Zugehörigkeit zu tun. Werte und Identität sind untrennbar miteinander verwoben.

Es gibt unendlich viele Bücher zum Werte-Thema. Werte sind ein beliebtes Thema für Ratgeber: Wie kann man die (für sich bzw. absolut) richtigen Werte finden, erhalten, vermitteln und damit ein erfülltes und glückliches Leben führen? Und nebenbei erfolgreich sein, in welchen Disziplinen auch immer?

Die Antwort auf die Fragen, welche Werte die richtigen sind, hängt unter anderem davon ab, in welches Ratgeber-Regal in der Buchhandlung (oder bei Amazon) Sie greifen. Es gibt die sehr persönlichen, tief empfundenen Psycho-Ratgeber. Hier sind Werte wie »Ich selbst sein«, »kreativ sein« und »glücklich sein« zentral. Werte, die irgendwie auf »Erfolg haben« abzielen, sind eine schwierige Angelegenheit. Stecken hinter auf beruflichen wie privaten Erfolg ausgerichteten Werten nicht verdrängte Gefühle, insbesondere ein als mangelhaft erlebtes Selbstwertgefühl? Lässt sich dies wirklich durch Geld, Macht und Statussymbole kompensieren? Hat der glückliche Mensch, der in sich ruht, äußeren Erfolg in der Welt überhaupt nötig?

Wenn Sie sich ein paar Meter weiter in der Coaching-Abteilung derselben Buchhandlung (bzw. bei Amazon) umsehen, dann sieht es bezüglich der wahren, zentralen Werte schon anders aus. Da werden Zielorientierung, Leistungsmotivation, strategisches Geschick und Durchsetzungsfähigkeit als postmoderne Kardinaltugenden gepriesen. Eben dies muss gefördert und ausgebaut werden, um Werte zu schaffen und die Zukunft gestalten zu können Ein Wert ist dann ein Wert, wenn er ein diesbezüglich tragfähiges Fundament abgibt.

Zwischenstand
Werte sind in der Postmoderne eine paradoxe Angelegenheit. Dem Begriff nach sind Werte wertvoll und damit unbestreitbar gut. Psychologisch betrachtet handelt es sich um individuelle Positionierungen, die inhaltlich recht unterschiedlich aussehen können und – unter ethisch-moralischen Gesichtspunkten – auch diametral

entgegengesetzt sein können. Diesbezügliche Bücher, zumal Ratgeber, fokussieren auf das, was die jeweilige Leserschaft erwartet. Werte sind rhetorisch gesehen die idealen Rettungsanker in postmodernen Zeiten. Bei näherer Betrachtung – wozu in der Postmoderne niemand gezwungen ist – diffundiert das, was mit »Werte« bezeichnet wird, und entschwindet im dialektischen Niemandsland.

8.4   Meine Werte, deine Werte

Sich über »seine« Werte im Klaren zu sein, diese bewusst zu leben und sein Handeln danach auszurichten, ist ein wichtiger, die eigene Gesundheit fördernder und die Resilienz, d.h. die Fähigkeit, mit von außen kommenden Belastungen umzugehen, erhöhender Faktor. Entsprechend ist die Klärung eigener Werte u.a. ein zentrales Anliegen des »Acceptance and Commitment«-Ansatzes, in dem es darum geht, zu akzeptieren, was akzeptiert werden muss (vom bösen Chef über die sich trennende Partnerin bis zu chronischen Schmerzen), um seine Energie dann auf das zu richten, wofür man wirklich eintreten möchte: für seine Werte.

Wie klärt man Werte? Der naheliegendste Weg ist es, Menschen bzw. sich selbst nach ihren/seinen Werten zu fragen. Also: Bitte nennen Sie die zehn für sie wichtigen Werte!

```
┌─────────────────────────────────────────────────────┐
│  Meine Werte                                         │
│                                                       │
│    1. _____│
│                                                       │
│    2. _____│
│                                                       │
│    3. _____│
│                                                       │
│    4. _____│
│                                                       │
│    5. _____│
│                                                       │
│    6. _____│
│                                                       │
│    7. _____│
│                                                       │
│    8. _____│
│                                                       │
│    9. _____│
│                                                       │
│   10. _____│
│                                                       │
└─────────────────────────────────────────────────────┘
```

In einer Studie zu eben dieser Frage (s. Sulz et al., 2011) sah
das Ergebnis in etwa wie folgt aus:

- jemanden lieben und geliebt werden
- Toleranz
- Harmonie in der Partnerschaft
- Frieden in der Welt
- Selbstverwirklichung
- sich auf den Partner verlassen können
- sich selbst akzeptieren
- zärtliche Beziehung zum Partner
- Gesundheit
- Weisheit
- innere Ausgeglichenheit
- glücklich sein
- dem Leben einen Sinn geben
- …

Haben Sie Ihre Werte in der Liste wiedergefunden?
Entspricht die Reihenfolge Ihrer Werte in etwa der hier wiedergegebenen?
Wenn nein, wo liegen die Unterschiede?
In der Reihenfolge und/oder in den genannten Werten?

Die in der betreffenden Studie erhobene Werte-Liste dürfte die wenigsten von uns überraschen. Sie ist ein Spiegelbild unserer Gesellschaft. Je nachdem, wen man fragt, werden in der Werte-Reihenfolge und Zusammensetzung andere Akzente gesetzt. Befragt man Kranke, dann steht »Gesundheit« deutlich weiter oben. Bei Gesunden etwas weiter unten. Verliebten ist die Liebe wichtiger, Gehetzten die innere Ausgeglichenheit, Eltern ihre Kinder …

Darüber hinaus ist die Erfassung von Werten eine durchaus diffizile Angelegenheit, was die Anmerkungen der Autoren der zitierten Werte-Studie deutlich machen: »*Dass Sexualität nicht selbst angesprochen wurde, kann der Unvertrautheit mit der Interviewerin zugeordnet werden.*« »›*Dem Leben einen Sinn geben*‹ *war ein wichtiger Wert bei Kärtchenvorgabe oder Fragebogenbeantwortung, der aber niemandem selbst einfiel*« (Sulz et al., 2011, S. 114).

Dass Weisheit und Sinn (zumindest in der zitierten Studie) nicht spontan als Werte genannt wurden, entsprach offenkundig nicht den Erwartungen der Autoren. Gut, dass Wissenschaftler und Therapeuten am besten wissen, welche Werte wichtig sind!

Das war selbstverständlich humoristisch gemeint! Natürlich weiß in der kundenorientierten Postmoderne jeder selbst alles am besten.

Die eigenen Werte hängen von vielem ab … Einige der eigenen Werte traut man sich irgendwie nicht zu kommunizieren, zumindest keiner fremden Person gegenüber, selbst gegenüber einer netten, vermutlich jungen Psychologin nicht (oder gerade deswegen?). Vielleicht sind auch deshalb offensiv angelegte Werte, etwa Leistung bringen, besser, erfolgreicher, reicher sein als andere, also Werte, die im realen Leben eine Bedeutung haben, gewissermaßen tabu. Es wäre irgendwie peinlich?

>>*Edel sei der Mensch*
Hilfreich und gut!
Denn das allein
Unterscheidet ihn
Von allen Wesen,
Die wir kennen.<<

(Goethe, Das Göttliche;
Sämtliche Gedichte, 1961, S.324)

Goethe, der in >>Das Göttliche<< den entsprechenden Werte-Horizont verdichtet, hätte seine Freude an der postmodernen Wert-Forschung gehabt!

Andere Werte wiederum fallen postmodernen Befragten eher nicht spontan ein. Erst wenn man direkt darauf angesprochen wird, weiß man, dass sie für einen sehr wichtig sind. Etwa >>Sinn<< als Wert. Und natürlich >>Sex<<. Der Wert eines Wertes ist somit recht relativ. Ab wann ist es dann überhaupt noch ein Wert, etwa im Sinne der oben versuchten Definition?

Im Rahmen der >>Acceptance und Commitment-Therapie<< (ACT) wird die Wertfindung substanzieller angegangen. Demnach sind Werte und die sich daraus ableitenden Ziele *unsere tiefsten Herzenswünsche ... wie wir sein wollen*<<, die durch intensive Selbsterforschung, durch Introspektion, durch Nachdenken und Hineinfühlen zu eruieren sind. Im Rahmen eines längerfristigen, letztlich lebenslangen Prozesses. Es geht um »*Werte, die das Leben lebenswert machen*«.

Die einschlägigen ACT-Lehrer und Autoren haben es zweifellos nur mit traditionell-guten Menschen zu tun (siehe Goethe). Demnach haben alle Menschen (mitunter ohne dass sie davon wissen) Werte auf der Ebene christlicher bis buddhistischer Ethik: Mitmenschen helfen, verlässlich und anderen ein Vorbild sein, Menschenliebe praktizieren …

So historisch, sozio-kulturell und philosophisch das sein mag: Es ist empirisch nachgewiesen, dass solche Werte, wenn sie denn gelebt werden, den Betreffenden (und hoffentlich auch deren Mitmenschen) guttun.

Merke
Nimmst Du mir meine Werte bzw. zwingst Du mich, entgegen meinen Werten zu handeln, dann zwingst Du mich unmittelbar in eine Identitätskrise hinein.
Zumindest dann, wenn die Werte nicht nur Lippenbekenntnisse und unverbindliche Möglichkeiten, sondern existenziell empfundene Programme sind.

Im Sinne der Gebrauchsanweisung wissen Sie nun, was bezüglich Ihrer Werte zu tun ist. Dann los!

8.5 Werte sind Säulen – Werte sind Grashalme im Wind

Viele Werte, zumal die spontan geäußerten (s. oben), haben offenkundig vorrangig etwas mit dem Wunsch nach Wohlbefinden zu tun. Wer möchte nicht glücklich sein? Wer möchte keine harmonische Partnerschaft? So gesehen sind es zunächst einmal Erwartungshaltungen, oft hinsichtlich einiger Aspekte, auf die man meint, einen Anspruch zu haben. Werte im Sinne der Definition, also »rote Fäden«, die im Leben konkret irgendwohin führen, sind es nicht.

Ein Beispiel?

»Ich zumindest finde Harmonie in der Beziehung wichtig. Wenn meine Partnerin nicht immer ihren Kopf durchsetzen wollte und damit die schönste Harmonie durcheinanderbringen würde! Wenn ich in solchen Konflikten nachgeben und Kompromisse machen würde, das ginge gar nicht. Schließlich kann ich ja nicht immer nachgeben ...«

Hans P., 46 Jahre, geschiedener Immobilienmakler mit eigenem Porsche, aktuell wieder einmal in Partnerschaft lebend

Verdienen Werte der zitierten Art überhaupt das Prädikat »Wert«? Also den Namen, unter dem sie hier diskutiert werden? Zumindest für Hans P. ist *»Harmonie in der Beziehung«* keine ethisch-moralisch ausgewogene Leitlinie, sondern die (in seinem Fall) recht naive, passiv-trotzige Anspruchshaltung, die ihn selbst – außer dass er einen Porsche fährt und seine Partnerin gelegentlich »teuer ausführt« – zu (fast) nichts verpflichtet.

Toleranz finde ich gut! Solange es nicht auf meine Kosten geht ...

Frieden in der Welt? Selbstverständlich. Aber bitte ohne Flüchtlinge, ohne Islam, ohne populistisch-postfaktische Machtmenschen.

Sich auf den Partner verlassen können? Solange ich meine Freiheiten nehmen kann, gerne!

Gesundheit, sowieso.
Weisheit, wenn es sich ergibt und nicht zu mühsam
wird.

Auf weitere konkrete Beispiele wird hier verzichtet. Sie ließen sich unschwer finden. Es läge nahe, Ihre eigene Werteliste entsprechend auf den Prüfstand zu stellen. Konkret:

Der Wert eines Objektes liegt darin, was Menschen bereit sind, dafür zu bezahlen.

Diese kaufmännische Wahrheit mag relativ zu der hohen Bedeutung, die Werte für unser Leben haben (sollen), banal sein. Aber sie bringt es jenseits rhetorischer Wolken auf den Punkt. Ein Wert, für den ich nicht bereit bin, etwas zu bezahlen, ist nichts wert und damit kein Wert. Werte sind verbindlich. Unverbindliche Werte sind sprachlich gesehen paradox und praktisch bestenfalls dazu gut, um im Internet Shitstorms zu fabrizieren, um berechtigte Entrüstung zu äußern und sich ansonsten in der Kuschelecke richtig gut zu fühlen. Letzteres ist kein Vorwurf, sondern (auch) postmoderne Realität. Nie war sie so wertvoll wie heute.

Wo Werte draufsteht ...

... sind oft nur Anspruchshaltungen und Wellness-Erwartungen drin.
Für das jeweilige Individuum können diese Ansprüche durchaus identitätsstiftende, verbindliche Grundpfeiler sein, die dem Denken und Handeln eine Richtung geben. So gesehen sind es dann doch Werte. Aber was für welche!
Unabhängig davon: Wenn Werte nicht als persönlich-verpflichtend angesehen und entsprechend gelebt werden, sind und bleiben es nur Worte. Wort-Werte sind für sich genommen: Grashalme im Wind.

In der Postmoderne werden soziale und sonstige Sicherheiten notorisch abgebaut. Parallel dazu wurde unser Werte-Repertoire, insbesondere auch das eher unverbindlich-rhetorische, überlebenswichtig. Rhetorische Werte machen uns, vorzugsweise im eigenen sozialen Milieu, kommunikations- und integrationsfähig. Ein gemeinsamer »Wertehorizont« erleichtert es, anregende Gespräche führen zu können, an die man sich später nicht mehr erinnern muss, da sie nicht dem Informations- und Meinungsaustausch, sondern primär der Konsolidierung der eigenen Identität dienen. So gesehen ist es kein Zufall, dass viele der oben aufgeführten »Werte« so allgemein sind, dass sie in vielen sozialen Milieus funktionieren. Sie sind einerseits Gräser im Wind. Andererseits, gesamtgesellschaftlich betrachtet, wiegen sich die Halme in erfreulichem Gleichklang, wie Wellen auf dem Meer, und stabilisieren so den einzelnen Grashalm, der ansonsten schon beim geringsten Wind umknicken würde.

Wenn Sie Ihr kommunizierbares Werte-Repertoire aktualisieren wollen ...

... dann können Sie sich an den oben aufgelisteten Werten orientieren, etwa: jemanden lieben und geliebt werden, Toleranz, Harmonie in der Partnerschaft, Frieden in der Welt, Selbstverwirklichung, sich auf den Partner verlassen können, sich selbst akzeptieren, zärtliche Beziehung zum Partner, Gesundheit, Weisheit, innere Ausgeglichenheit, glücklich sein, dem Leben einen Sinn geben ...

Rhetorische, wohlklingende Wort-Werte kosten nichts und haben viele Vorteile!

Können Werte auch Nachteile haben?
Es sieht so aus und es kommt darauf an. Auf die Werte.

Im Rahmen von Befragungen (S. Hillert et al., 2018) äußerten sich Jugendliche, also Angehörige der Generation Z, bezüglich ihrer Werte – wobei Werte hier konkret als lebensperspektivische Präferenzen formuliert waren:

»Der Beruf soll vor allem Spaß machen … Partnerschaft und Familie sind am wichtigsten … Am wichtigsten sind Erfolge im Beruf … Das wichtigste ist Geld haben«

Eben diese Reihenfolge fand sich sowohl bei gesunden als auch psychisch kranken Jugendlichen, wobei der *Spaß im Beruf* signifikant vor *Familie und Partnerschaft* lag und diese beiden mit deutlichem Abstand vor *Erfolg* und *Geld*. Dabei fiel auf, bei den gesunden wie den kranken Jugendlichen, dass sich diejenigen, für die Spaß am stärksten im Vordergrund stand, und/oder die im Alter zwischen 14 und 18 Jahren nicht angeben konnten, was sie später – und sei es noch so vage – beruflich vorhatten, erheblich erschöpfter und »ausgebrannter« fühlten als Altersgenossen, die zumindest eine Idee hatten, was sie wollten, und den Spaßfaktor entsprechend relativieren konnten.

Der Mensch der Postmoderne braucht zumindest dann, wenn er leistungsfähig sein will, nicht irgendwelche Werte, sondern solche, die eine Richtung vorgeben und verbindlich sind. Ob diese Werte dann auch für andere bzw. die Gesellschaft gut sind, ist eine andere Frage.

Das Dilemma ist, dass Werte, die das Individuum in gewisser Hinsicht unabhängig machen und es autonom vom jeweiligen Kontext stabilisieren sollen, weit über die Qualität rhetorischer Lippenbekenntnisse hinausgehen müssen. Werte dieser Art, Werte mit Säulen-Charakter, schränken so oder so individuelle Freiheiten ein. Das wiederum ist ungemütlich bis prekär. Freiheit und Flexibilität sind die programmatische Basis der Postmoderne.

Wo und wie, bitteschön, sollen da Werte-Säulen aufgestellt und verankert werden?

Zwischen Freiheit und Werte-Säulen, genau hier liegt die Herausforderung bzw. der Balanceakt, den Individuen, die nicht nur so heißen, sondern auch sein wollen, in der Postmoderne zu bewältigen haben: paradox, ungemütlich-spannungsgeladen, dafür selbstbestimmt. Man muss nicht, man kann.

Abb. 11   Auf wie vielen Säulen ruht das Dach bzw. beruht die Existenz?
Ruine des Jupiter- bzw. Zeus-Tempels in Athen. Aus dem 1759 publizierten Werk: »Ruins of Athens, with Remains and other valuable Antiquities in Greece« (Blattgröße 37,3 x 55,9 cm) des englischen Verlegers Robert Sayer.

166

8.6 Werte-Perspektiven

Eine Gebrauchsanweisung ist kein Ratgeber!

Ob Sie an Ihren Werten »arbeiten« oder es lieber unverbindlich halten (»*Schauen wir mal, dann sehen wir schon*«), ob Sie Ihr Repertoire an rhetorischen Werten ausbauen oder sich, allen Strömungen zum Trotz, auf Säulen-Werte festlegen, das liegt selbstverständlich ganz bei Ihnen. Alles hat Vor- und Nachteile, die im Folgenden zusammengefasst werden:

- **Verbindliche Säulen-Werte**
  - **Vorteile:** Sie geben eine Richtung, Halt, Identität und Stabilität. Sie vermitteln Sinn, unter Gleichgesinnten tragfähige Bindungen und das Gefühl von Flow und Erfüllung, wenn man sich in ihrer Richtung bewegt ...
  - **Nachteile:** Sie verpflichten und reduzieren damit Freiheitsgrade. Man kann scheitern, in sozialen und beruflichen Entscheidungssituationen kann es zu Diskrepanzen kommen, die reale Nachteilen zur Folge haben können. Darüber hinaus kosten sie Zeit, mitunter Leben (man muss natürlich nicht gleich zum Märtyrer werden) und nicht selten Geld.
- **Unverbindliche rhetorische Werte**
  - **Vorteile:** Sie klingen gut, sie ermöglichen soziale Nähe (Peergroup), in der Masse fühlt man sich stark. Rhetorische Werte gewährleisten Flexibilität und Anpassungsfähigkeit, sie verdeutlichen zudem Anspruchshaltungen, wobei anderen die Pflichten zugewiesen werden. Motto: *Die Welt ist schlecht! Alle denken an sich, nur ich denke an mich!*
  - **Nachteile:** Rhetorische Werte geben keine Richtung vor, sie stabilisieren nicht und stärken nur dann, wenn die Umgebung gleichermaßen tickt (Fanclub).

Sie vermitteln keine anhaltenden Erfolgserlebnisse und entsprechend kein außerhalb des jeweiligen Gleichgesinnten-Kontextes tragfähiges Selbstwertgefühl.

Wobei über die sozial-ethische Werthaltigkeit der jeweiligen Werte (s. oben) gesondert zu diskutieren wäre.

Anhand der in diesem Kapitel geführten Diskussionen, die von postmodernen Perspektiven über soziale Milieus bis zu den Werten führte, lassen sich zwei Grundhaltungen aufzeigen, die Bewohner der Postmoderne prägen. Wir sind ihnen bereits begegnet, als es um die »Fragen an die Postmoderne« (s. Kap. 5) ging. In der Kartoffel-Graphik (s. Abb. 10) entspricht dies den Endpunkten einer Linie, die von links unten nach rechts oben führt.

Die eine dieser Haltungen lässt sich als **Performer** bezeichnen – Produzenten von Ideen und/oder Waren, solche, die andere motivieren, die Aufgaben angehen, die besser als andere sein und die Zukunft gestalten wollen.

Performer dürfen sich als Speerspitze der Welt-Dynamik fühlen und sich in ihrem Erfolg, ihrem Manager-Status, in eleganten Büros und Fünf-Sterne-Hotels sonnen. Sie können sich moralisch und intellektuell als Leistungsträger verorten und dürfen auf die sonstigen Kartoffeln herunterschauen. Es gibt nichts, was sie nicht verbessern wollen. Allzu sehr ihren Status heraushängen zu lassen wäre jedoch ein Risiko.

Performer sein funktioniert nur, wenn man genügend Kunden hat und mit diesen Umsatz macht. Das ist anstrengend, einhergehend mit der Gefahr, ein bisschen zu mogeln, auch um den Abstand gegenüber anderen Performern halten zu können. Die Automobilindustrie und Diesel lassen sen grüßen.

Die andere Haltung ist die des **Kunden, des Hedonisten, des professionellen Verbrauchers und Anspruchsberechtigten**.

Kunden bzw. Verbraucher haben eine Machtposition, die viele Ähnlichkeiten zur Aristokratie vergangener Jahrhunderte hat. Der Kunde war schon immer König. Heute ist er der einzige seiner Art, der alle Revolutionen unbeschadet überstanden hat und nun stärker, mächtiger und prächtiger ist als je zuvor. Er kann sich zurücklehnen, kritisch hinschauen, Kommentare abgeben und – hoffentlich – genießen.

Diese beiden Grundmuster dominieren die postmoderne gesellschaftliche Realität und entsprechend die Muster, in denen sich Individuen wiederfinden bzw. verorten. Beide Positionen sind machtvoll und attraktiv. Und beide sind auch das Gegenteil davon. Einerseits sind sie Gegenpole, andererseits sind sie voneinander abhängig. Die Pole können ein Leben entweder exklusiv dominieren oder, abhängig vom jeweiligen Kontext, einander abwechseln oder auch kombiniert werden. Performer und Kunden, Kunden versus Performer. Dem Ying und Yang der Postmoderne wird, weil sie wichtig sind, ein eigenes Kapitel gewidmet (s. Kap. 11.7).

Was ist eine »Wissensgesellschaft«?

Wenn man Wissen als ein belastbarer Bestand von gemeinsam geteilten Geschichten, Sachinhalten, Werten und Perspektiven auf die Welt definiert, dann waren vormoderne Gesellschaften »Wissensgesellschaften«.

Die sich als Wissensgesellschaft verstehende Postmoderne, in der jedes Wissen relativ und kurzlebig ist, ist es definitiv nicht. Eine Informationsgesellschaft, die keine Wissensgesellschaft ist: So paradox kann nur die Postmoderne sein!

Fassen wir zusammen: Werte sind in der Postmoderne wichtig. In einer Epoche, in der ansonsten alles bestreitbar ist, ist (fast) nur dies unbestreitbar.

In einer orientierungsarmen und perspektivisch offenen Epoche vermitteln Werte das, was Menschen Bodenhaftung gibt: Standpunkte und eine Richtung, die mit so etwas wie »Sinn« identisch sein kann. Gleichzeitig sind Werte Ballast, die die Schwerkraft erhöhen und Flexibilität einschränken. Insofern sind zumal als ethisch-fundiert geltende Werte nur schwer mit der Verbesserungs- und Leistungssteigerungs-Dynamik der Postmoderne vereinbar. Gleichzeitig können sie Individuen diesbezüglich Halt geben. Im Rahmen der allgemeinen Beschleunigung haben »Soft«-Werte (also rhetorische Werte) Konjunktur. Sie hat man, kommuniziert man, sie vermitteln soziale Zugehörigkeit, sie begründen berechtigte Ansprüche und verpflichten zu nichts. Dass sie, nach traditionellem Verständnis, eher keine Werte sind, verglichen mit Freiheit limitierenden, verbindlichen Säulen-Werten, bleibt zu konstatieren. Aber ändert sich in der Postmoderne nicht sowieso alles? Als zwei dominierende Dynamik-Muster der Postmoderne stehen sich Performer und Kunde gegenüber. Beide Haltungen haben etwas mit Werten und Dynamik zu tun.

Gedankenexperiment zum Thema »Postmoderne ohne Internet und null digital«
Wenn das Internet heute abgeschaltet und die Digitalisierung der Welt durch einen viralen Föhnsturm paralysiert würde, kategorisch und endgültig – welchen Einfluss hätte das auf Ihr und unser tägliches Leben
• zum einen direkt, was Ihre Arbeit und Ihr Privatleben, Ihre Kommunikation mit Freunden und Ihren Zugang zu Informationen, Onlinebanking und Einkäufe über das Internet anbelangt?

- zum anderen indirekt? Schließlich wird unsere Infrastruktur, vom öffentlichen Nahverkehr bis zum Flugbetrieb, digital gesteuert. Jegliche Massenproduktion kommt ohne Computer zum Stillstand.

Welche Beispiele fallen Ihnen dazu ein?

_____

_____

Wenn Ihnen spontan weniger als fünf Beispiele eingefallen sein sollten, dann ist ein Besuch im Deutschen Museum in München oder in einem anderen Technik-Museen unbedingt zu empfehlen! Technik kann alles Mögliche sein, spannend ist sie in jedem Fall!

Und nun zur Sache. Bitte schreiben Sie eine kleine Geschichte zum Thema: »**Mein Leben, nachdem das Internet endgültig seinen Geist aufgegeben hat und *digital* ein Fremdwort wurde**«.

Konsequenterweise schreiben Sie diese Geschichte mit der Hand (wann haben Sie zum letzten Mal einen längeren Text mit der Hand geschrieben?), d. h. nicht am Computer! Die gibt es ja in der Geschichte nicht mehr.

Wird es eine tragische, eine mühsame, eine entspannte, eine katastrophale oder eine humoristische Geschichte? Oder finden Sie die Aufgabe »doof«, weil sich die Zeit sowieso nicht zurückdrehen lässt?

Nun ja, es gibt gute Science-Fiction-Bücher zum Thema und längst vergessenes Hightech aus der Antike schlummert tief unten auf dem Meeresgrund.

Sie sind unbegabt, was Fantasie und Schreiben anbelangt?
Das wären zwei wichtige, charmante Fertigkeiten, die die Postmoderne postuliert, aber nicht trainiert, sondern mitunter absorbiert und geradezu aus den Gehirnen ihrer Angehörigen saugt.

Eine gute Gebrauchsanweisung muss auch auf die Nebenwirkungen einer Epoche bzw. Maschine hinweisen: Hier wäre eine davon. Konsequenzen? Geschichten schreiben!

Als kleiner Trost: **Geist hat das Internet nicht, höchstens den, den wir hineininvestieren.**

9 Gebrauchsanweisung für postmoderne Performer – Ziele und Strategien

Gebrauchsanweisung für das Leben in der Postmoderne ... für wen?

Ratgeber-Bücher sind etwas für Konsumenten, Gebrauchsanweisungen eher etwas für Performer. Für den Fall, dass Sie sich selbst eher als Konsument definieren und das Buch bis hierher gelesen haben, sind Sie ein ganz besonderer Fall. Als Belohnung finden Sie ein eigenes Konsumenten-Kapitel (s. Kap. 10). Ansonsten kann ich Sie nur bitten, gnädig über alles, was zu anstrengend klingen könnte (und das war bislang schon eine Menge), hinwegzulesen. Natürlich müssen Sie keine der Übungen machen (haben Sie ja auch nicht ...). Sie sind okay, ich bin okay und die Hauptsache ist, dass Sie das Buch gekauft haben und Ihrem Einsatz entsprechend unterhalten werden.

Wenn Sie dies lesen, dann ist die Wahrscheinlichkeit groß, dass Sie sich eher als Performer sehen. Sie haben Energie, wollen weiterkommen, sich nicht durch Ihr Leben bzw. die Postmoderne treiben lassen, sondern: kreativ gestalten. Um das ohne romantische Tünche und sonstige Illusionen tun zu können, ist es nötig, einen Schritt weiter in die Tiefe zu gehen und die alle Epochen, besonders aber die Postmoderne tragende Dynamik des Performens unter die Lupe zu nehmen.

9.1 Performer – wie und warum?

In der Moderne, noch vor weniger als 30 Jahren, hätte sich jeder, der diese Frage offen gestellt hätte, im Westen wie im Osten, unmittelbar als Feind jedweden Systems »geoutet«.

Wer nichts leistet, ist nichts wert.

Im Kapitalismus wie im Kommunismus.

Viele, die unter dieser Maxime erzogen wurden, leiden noch heute darunter.

Leistung über alles. Die Hintergründe dafür sind gleichermaßen historisch, ethisch, religiös und mathematisch. Und dabei geht es zunächst einmal nicht nur um Geld.

»Wer immer strebend sich bemüht
Den können wir erlösen!«

(Goethe, Faust, Der Tragödie zweiter Teil;
Die Faustdichtungen, 1962, S. 520)

In diesem Kapitel geht es um wirkliche Performer!
Nicht um Schein- bzw. Deko-Performer jeglicher Größenordnung.
Performer brennen darauf, zu performen.
Scheinperformer müssen. Sie singen die halbherzigen Leistungsparolen, um nicht aufzufallen, nicht selten umso lauter. Eine peinliche Spur zu laut.

PS: Die Frage, wo genau Performance beginnt und endet, ist für eine Gebrauchsanweisung nicht relevant. Es wird hier schnell sehr individuell, biografisch, generationenabhängig, soziokulturell … Lassen wir es dabei.

Abb. 12 Dynamik dank Leadership.
Öl auf Mahagoni, 14 x 9 cm, Frankreich um 1870. Die Studie zeigt
drei vorwärts stürmende französische Infanteristen. Die miniatur-
haft-detaillierte Ausführung der Figuren erinnert an Bilder von Jean
Louis Ernest Meissonier. Gewonnen haben diese Soldaten den an-
stehenden Krieg gegen Deutschland nicht. Aber die folgenden.

Arbeit, das Streben und ständige Bemühen um die Lösung von Problemen, die Verbesserung der Lebensverhältnisse, die Erhöhung von Sicherheit, ist Ziel und Inhalt jedes gottgefälligen, also für die Gemeinschaft geführten Lebens. Wer Erfolg hat, wird von Gott geliebt. Die mit Erfolg verbundenen Vorteile, Macht, Ansehen, Titel und Geld, nimmt man als zusätzliche Vorteile gerne in Kauf. Geld und materielle Güter sind ein zweischneidiges Schwert. Besitz verführt zu Müßiggang. Müßiggang wiederum ist aller Laster Anfang. Das gute Leben auf Erden, solange es währt, gilt der Arbeit. Ausruhen kann man sich später, im Paradies. Macht, Status und Besitz schmeicheln zudem der Eitelkeit. Alles ist eitel. Eitelkeit ist das Gegenteil von Gottgefälligkeit und zudem eine Todsünde.

Erfolg, wenn er denn anhaltend, gottgefällig und sozialverträglich sein soll, wird angesichts dessen zum Spagat zwischen Leistung, Desaster, Triumph und Demuth. Dieser Balanceakt gelingt jeweils mehr oder weniger gut. Ein bisschen Eitelkeit ist schließlich kein Verbrechen! Erlesene Kleidung und distinguiertes Auftreten kennzeichnen den kultivierten Menschen.

Die Akzente und Moden in diesem Spiel haben sich im Laufe der Zeit verschoben. Vom altruistischen Führer und Retter zum vollgefressen-feisten Kapitalisten. Wenn es zu locker wurde, folgte die Strafe Gottes. Babylon schlemmte und hurte sich zu Tode. Und das sündige Rungholt ging unter, vom stürmischen Meer überspült. Die jeweils Überlebenden waren betroffen. Sie erkannten, soweit sie noch dazu in der Lage waren, den Willen Gottes, ruderten und kehrten auf den Pfad der Tugend zurück.

Die Aufklärung, seit dem 18. Jahrhundert, hat den strafenden Gott abgeschafft. Das, was er als Moralinstanz verkörpert hatte, regelten nun ausschließlich Vorschriften und

Gesetze. Beispielsweise Antikorruptionsgesetze. Gleichzeitig wurden Macht und Status ihrer gottgefälligen transzendenten Aura entkleidet. Ausgenommen von der Profanisierung der Welt wurden nur Künstler, deren Aufgabe die Unterhaltung und Erbauung weniger exponierter, ansonsten möglichst ähnlicher Durchschnittsmenschen wurde. Und sonstige Prominente. Jenseits der Stars und Sternchen-Sphären hängen seit der Moderne Status und Macht ausschließlich vom jeweils verfügbaren Kapital ab. So gesehen ist die soziale Welt erheblich einfacher – aber auch eindimensionaler – geworden.

Eine Konstante durch all diese Entwicklungen hindurch war und ist: **Leistung**.

Man konnte und kann alles hinterfragen und kritisieren. Leistung und Leistungsbereitschaft waren über die Jahrtausende hinweg »Heilige Kühe«. Alles hing von Leistung ab. Alle verlangten Leistung, wobei die Begründungen unterschiedlich waren, aber immerhin: Revolutionen, Nationen, Weltkriege, Machtblöcke, Wohlstand, Aktienkurse. Müßiggang war und ist aller Laster Anfang! Ausnahmen, von Diogenes in der Tonne und ein paar Heiligen in der Wüste, bestätigen diese Regel nachdrücklich. Erst »Flower-Power« hätte das Zeug zu einer wirklichen Revolution gehabt. Wenn ihre Anhänger nicht nach und nach von Leistungsdynamik und bürgerlicher Werthaltigkeit erfasst worden wären.

Wozu Geld, es geht auch ohne!
Solange Papi (oder der Staat) bezahlt, ist Geld kein Problem!
In jedem Fall ist genug für alle da.
Sollte man meinen.
So meinte es auch die 68er-Generation, bevor sie sich im Laufe ihres späteren Lebens Aktien kaufte. Konsolidierung auf spätkapi-

talistisch, wobei die Vorliebe für System-Demontage in Rockkonzerten ausgelebt werden kann.

Postmoderne Vielfalt. Hippie-Träume und Leistungsdynamik. Durchaus nicht alle, die entsprechend zweidimensional tickten, wurden Lehrer. Vorstandsvorsitzende auf Rockkonzerten? *»We don't need your education«*-Sänger, mit und ohne Gitarren, wurden Klassenbeste. Und schämten sich nicht. Es wird gearbeitet, effizient, konsequent leistungs- und karriereorientiert. Es werden klare Entscheidungen getroffen, auch was nötige, aber unangenehme Dinge, etwa das Ausstellen von Mitarbeitern, anbelangt. Das Auftreten ist der gehobenen Aufgabe angemessen. Ebenso die Kleidung.

Nach Feierabend und in den Ferien begegnet man den nämlichen Menschen, die dort ganz anders aussehen, lässiger, alternativer, sich anders verhalten und die Welt ganz anders wahrnehmen. Zum Bioladen um die Ecke mit dem Diesel-Pkw? Die multiple Persönlichkeit, was Werte und kulturelle wie politische Orientierung anbelangt, ist seit Beginn der Postmoderne der – sich selbst konsequenterweise als normal erlebende – Normalfall. Freiheiten der skizzierten Art sind ein Gewinn. Angesichts dessen: Wozu noch »performen«?

9.2 Was macht es in der Postmoderne attraktiv, Performer zu sein?

Leistungsmotivation: seit der Steinzeit, durch alle Epochen hindurch, reizvoll
Führer, Leistungsträger, Gestalter.
Getragen von religiösen bis gesellschaftlichen Werten.

Es ist uns (von wem auch immer) aufgetragen, uns die Erde untertan zu machen, sie zu gestalten und zu verbessern.

Soweit, so überholt?

Die hier skizzierten Muster haben noch in der auslaufenden Moderne sozialisierte, heute etwas ältere Menschen in ihrer Kindheit und Jugend vorgelebt, eingetrichtert und eingepaukt bekommen. Leistungsbereitschaft wurde ihnen (und noch vielen von uns) in die Wiege gelegt.

»Die Kinder sollen es einmal besser haben.«

Leistungsdruck kann bekanntlich krank machen. Die älteren von uns können ein Lied davon singen. Aus eigener Erfahrung. Zumindest das Lied haben die jüngeren, die man vor allem Bösen und damit vor Stress schützen wollte, auch gelernt.

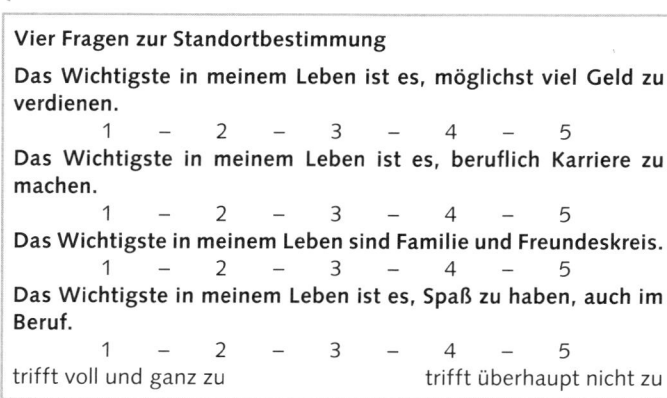

Vier Fragen zur Standortbestimmung

Das Wichtigste in meinem Leben ist es, möglichst viel Geld zu verdienen.

    1   –   2   –   3   –   4   –   5

Das Wichtigste in meinem Leben ist es, beruflich Karriere zu machen.

    1   –   2   –   3   –   4   –   5

Das Wichtigste in meinem Leben sind Familie und Freundeskreis.

    1   –   2   –   3   –   4   –   5

Das Wichtigste in meinem Leben ist es, Spaß zu haben, auch im Beruf.

    1   –   2   –   3   –   4   –   5

trifft voll und ganz zu   trifft überhaupt nicht zu

Wo haben Sie Ihre Kreuze gemacht?

Weitere Erklärungen dürften sich erübrigen.

Spaß als oberstes Lebensziel können nur Menschen haben, für die es zum einen selbstverständlich ist, dass jeder sowieso (mehr als) genug zum Leben hat und die zum anderen jenseits von traditionellen Leistungsmotiven und/oder postmodernen Leistungs-Ideologien sozialisiert wurden. Ich bin. Also bin ich. Punkt. Und da der Mensch nicht gerne alleine ist, kommen Familie und Freunde an zweiter Stelle. Dieses Muster ist in den Generationen Y und Z eher der Normalfall. Ältere, je nach sozialer Herkunft, sehen es anders. Für sie mag die Frage: *Leistung warum?* im Sinne von Selbstreflexion hilfreich sein. Für die Jüngeren, postmodern Sozialisierten, geht es um ihr individuelles Sein, also um mehr.

Leistungsmotivation in der Postmoderne: nicht notwendig, zumindest aber »geil«?

Der ideologische Rahmen postmoderner Performer ist porentief profan. Niemand hat es mehr nötig, Performer zu sein. Das nackte Überleben, mit Auto, Farbfernseher und PC, ist in jedem Fall gesichert, als Erbe und/oder als Anspruchsberechtigter (s. Kap. 10). Und Gottgefälligkeit? Kann nicht schaden, es geht aber auch anders. Was für Gründe bleiben?

- Die materielle Dimension narzisstisch aufgepeppt: etwas haben und irgendwer sein, was andere nicht haben und nicht sind ...
- Leistung, weil einem gegen die Langeweile und Einsamkeit nichts Besseres einfällt
- Leistung, weil es andere auch machen
- Leistung, weil man im Hamsterrad steckt und keinen Ausweg findet

Vor allem aber:

- Leistung mit sportlichem Ehrgeiz: Es macht einfach Spaß, besser und erfolgreicher zu sein ...

Falls Sie (zumindest teilweise) postmodern sozialisiert, jung, dynamisch und leistungsorientiert sein sollten: Welche der genannten Aspekte (und ggf. welche darüber hinaus) sind bei Ihnen relevant? Keine Sorge, eine wie auch immer moralische Bewertung von Leistungsmotivation erübrigt sich in der profanen Postmoderne.

Warnhinweise
Leistungsmotivation und Zielorientierung sind lobenswert.
Ein Problem daran ist, dass es unter den »höheren« Zielen keines gibt, das stabil erreicht werden könnte. Materiell-statusmäßig gibt es immer jemanden, der in diesem oder anderen Punkten weiter ist, mehr hat und/oder erfolgreicher ist. Im Spülgang der Postmoderne, im rasenden Stillstand, ist nichts von Dauer bzw. alles relativ: Marktführer, umsatzstärkster Betrieb seiner Art, höchste Auflage, höchste Einschaltquote, beste Zuwachsraten ...
Wer sich der Illusion hingibt, irgendeines dieser »Ziele« sei ein Wert an sich und konservierbar für die gefühlte Ewigkeit, ist naiv. Gleichwohl: solche Ziele anzustreben und andere »dafür zu begeistern«, ist apodiktisch postmodern. Zu Beginn einer Karriere mag solche Naivität noch durchgehen. Vorstandvorsitzenden hingegen nimmt man es nur noch ab, wenn man muss. Selbst wenn sich diese tatsächlich und auf wunderbare Weise ihre jugendliche Naivität erhalten konnten.
Zudem: Alle Güter, die man erwerben kann, relativieren sich, weil sie über das Materielle hinaus keine überdauernde Status-Sicherung mehr beinhalten. Man kann eine Villa kaufen, kein Schloss, bzw. wenn man ein Schloss kauft, wird es zur Villa. Auch Adel verpflichtet heute zu nichts mehr. Und last not least: Materielle Güter, zumal bei niedrigen Zinsen, werden schnell zum Ballast. Freier und reicher als Studenten (mit oder ohne BAföG) es sind, ist heute niemand mehr. Auch darum fällt es immer mehr Studenten schwer, ihren Abschluss zu machen.

Wir fassen zusammen: Wenn Leistungsmotivation, dann deshalb, weil der Prozess attraktiv ist. Wer durch Leistung »Ziele erreichen« will, wie immer diese aussehen sollen, erleidet in der Postmoderne absehbar und meist eher früher als später, am Ende aber so sicher wie das Amen in der Kirche, Schiffbruch.

9.3 Postmoderne Leistungsorientierung pur – Spaß haben und erfolgreich sein

Getriggert von Parolen, zumal in entsprechend getakteten Institutionen, geraten postmoderne Performer – aus oben skizzierten, individuell unterschiedlich gewichteten Gründen – in Dynamiken, die faszinierend, lebensbestimmend und bodenlos werden. Der Sog, der hier entsteht, kann gewaltig sein und alle übrigen, entspannten und sozialen Aspekte der Postmoderne wegspülen. So, wie eine Sturmflut am Strand aufgestellte Sonnenschirme zu Spielzeug degradiert.

Leistung aus Leidenschaft
Das Beste für unsere Kunden!
Die Zukunft ist unser Auftrag!
Zukunft durch Leistung gestalten.
Nichts ist so gut, dass es nicht verbessert werden könnte!
Spitzenqualität ist unsere Leidenschaft!
Innovation aus Passion!
Erfolg durch Leistung!
Wo andere aufhören, da fangen wir an!
Schuster, bleib bei deinen Leisten!

Welche der zitierten Parolen passt nicht in die Reihe? Selbstverständlich die letzte!

Leisten haben zwar etwas mit Leistung zu tun, aber auch mit dem Bekenntnis zu dem, was man gelernt hat, was man beherrscht und wofür man steht. Postmoderne Schuster in allen Bereichen sind programmatisch dabei, auch die Leisten, das Maß, nach dem Schuhe geschnitten werden, ständig zu verbessern. Nur wer ständig verbessert, kann ein guter Schuster sein! So funktioniert postmoderner Fortschritt. Man muss nur lange genug verbessern, dann stellt man Schuhe her, die alle möglichen Qualitäten haben, super sind, aber niemandem mehr passen. Füße bleiben Füße.

Irgendwie müsste es um die Balance von alledem gehen?

Achtung: In Ihrer Frage wird mangelnder Fortschrittswille deutlich. Falls Sie als Performer angesehen werden bzw. als solcher durchgehen wollen, machen Sie sich suspekt ...

Ein Kochrezept

Man nehme zwei Drittel Rhetorik, ein Drittel Aktivismus, eine gehörige Prise Selbstverleugnung und eine Spur glücklichen Zufall. Daraus entwickle man ein marktfähiges Produkt.
Nicht selten wird es dennoch ein Flop.
Die richtige Rhetorik rettet dann zumindest das Selbstwertgefühl vor dem Konkurs: Schuld sind immer die anderen, die nicht so rückhaltlos Zukunftsorientierten, die weniger leidenschaftlichen Leistungsträger, die Zauderer, die ... Sie wissen schon!

Hochleistungs-Rhetorik war vor 20 Jahren innovativ, vor zehn Jahren wurde sie Teil des Manager-Pflichtprogramms. Heute ist sie ein alter Hut, der im System pseudo-innovativer Betriebe gepflegt und in den Eingangshallen von Firmen dekorativ plakatiert wird. So sehr dies, distanziert betrachtet, nur noch müdes Gähnen hervorruft, bleibt eine abschätzige, Leistungssteigerungs-kritische Bemerkung ein unbedingt zu vermeidender Tabubruch. Das klare, laut vernehmliche Bekenntnis zum Leitbild der jeweiligen Firma (s. oben: Leistung aus Leidenschaft!) ersetzt heute den Schwur auf die Bibel und den Fahneneid. Beim Leitbild hört jeder Spaß auf. An irgendetwas muss man schließlich glauben. So kurios und paradox, relativ zur gelebten Wirklichkeit, die wohlformuliert-inhaltsleere Angelegenheit auch sein mag. Wer einen Geschäftsführer auf entsprechende Sachverhalte hinweist, suche sich umgehend eine neue Stelle!

Zitieren Sie stattdessen mit getragener Stimme die Leitbild-Sätze! Sofort zieht heiliger Ernst durch die Gesichter aller Mitarbeiter und neuer Eifer mit dem hehren Ziel, das Bruttosozialprodukt zu steigern, bricht aus ihnen heraus.

Subversive Aufgabe

Basteln Sie unter Verwendung der im o. g. Kästchen »Leistung aus Leidenschaft« formulierten Sätze ein eigenes Firmenleitbild! Schreiben Sie diese und alle ähnlichen Sätze, die Ihnen einfallen, jeweils auf ein Kärtchen und werfen Sie die gefalteten Kärtchen in einen alten Hut.

Und dann dürfen Sie ... oder eine Glücksfee ... die Zettel ziehen. Die Sätze, in der gezogenen Reigenfolge, ergeben das neue Firmenleitbild. Lesen Sie es nun laut vor und begründen Sie angesichts der (imaginären) Mitarbeiterschaft, warum das Leitbild so und nicht anders sein kann. Und natürlich, welche Verpflichtungen sich daraus ergeben.

Variante 1: Derjenige, der die überzeugendste Rede bezüglich der zwingenden Notwendigkeit eben dieses Leitbildes hält, hat gewonnen.

Variante 2: Es werden ergänzend »subversive« Sätze in die Satzauswahl gemischt: »*Schuster, bleib bei deinen Leisten*«, »*Humor ist, wenn man trotzdem lacht*«, »*Das Schicksal siegt über die Vernunft*«, »*Hinterm Horizont geht's weiter*«, »*Bier her, Bier her*« ... und andere, nach Belieben. Genießen Sie auch die sich nun ergebenden Resultate und begründen Sie diese genauso ernst und eloquent wie in Variante 1.

Variante 3: Wer »*Schuster, bleib bei deinen Leisten*« zieht, hat verloren. Schwarzer Peter ...

PS: Es gibt selbstverständlich seriösere Methoden, um in der freien Wirtschaft Leitbilder zu formulieren. Die Ergebnisse unterscheiden sich absehbar kaum. Und die sich für die Mitarbeiter und Kunden ergebenden Konsequenzen sowieso nicht.

In Ermangelung traditioneller, in den Ruhestand geschickter Werte ist Rhetorik das Rückgrat der Postmoderne!

Kurioserweise ist die notorisch alles hinterfragende Postmoderne von der ihr eigenen Rhetorik paralysiert. Ein rhetorischer Leierkasten wird nicht dadurch, dass er Worte wie »Zukunft« und »Innovation« abspult, zukunftsträchtiger und innovativer. Leierkasten bleibt Leierkasten. Produkte verbessern, die Menschheit voranbringen und durch sein Produkt glücklich machen: Dieses melodische Standardvokabular postmoderner Leistungsträger lockt keine Maus mehr hinter dem Ofen hervor. Egal, wie Sie es rhetorisch ausschmücken. Wenn Sie in gehobener Position tätig (oder untätig) sind und entsprechende Zukunfts-Innovations-Leistungs-Aussagen tätigen, ohne dass Ihre Mitarbeiter lächeln, dann beweist das, dass Sie zum einen als Autorität wahrgenommen werden und zum anderen Ihr Team angesichts Ihrer Potenz das Mitdenken eingestellt hat. In postmodernen Führungsetagen fühlen sich Narzissten in solchen Momenten geehrt: Ihnen wird klar, dass sie es geschafft haben, und sie machen weiter, bis rote Zahlen oder persönliche Dissonanzen mit noch höher Positionierten sie vom Amte scheiden.

Ergänzend dazu noch eine wichtige, immer wieder abgefragte Lektion:

> **Preisfrage und die richtige Antwort (ggf. zum auswendig lernen)**
> **Frage:** *Warum ist Gewinnoptimierung das A und O jedes Unternehmens?*
> **Antwort:** *Weil nur die höchstmöglichen Gewinne die Zukunft, Arbeitsplätze und Innovationsfähigkeit sichern!*
> Oder etwas weniger blumig:
> *Um bei ständig steigenden Löhnen die Preis-Leistungs-Schere nicht auseinanderklaffen zu lassen.*
> Oder ein wenig genervt:
> *Warum nicht? Fällt Ihnen was Besseres ein?*

9.4 Bodenhaftung trotz postmoderner Leistungsorientierung, geht das?

Bodenhaftung ist bislang in der »normalen« Manager-Ausbildung kein Thema. Geht man davon aus, dass Manager selbstverständlich Bodenhaftung haben? Oder gilt Bodenhaftung als ein Risikofaktor, der postmoderne Management-Performance blockiert? Erst wenn ein Highperformer aus der Kurve geflogen ist, darf er (oder sie) sich mit seinem (oder ihrem) Gesundheitscoach oder Psychotherapeuten mit der Frage beschäftigen, was für ihn (oder sie) im Leben wirklich wichtig ist.

Auf welchen Säulen steht Ihr eigenes Leben bzw. worauf sollte es stehen?

Abb. 13   Sichere Säulen – Sollbruchstellen vermeiden.
Charles Amédée de Noé (Paris 1819–1879), Künstlername »Cham«
(aus den Anfangsbuchstaben seiner Vornamen; zudem war Ham
[Cham] der Sohn Noahs, der dessen Blöße aufdeckte), war ein in
hohem Maße produktiver und kreativer (quasi) Konkurrent von
Honoré Daumier (s. Abb. 9). In der 1854 im »Charivari« erschiene-
nen Lithografie (Bildgröße 21 x 27 cm): »Samson très humilié de voir
que Mars fait tout dégringoler tout aussi bien que lui« (Samson war
sehr demütig, als er sah, dass Mars alles zusammenbrechen ließ,
genauso wie er) zieht er biblische und antike Register. Samson bzw.
Simson, dessen unbezwingbare Kampfkraft in den Haaren lag,
wurde von Delila an die Philister verraten. Geschoren und geblendet
wurde er an den Tempel der Philister gefesselt. Die Haare wuchsen
wieder. Samson brachte den Tempel zum Einsturz und riss tausende
Philister mit in den Tod. Hier bewundert der haarige biblische Held
den Kriegsgott Mars, der quasi nebenbei die Säulen der Französi-
schen Börse mühelos zum Einsturz bringt.
Botschaft klar?!

Nachdem diese Thematik, auf welchen Säulen man steht,
jeden betrifft und irgendwann in ihren Konsequenzen tod-
sicher auf jeden von uns zukommt, darf sie in einer Ge-

brauchsanweisung nicht fehlen. Die üblichen Säulen wäre Familie, Partnerschaft, Freunde, Hobbys bzw. Interessen mit Verpflichtungscharakter und daran anknüpfend alles, woraus sich tragfähige soziale Bindungen ergeben können. Und, zumal in unser Leistungsgesellschaft, natürlich Beruf, Erfolg, Geld …

In diesem Kapitel geht es um Letzteres, um die Säule **postmodern-professionelle Leistungsorientierung** und die Frage, wie mit dieser sich in vielen Biografien aufdrängende und aufdringliche Qualität dieses Phänomens umgegangen werden kann … ohne die Bodenhaftung zu verlieren bzw. ohne dass das Gesamtgebäude einstürzt, wenn es im Beruf bzw. in der Karriere wackeln sollte (s. Abb. 13). Ganz naiv gefragt:

Was muss man tun, um im Beruf erfolgreich zu sein und eine möglichst steile Karriere zu machen?

Welche Antwort Sie auf diese Frage auch immer geben, zunächst einmal ist wichtig, dass Rhetorik nicht geglaubt, sondern als das genommen wird, was sie ist: eine Technik, ein Handwerk, ein Hobby, eine Leidenschaft, irgendwo zwischen Kunst und Kommerz, zwischen Tragödie und Komödie. Mal eine Fanfare, die die Getreuen zum Angriff motiviert, gelegentlich das Gewitter, das die Gegner erschreckt. Und oft seichte Begleitmusik, die die Mannschaft bei Laune halten soll. So wie die Pauken auf den Galeeren des Altertums, nur melodischer. Aber idealerweise genauso wirksam. Wenn das kein Fortschritt ist!

PS: Humor ist an dieser Stelle gänzlich unangebracht. Postmoderne Performer sind nicht naiv. Sie tun nur gelegentlich so. Idealerweise derart charmant, dass es authentisch-altruistisch wirkt.

Performer sind nicht naiv. Sie haben Ziele und kennen die Studien, die aufzeigen, was Aufsteiger und Spitzenkräfte in ihrem Bereich auszeichnet, nämlich »Complete competition«.

Das ist einerseits, vor allem zu Beginn der Karriere, die Beherrschung des jeweiligen Handwerks. Später nimmt die Bedeutung von Fachwissen und des diesbezüglichen Könnens erheblich ab.

Ein Chefarzt und bekannter Medizinprofessor angesichts eines Patienten, der in der Eingangshalle seiner Klinik einen Krampfanfall erleidet: »*Was soll das, ist denn hier kein Arzt?*«

Aller Anfang ist schwer. Zumindest insofern, als hier handwerkliche Fehler eine Karriere massiv ins Stocken bringen können. Ohne Fleiß und Schweiß kommen die wenigsten Karrieren in Schwung. Ausnahmen bestätigen die Regel. Aber eine gute Idee zum Durchstarten ist meistens zu wenig und sich alleine auf sein persönliches Charisma zu verlassen, optimistisch.

Also: Schulabschluss, gute Ausbildung, namhafte Universität und idealerweise: Ausland. Zwei Jahre Master-Studium in Oxbridge für 200 000 Euro müssen nicht sein. Machen sich aber gut. Auch weil man Leute kennenlernt. Wenn der Papa Kredit aufnehmen muss, dann muss er halt. Anschließend geht es in die Karriereschmiede. Sei es eine wirklich namhafte Firma oder, oft noch effizienter, eine Beratungsfirma, wo man in mehr als 60 Stundenwochen und mit voller Hingabe an die Sache (»total dedication«) den letzten Schliff bekommt. Dieses beinhaltet dann substanziell das zweite, im Verlauf der Karriere zunehmend wichtigere Standbein: »**Professional networking**«!

Merke
Complete competition
beinhaltet
total dedication
und
professional networking.

Was ist **professionelles Networking**? Alles wirkt zufällig, persönlich und herzlich. Gleichzeitig wird nichts dem Zufall überlassen.

Zentrale Fragen sind:
- Wer ist wichtig für mich,
  – um mir den Rücken frei zu halten und
  – um den nächsten Karriereschritt zu machen?
- Wie muss ich auftreten und was muss ich tun, um von den betreffenden Leuten gemocht und gefördert zu werden?

Sobald der jeweils nächste Karriereschritt vollzogen ist:
- Wer ist wichtig für mich,
  – um mir den Rücken frei zu halten und
  – um den nächsten Karriereschritt zu machen?
- Wie muss ich auftreten und was muss ich tun, um von diesen Leuten gemocht und gefördert zu werden?

Sobald der nächste Karriereschritt vollzogen ist:
  …

Fallbeispiel

Peter C., 49 Jahre, Manager und Performer

Peter C. arbeitet bei einem Finanzdienstleister. Sein Vater war ehemals Leiter einer bedeutenden Filiale der Deutschen Bank. Den »Banker-Stallgeruch« hatte Peter C. somit seit seiner Kindheit. Nach dem Abitur machte er eine Banklehre in einer anderen Bank. Anschließend absolvierte er ein BWL-Studium an einer namhaften englischen Universität. Es folgten zwei Jahre in einer Personalberatungsfirma, wo sich Peter C. die Sporen verdiente. Er arbeitete ständig, rund um die Uhr. Er beherrschte drei Fremdsprachen, den Computer und fast die gesamte Klaviatur des Networkings. Armani-Anzüge waren für ihn selbstverständlich. Genauso wie attraktive Frauen an seiner Seite. Dass sich Peter C. noch nicht binden konnte, war selbstverständlich. Es folgte ein Jahr in den USA mit ähnlicher Dynamik.

Warum Peter C. sich den »Stress« antat? War es ein Streit mit dem Vater, der – zumindest so erlebte Peter es – seinen jüngeren Bruder bevorzugte, obwohl dieser Bruder alles andere als leistungsstark war? Ein von Anfang an gescheiterter Künstler, ein Liebling der Mutter? Hatte der Vater Peter C. gegenüber nicht einmal geäußert, Peter fehle es an Charisma und Charakter? Von wegen. Peter C. trat jugendlich-gewinnend auf. Er war ein begeisterter Hobbykoch, so wie sein Vorgesetzter in der Frankfurter Bank, in der er nun arbeitete. Von Dienstreisen brachte Peter C. seinem Chef ausgewählte Zutaten mit. Im nächsten Karriereschritt wurde Peter C. sportlicher. Surfen lernte er in zwei Wochen. War es Zufall, dass sein neuer Vorgesetzter auch diesem Hobby frönte? Als Peter seine erste wirkliche Leitungsstelle bekam, begann er zu Golfen. Das konnte er zwar noch nicht so gut wie der Vorstandsvorsitzende, aber immerhin. Zuversicht in allen Lebensbereichen. *Leistung aus Leidenschaft!* Unter dieser Devise fuhr Peter gut und weiter voran.

Mit 40 Jahren war Peter C. weiter gekommen, als sein Vater jemals gekommen war. Leider ohne dass der alte Herr das zu honorieren schien. Peter C. hatte die Tochter eines Industriellen geheiratet. Sie hatten zwei Kinder und längst eine Villa in prominenter Stelle im Rhein-Main-Gebiet, Autos bekannter Nobelmarken und so weiter.

Und wenn sie nicht gestorben sind, dann geht die Karriere von Peter C. immer weiter.

> »Complete competion« ist die professionelle Basis postmoderner High-Performance.
> Welcher rationale, analytisch denkende und zielorientierte Mensch würde, angesichts des rasenden Stillstands der Postmoderne, seine Karriere dem Zufall überlassen?

Fallbeispiel
Peter C. (Fortsetzung)
Das Märchen endete 2008, pünktlich im Rahmen der zwischenzeitlichen Finanzkrise. Peters Karriere, eine Flucht nach vorne, hatte ihm nicht nur Freunde gemacht. Ein ehemals von ihm strategisch überholter Kollege (Stefan K., s. Fallbeispiel in Abschn. 9.7), der weder Kochen noch Surfen konnte, hatte nebenbei darauf hingewiesen, dass Peter für faule Kredite mitverantwortlich war, die er seinerzeit in gutem Glauben durchgewinkt hatte. Kleine Fische, damals. Beruflich kaltgestellt, ließ sich Peter C. von einer Praktikantin trösten. Letzteres führte wenig später dazu, dass Peters Frau auf Distanz ging. Mit dem Vorstandsvorsitzenden, der noch rechtzeitig in den wohlverdienten Ruhestand gehen konnte, verschwand Peter C. in der Versenkung. Anders herum: Er wäre gerne dort verschwunden. Peter C. wurde freigestellt. Er ließ sich krankschreiben, wegen Burnout und Depression. Was hätte er sonst tun sollen? Seine Stimmung war schlecht. Eine Berufsunfähigkeitsrente wäre eine Möglichkeit. Derzeit versucht Peter eine neue Stelle zu finden. Hätten Sie ein Angebot für ihn?

Was hat Peter C. falsch gemacht? Fehler sind bekanntermaßen wichtig und wertvoll, um daraus zu lernen. Mitunter sind sie aber auch fatal. Mit der Finanzkrise hatte Peter C., wie viele seiner Kollegen, nicht wirklich gerechnet. Experten sind keine Hellseher (auch wenn es zur postmodernen Performance gehört, so aufzutreten, als wüsste man, was und wo Zukunft ist).

Strategisch gesehen, welchen Fehler hat Peter C. gemacht?

Wenn, dann war er zumindest eine Spur zu sehr nach oben orientiert, vorsichtig formuliert. Kontakte auf gleicher Ebene und nach unten hatte er nicht auf Rechnung und entsprechend nicht gepflegt. In einigen unschönen Fällen hatte er sogar »nachgetreten« (und sich dabei als besonders souverän erlebt). Authentizität dieser Art hat schon einige Karrieren zu Fall gebracht. Mancher kann sich das viele Jahre lang leisten. Ungerechterweise gibt es Menschen, die sich das anscheinend ihr ganzes Berufsleben leisten können. Aber irgendwann – spätestens dann, wenn der Altenpfleger auf der Demenzstation keine ehemaligen Manager leiden kann – ist der Spaß vorbei.

Mit einem guten Coach wäre das Peter C. nicht passiert. Das Problem war nur, dass Peter C. einen solchen Coach nie als gut erlebt und nicht engagiert hätte. Freundlichkeit und Verbindlichkeit kosten nichts. Nur gelegentlich etwas Zeit. Aber das sollte es einem wert sein.

Was haben Sie aus dem vorangegangenen Kapitel für Ihre Karriereplanung gelernt?

Wie gesagt, ohne Fleiß kein Preis, gerade was das Thema »Professional networking« anbelangt! Und mitunter da hingucken, wo es wehtut, schadet meistens auch nicht.

Sie haben eine Gebrauchsanweisung, keinen Ratgeber gekauft? Stimmt, die letzten Sätze bitte streichen.

9.5 Networking und Authentizität

Authentizität ist ein wichtiger Begriff, eine Tugend und eine Herausforderung für Performer und alle, die es werden wollen. Was Authentizität konkret ist, muss in einer Gebrauchsanweisung nicht diskutiert werden. Es wäre viel zu kompliziert. Entscheidend ist letztlich nur, als authentisch wahrgenommen zu werden. Konkret: Man muss wirken, als ob man »ganz man selbst« ist. Allerdings kann ein authentisches Arschloch noch so authentisch sein, es wird nur in den allerobersten Etagen toleriert oder gar als große Persönlichkeit geschätzt. Ansonsten, jenseits von Vorstandsvorsitzenden und ähnlichen Dimensionen, wird Authentizität in der westlichen Postmoderne mit »unkompliziert«, »der/die ist wie du und ich«, »vertrauenswürdig« usw. gleichgesetzt.

War bzw. ist Peter C. »authentisch«?
Es kommt darauf an, wen man fragt. Seine Ehefrau, um ausgerechnet mit ihr anzufangen, erlebte ihn ... durch ihre Ehefrau-Brille und damit aus großer Nähe. Die Frage nach Authentizität stellte sie zunächst einmal gar nicht und nahm ihn als gegeben hin. Sie wusste, dass er nicht so war, wie er nach außen zu sein vorgab. Aber das störte sie nicht, zunächst als Geliebte, zugleich und später dann vor allem als Fabrikantentochter. Sie erwartete und kannte von erfolgreichen Männern nichts anderes. Und schließlich machte sie es ähnlich. Souveränes Auftreten, geht das anders? Zunächst liebte sie Peter »*als Mensch*«, nicht zuletzt also seine Geld-gewinnende Souveränität. Als sich diese dann reduzierte, fiel ihr auf, dass er schon immer keine Zeit für die Familie gehabt hatte. Unterdessen versuchte Peter so authentisch wie für ihn möglich alle an ihn gerich-

teten Erwartungen zu erfüllen: Karriere, Mitglied der gehobenen Gesellschaft und Ehemann. Hauptsache, alles ist so, wie es sein soll. Villa, Autos, Klamotten, Kinder ... Complete competition braucht Zeit und Energie (zumal dann, wenn der Protagonist nicht wirklich genial ist, sondern nur Karriere machen will bzw. muss). Dass die von Peter C. beanspruchten und eingenommenen Rollen nur bedingt vereinbar sind, begann er erst zu ahnen, als die Karriere nicht mehr lief. Dass die Frau zunächst nichts an Peter C. störte und sie zuletzt alles an ihm »abturnend« fand, eben als seine Karriere den Bach herunterging und er dann noch die Frechheit hatte, eine Praktikantin flach zu legen, ist somit hinreichend erklärt. Aus ihrer Sicht schien er zunächst ein authentischer Gentleman zu sein, zuletzt erlebte und titulierte sie ihn als authentisches Arschloch. So gesehen: Irgendwie authentisch war Peter C. immer.

Aus der Perspektive auf Augenhöhe (oder ein wenig tiefer) stellt sich die Frage, wer Peter C. eigentlich ist, anders. Welche Eigenschaften, welche Interessen, welche Hobbys hat er – und wie verhält er sich relativ dazu? Die, die sich seinerzeit als Freund von Peter C. bezeichneten, hätten gesagt, dass Peter C. flexibel ist, offen, interessiert und immer neue Interessen für sich entdeckt. Also: ein ideal-authentischer Repräsentant der Postmoderne und insofern ein Protagonist zukünftiger Entwicklungen (als er das westliche Persönlichkeitsmodell [s. Kap. 6] bereits charmant hinter sich gelassen hat).

Böse Zungen oder Neider – womit auch in der Postmoderne jeder erfolgreiche Mensch zu rechnen hat, sie gehören zum Erfolg wie die Fliegen zum Marmeladenbrot – behaupteten, dass Peter C. nie eine Persönlichkeit hatte. Er sei einer, der sein Fähnchen nach dem Wind zu richten versteht und darauf stolz ist. Kein Charakter, insofern nicht authentisch?

Peter C. ist demnach dann authentisch, wenn er gerade nicht authentisch ist.

Eine der zahllosen postmodernen Paradoxien?

Merke
Komplexe Sachverhalte lassen sich in der Postmoderne nur in Form von Paradoxien auf den Punkt bringen.

Peter C. selbst, auf den es hier am wenigsten ankommt, sah sich als Rationalist und Leistungsträger. Er tat eben alles, was nötig ist, um Ziele zu erreichen. Alle rationalen, relevanten Personen handeln so. Viel differenzierter war seine diesbezügliche Selbstreflexion in der Zeit vor seinem »Zusammenbruch« nicht. Dass er trotz seiner von ihm selbst uneingeschränkt so wahrgenommenen »Authentizität« nicht Vorstandsvorsitzender wurde und es – soweit absehbar – auch nie werden wird, macht ihn – in seinem Erleben – zum Opfer unvorhersehbarer gesellschaftlicher Veränderungen und selbstverständlich der Neider, denen wir bereits auf dem Marmeladenbrot begegnet sind. *»Ich war immer authentisch! Das hat mir das Genick gebrochen«,* so offenbarte sich Peter C. vor wenigen Tagen seinem Psychotherapeuten.

Die Tragik von Peter C. liegt so gesehen darin, dass die Gesellschaft derzeit noch nicht reif genug ist für durch und durch postmoderne Individuen wie ihn. Wenn ein solches Individuum in Not gerät, dann ist der traditionelle gesellschaftliche Sog weiterhin abgründig. Leistungsträger, die versagen, erfüllen eben nicht den eigenen und den gesellschaftlichen Anspruch. Jedenfalls veranstalteten die ewig gestrigen Neider, die mit ihren traditionellen »Authentizitätskriterien«, gegen ihn einen postmodernen Shitstorm. Das war nicht fair. Aber darum geht es hier nicht. Dass

Peter C. in seiner Bank ein Bauernopfer der Verhältnisse war, hätte er so nie gesagt und gesehen. Er selbst verortete sich eher als Prinzen bzw. als die Dame beim Schachspiel. Also, alles zusammen genommen und gemessen an dem, was noch in der Moderne authentisch war, schneidet Peter C. schlecht ab. Ein Karrierist, anpassungsfähig und moralisch abseitig. Es wird noch Jahre dauern, bis die substanzielle postmoderne Qualität von Peter C. die Anerkennung findet, die sie verdient. Dass es soweit kommen wird, kann als sicher gelten.

Postmoderne Authentizität, was ist das?
Authentizität muss in der Postmoderne neu definiert werden.
Traditionelle Authentizität galt als edel, menschlich und gut.
Postmodern würde dies Schwerkraft und Konstanz mit sich bringen, was mit der permanenten Beschleunigungs- und Optimierungs-Dynamik unvereinbar ist.

Ergänzend kann darauf hingewiesen werden, dass das, was traditionell als authentisch galt, durchaus nicht immer edel und gut war, sondern auch »Networking«-Charakter hatte (und damit nie »wirklich« authentisch war).

Nicht authentisch und gerade deshalb authentisch zu sein, das gab es schon vor der Postmoderne!
PS: Selbst ihren systemimmanenten Anspruch, die Urmutter aller Paradoxien zu sein, erfüllt die Postmoderne leider nicht.

Individualität und – auf dieser Basis – Authentizität spiegeln neben den Erbanlagen die Rahmenbedingungen, in denen ein Mensch aufgewachsen ist. Üblicherweise übernehmen Menschen die Normen und Werte ihrer nächsten Umgebung. Den meisten Menschen, die bestimmte Umgangsformen und Fähigkeiten nicht »mit der Muttermilch aufgesogen« hatten, wird eben dies zeitlebens zum Nachteil gereichen.

Merke
Die Postmoderne beinhaltet die Emanzipation des Individuums von sich selbst.
Ich muss nicht sein und bleiben, was ich bin. Ich entscheide selbst, wer ich sein will.
Die leidige Frage nach »Authentizität« stellt sich somit nicht mehr. Authentizität wird zu einem Accessoire oder einem eleganten Kleidungsstück, das anderen idealerweise gefallen sollte (»Außenwirkung«), einem selbst aber anderen nicht unbedingt gefallen muss.

9.6 Wozu braucht man in der Postmoderne Karriere und Macht?

Als kleiner Angestellter hätte Peter C. absehbar ein ruhigeres Leben gehabt. Weniger Verantwortung, weniger Stress. Wirklich? Macht hat etwas, was anscheinend selbst Generation-Y- und -Z-Vertreter fasziniert:

- Visionen umsetzen, die Zukunft gestalten, Kreativität leben. So sagen es die postmodernen einen.
  Und/oder:
- erlittene Defizite kompensieren, Selbstwert stabilisieren, Aggressionen ausleben, Vorwärts-Vermeidung von Angst, sagen die psychotherapeutischen anderen.

Etwas von allem ist absehbar immer dabei, was den Wert des jeweils Erreichten weder schmälert noch entschuldigt.

»Eng mit dem Kostensenkungsprogramm verbunden war der Abbau von 14 000 Mitarbeiterstellen weltweit, der besonders schmerzlich, aber notwendig war, um der Bank den Weg in die Zukunft zu ermöglichen.«
(Pohl, 2012, Josef Ackermann: Leistung aus Leidenschaft, S. 49 f.)

Performer verbieten!
Wäre das sozialpolitisch angemessen, angesichts der Flurschäden, die Ackermann und Co. hinterlassen haben und ihre Nachfolger weiterhin in Serien produzieren? Karrieristen ohne Fehl und Tadel, abgesehen davon, dass sie mitunter über Leichen gehen und dies für Durchsetzungsfähigkeit im Dienste der humanen Zukunftsgestaltung halten und nebenbei, so selbstverständlich, dass man darüber, solange die Betreffenden an der Macht sind, besser nicht redet, ihre Schäfchen ins Trockene bringen?
Wie sich das Problem lösen lässt? Verantwortung, Augenmaß, Humanität? So wahr diese Dimensionen sind, auch sie stecken metertief im rhetorischen Morast. Und die Postmoderne, zwischen verlorener Zukunft, Shitstorm und Fake News, hat absehbar kein Fundament, um diesen Morast austrocknen zu können.
Was bleibt, sind Reminiszenzen an prä-postmoderne Werte, Humanität und Achtsamkeit, die aber auch nicht Rhetorik-frei zu haben sind.

Wir verstehen uns? Das wäre zumindest etwas!

Führungsstrategien

Verantwortung, Augenmaß, Humanität sind zentrale Aspekte von Führung, insbesondere auch von Mitarbeiterführung. Diesbezüglich hat Peter C. als Manager sein Handwerk gelernt.

Bis weit in die Postmoderne hinein (und darüber hinaus) wurde hierarchisch-autoritär geführt. Von oben nach unten. Ober sticht Unter.

In der erheblich komplexeren Postmoderne ist das theoretisch und praktisch obsolet. In Führungsseminaren wird dies, üblicherweise unabhängig davon, ob die Teilnehmer es bereits wissen, umfangreich argumentativ hergeleitet und geübt. Auf den Punkt gebracht: Die postmoderne Welt ist so komplex, dass dem nur mit partizipativer Führung, also kollegial, auf Augenhöhe, angemessen und zukunftsorientiert begegnet werden kann. Mitarbeiter aller Ebenen dürfen nicht nur, sie sollen Verantwortung übernehmen, um als Partner ihrer Vorgesetzten und engagierter Teil des Ganzen optimal performen zu können. Mitarbeiter diesbezüglich in ihrer Entwicklung zu fördern ist ein zentrales Ziel guter Führung.

Merke
Autoritäre Führung, Befehl und Gehorsam, sind in der Postmoderne, weil sie kreativitäts- und innovationsfeindlich sind, absolut **out und tabu**.
Wer etwas anderes behauptet, ist inkompetent.
... Schön, dass die rationalste aller bisherigen Epochen noch Tabus kennt! Und sich alles, wie zuvor, um Geld dreht. Das macht die Postmoderne sehr menschlich!
Ausnahme: Wer die nötige Macht bzw. das Geld dazu hat, kann selbstverständlich führen wie er will.

Sie machen sich auf die Suche nach den Resten nicht-partizipativer Führung?

Eine Expedition in die Vergangenheit?

Es läuft gleichermaßen auf eine Reise in Zukunft und Gegenwart und überhaupt in alle Epochen-Maschinen hinaus. Eigentümer und Aktionäre wollen ihr (bzw. unser) Geld. Und davon möglichst viel. Dementsprechend werden Top-down-Ziele generiert.

Kennen Sie entsprechend hochgestellte Personen? Sind Sie so einer bereits einmal in einer, was die kommunikative Offenheit anbelangt, schwachen Stunde begegnet? In diesem Moment waren Sie tatsächlich am Ziel ihrer Expedition, in einer vor-postmodernen Enklave!

»Natürlich meckern die Firmenleiter über meine Top-down-Vorgaben! Dazu sind die Vorgaben ja da. Wenn nicht geklagt wird, dann habe ich als Top-Manager meine Hausaufgaben nicht gemacht. Ehrlich, Menschen sind faul und träge. Irgendetwas geht immer noch. Das zu entdecken ist mühsam. Es bedeutet Konflikte, etwa wenn ein Mitarbeiter, der überflüssig ist und nur Geld kostet, aus seiner Höhle herausgeholt und freigesetzt werden muss. Natürlich macht das niemand gerne. Man kennt sich, hat eine gemeinsame Vergangenheit, wohnt nebeneinander. Auch Firmenleiter schauen da lieber weg. Die müssen dann mit Top-down-Vorgaben gekitzelt werden. Wenn sie bleiben wollen, was sie sind, dann erledigen sie ihren Job. Ansonsten findet sich jemand anderes ...«

War dieses Gespräch ein Traum oder ein Albtraum? Der genaue Kontext lässt sich leider nicht rekonstruieren, auch wenn sich der Sprecher als Top-Manager outete.

Schwache Stunden haben Aktionäre bis Vorstandsvorsitzende sowieso nicht.

Wie kommt der Text hier herein? Bitte streichen.

Was macht postmoderne Führungskultur einzigartig?

Postmoderne Führung basiert durch und durch auf demokratischen Prinzipien. Nur durch eine wertschätzend-anerkennende Haltung und eine optimale individuelle Zuteilung der Aufgaben können die Energien freigesetzt werden, welche die in unendlicher Folge nötigen Innovationsschübe generieren. All dies ist hinreichend wissenschaftlich bewiesen.

Dabei wird der Tatsache, wonach alle Menschen gerne gestalten und Verantwortung tragen möchten, Rechnung getragen. Diese allen Menschen innewohnenden Qualitäten gilt es zu nutzen. Kollegialer Führungsstil hat nichts mit *»lass sie mal machen«* (Laissez-faire) zu tun. Vielmehr gilt es für Vorgesetzte, die Fähigkeiten ihrer Mitarbeiter zu erkennen und optimal – im Sinne des großen Ganzen, des Betriebes, der Zukunftsfähigkeit und der Top-down-Vorgaben – zu entwickeln.

Soweit, so rhetorisch. Derzeit ist qualifiziertes Personal in vielen Bereichen Mangelware.

Menschenrechte in Instant-Form für Performer

Aus Bequemlichkeit oder sonstigen triftigen Gründen auf Nachwuchs zu verzichten und gleichzeitig zu erwarten, dass alles so weitergeht und jemand anderes seine Rente bezahlt, ist eine liberale Selbstverständlichkeit. Sie wurde bereits vor Beginn der Postmoderne entdeckt, als Verantwortung dialektisch neu definiert wurde: Verantwortung hat die Gesellschaft mir gegenüber.

Auch wenn sie diese mir gegenüber komplett erfüllt hat, bedeutet das für mich noch lange keine Verpflichtung zu irgendetwas.

Entsprechend wurde es immer mehr zur Führungsaufgabe, Mitarbeiter bei Laune und bester Gesundheit zu halten. Beste Laune, beste Gesundheit und maximale Leistung! In Führungsseminaren wird dies vollinhaltlich vermittelt. Falls es in der Praxis immer weniger funktioniert, wird an der mangelnden Führungskompetenz der jeweils Verantwortlichen liegen. Dem muss durch innovative Ideen begegnet werden. Da die Konkurrenz nicht schläft, resultieren Eskalationsspiralen, die den rasenden Stillstand der Postmoderne zukunftsträchtig vorantreiben. Wo Kollegialität, Fairness und vertrauensvolle Zusammenarbeit draufsteht, ist seitdem eine große Portion angewandte Psychologie drin, die von durch und durch authentischen, charismatischen, Complete-competition-Führungspersönlichkeiten umgesetzt und ständig verbessert wird.

Poker ist im Vergleich damit eindimensional und Schach ein Kinderspiel. Postmoderne Führung ist die ultimative Herausforderung!

Wäre das nicht etwas für Sie?

Falls Sie es noch nicht bemerkt haben sollten
Rhetorik, selbst wenn sie noch so souverän und engagiert abgespult wird, ruft in Überdosis: Langeweile hervor.
Beides kennzeichnet die Postmoderne: aufgeregt-charismatische Rhetorik-Eskalationen auf allen Ebenen und gleichzeitig, ebendort, gähnende Langeweile.
Die naheliegende Lösung wäre: Dosierung anpassen.
Das wäre halbherzig und ein Ausdruck geringer Motivation!
The winner takes it all!

Wie müssen Performer führen, um erfolgreich zu sein?

> Noch eine Runde Rhetorik? Gebrauchsanweisungen im Management-Bereich sind durch und durch rhetorisch. Anscheinend ist die große weite Business-Welt süchtig danach. Man zieht sich Rhetorik rein wie doppelten Espresso. Prost!
> Anstelle weiterer Rhetorik-Eskalationen kann man mit seinen Kollegen auch reden und Kaffee trinken ... was mitunter zu den besten Ergebnissen führt.

> Nicht weitersagen (Sie würden sich damit als »Weichei« outen), einfach machen.

Das Repertoire postmoderner Führung ist unbegrenzt. Es ständig zu erweitern ist Aufgabe und Geschäft der Coaching-Industrie und der Personalberatungsfirmen. Dort performen Performer in hochkonzentrierter Form und Reinkultur, erfolgreich, durchsetzungsstark, optimistisch, kreativ, kompetent und ohne jedwede menschliche Schwäche!

Die Arbeit dort muss das Paradies auf Erden sein.

Die Perspektiven, aus denen heraus geführt wird, sind gleichwohl überschaubar. Devot-kollegial nach oben, kollegial, freundschaftlich, aber bestimmt in alle anderen Richtungen.

Nachdem der kluge Mann vorbaut und weiß, dass heute auf nichts mehr Verlass ist, hat er stets die eigene Karriere als Zielversion und die eigene Absicherung als deren Grundlage vor Augen. Natürlich ohne sich dies im Tagesgeschäft anmerken zu lassen. Das würde zur Unzeit Stimmung, Wir-Gefühl und die eigenen Karriere-Perspektiven trüben.

Loyalität wem gegenüber?
Wie du mir, so ich dir. Früher war der Eintritt in eine der großen Firmen eine Hochzeit, bis dass der Tod bzw. die Rente uns scheidet. Heute wird postmodern optimiert, umstrukturiert, ausgegliedert etc., also Change-Management betrieben, was das Zeug hält. Ackermann und Co. haben für einen fundamentalen Vertrauensverlust gesorgt. Und waren auch noch stolz darauf.
»Wie kann ich gegenüber einem Vorstandsmitglied, das sich in Untersuchungshaft befindet, loyal sein?«, fragte unlängst ein Mitarbeiter aus der Automobilindustrie.
Was hätten Sie geantwortet? *»Augen zu und weiter zielorientiert performen.«*
Wirklich? Aber was wäre eine realistische Alternative? Zumal wenn keine Alternativen vorhanden sind.
Wenn, dann vermittelt Networking Sicherheiten.
Alles andere, einschließlich des *»Gemeinsam sind wir stark«*, ist Rhetorik und im Krisenfall nicht belastbar. Allenfalls was die Höhe der vor dem Arbeitsgericht eingeklagten Abfindung anbelangt.

Gebrauchsanweisungs-Konsequenz: Loyalität mir selbst gegenüber.
Alles andere bleibt unverbindlich und ein Schön-Wetter-Phänomen.

Erschwerend kommt hinzu, dass in der Regel die besten Mitarbeiter, sobald die Stimmung kippt, schnell eine andere Stelle finden. Wenn sie denn überhaupt arbeiten müssen und wollen (s. Kap. 10).

Also: Performance im Management ist frei schwebende Balance auf dem Hochseil!

Performance hat den Reiz des Risikos: angenehmer Nervenkitzel, Abenteuer, Aufatmen, wenn es eine Etappe lang gelungen ist.

Top-down-Ziele übertroffen?

Die nächsten werden absehbar noch höher gesetzt.

So viel Innovationspotenzial bzw. Humor muss man als Top-Manager schon haben!

Top-down-Ziele verfehlt? Nervenkitzel pur, die Schuldfrage ist klar bzw. nicht diskutierbar. Wie gut ist Ihr in- und extraterritoriales Netzwerk?

Nachdem dafür gesorgt ist, dass auch die postmodernen Bäume nicht in den Himmel wachsen (leider kennen viele Vorstandsvorsitzende dieses Bibelzitat nicht bzw. es gehört zu ihrer Führungskompetenz, es nicht zu kennen), kommt früher oder später jeder Performer in entsprechende Situationen. Zumindest soweit herrscht Gerechtigkeit.

Bislang war nur, als grobe Vereinfachung, von in Systemen bzw. Firmen tätigen Performern die Rede. Natürlich gibt es Performer auch in anderen Konstellationen:

- selbstständige Performer (mehr Freiheiten, mehr Risiken, noch höhere Gewinnchancen, uneingeschränkte Selbstausbeutung)
- Künstler-Performer (der Menschheit – und sich selbst – etwas geben; weniger als 10 % derjenigen, die klassischen Gesang studiert haben, können langfristig davon leben, aber die Hoffnung stirbt zuletzt)
- Sport-Performer, Weltmeister und Olympiasieger
- Blogger, It-Girls, Stars und Sternchen …

Alle vermitteln (und manche davon haben) den Eindruck, dass es möglich sei, sich aus eigener Kraft, Intelligenz und eigenem Willen in der Postmoderne als Individuum zu etablieren. Und zwar ohne Umwege, direkt, durch Leistung und »nur man selbst sein«. Die Postmoderne pflegt ihre kollektiven Träume so wie alle anderen Epochen zuvor. Seinerzeit nannte man das »Legenden« oder »Märchen«.

Falls Sie der Meinung sein sollten, Performer sind die Vorgesetzten, Mitarbeiter könnten relativ dazu ruhige Kugeln schieben, dann haben Sie übersehen, dass es einerseits zunehmend mehr Vorgesetzte gibt und andererseits immer mehr postmoderne Zeitgenossen zu ihren eigenen Vorgesetzten werden. Immer weniger Menschen kommen drum herum, sich selbst zu führen, zu motivieren, sich zu optimieren, die Innovationskraft zu fördern und die Leistungsfähigkeit kontinuierlich zu steigern ... dass es viele nicht bzw. nicht in dieser Art und Weise tun (s. Kap. 11), darf konstatiert werden. Das persönlichkeitsimmanente Selbst-Management hat maßgeblich zur Hochleistungseskalation in diversen Bereichen von Wirtschaft und Gesellschaft beigetragen. Das Unschöne daran ist, dass man nicht mehr auf andere Personen böse und wütend sein kann.

Psychotherapeuten leben gut davon, mit steigenden Umsatzzahlen.

Aber wenn es gelegentlich schon am Anfang und häufig gegen Ende wehtut:
Warum performen Performer?

Weil es Spaß macht!
Weil die Zusammenarbeit im Team viel zurückgibt!
Weil Erfolg süchtig macht und ein nicht ganz so fundiertes
    Selbstwertgefühl konsolidieren hilft!

Weil sie sich für die Firma, für ihre Produkte, für die Möglichkeit, etwas gestalten zu können, begeistern!

Weil sie es in der vergangenen Moderne so gelernt und,
entsprechend ihren Mustern, keine Alternativen haben
bzw. mit weniger nicht zufrieden wären.

Von allem etwas, von einigem mehr, von anderem weniger?

Falls Sie Performer sind bzw. bezogen auf die Aspekte, in denen
Sie es sind: Wie sieht es bei Ihnen aus, warum performen Sie?

_____

_____

Je alternativloser die Hintergründe Ihrer Performer-Identi-
tät sind, umso mehr gilt:

Einmal Performer, immer Performer!

Es erhöht die Wahrscheinlichkeit des Erfolges und die
eines depressiven Einbruchs angesichts von Krisen und
nicht zuletzt kurz nach der Versetzung in den Ruhestand.

Ruhestand? Ein Zustand, den sich Performer so wenig
vorstellen können wie Fische die Wüste.

9.7 Professionelle postmoderne Führung – ein Beispiel

Praktisch funktioniert postmoderne Performance nur zwischen den Zeilen. Sie erfordert eine sympathisch-authen-
tische Balance von Durchsetzungswillen und Kollegialität.
Dabei kommen Strategien aus dem Repertoire der ange-
wandten Psychologie zum Einsatz. Etwa so, wie es Peter C.

aus unserem oben genannten Fallbeispiel (s. Abschn. 9.4) im Rahmen seiner Ausbildung in der Beratungsfirma gelernt und später unzählige Male souverän praktiziert hat.

Fallbeispiel
Peter C. und Stefan K., 35 Jahre, Informatiker
Peter C. im kurzfristig einberufenen Vier-Augen-Gespräch: »*Lieber Stefan, wir sind von deiner Performance sehr angetan. Du machst es einfach souverän und hast deinen Bereich im Blick. Besonders dein letztes Projekt, die Einführung der neuen Rechnungs-Software, war beeindruckend.*«

Stefan K.: »*Freut mich, Peter, dass das so ankommt. Ist das der Grund, warum wir uns treffen . . .?*«

Peter C.: »*Absolut. Ich kenne in der Abteilung niemanden, der mit derart komplizierten Programmen so gut umgehen kann.*«

Stefan K.: »*Danke für die Blumen . . . sonst noch etwas?*«

Peter C.: »*Der Vorstand setzt Vertrauen in dich. Du kannst stolz auf dich sein . . . Hast du das Nachfolgeprodukt der Firma XY auch schon angesehen?*«

Stefan K.: »*Selbstverständlich, es sind ein paar Neuigkeiten drin, aber der Rest, na ja, da wurde mehr am Design gemacht als an den eigentlichen Funktionen.*«

Peter C.: »*Wie lange bräuchten wir, um das neue Programm zu installieren und die Mitarbeiter zu schulen?*«

Stefan K.: »*Mit meinen Kollegen? So in ein bis zwei Monaten müsste es hinzubekommen sein. Aber warum sollten wir? Das alte Programm funktioniert, wozu den Aufwand . . .*«

Peter C.: »*Das kann ich dir leider nicht sagen. Der Vorstand hat es so beschlossen . . .* (dass persönliche Kontakte eines Vorstandes dabei eine entscheidende Rolle spielten, ist . . . Firmengeheimnis).«

Stefan K.: »*Na gut, also wie gesagt . . .*«

Peter C.: »*Was ich vergessen habe, die Kollegen werden zwischenzeitlich in einem anderen Projekt gebraucht. Du müsstest es alleine mit Harald machen. Das dürfte für dich ja kein Problem sein, so souverän wie du bist.*«

Stefan K.: »*Da muss ich aber schlucken: So ein Projekt, das schaffe ich alleine mit dem Harald nie, zumal der noch nicht richtig einge- arbeitet ist . . .*«

Peter C.: »*Und das sagt jemand, der so souverän ist wie du? Der Vorstand und ich setzen unser vollstes Vertrauen in dich! Wenn du es schaffen willst, dann kannst du es schaffen. Nur du . . .!*«

Stefan K.: »*Also . . .*«

Peter C.: »*Nicht so bescheiden! Wenn du es nicht schaffst, wer dann? Und wenn der Harald nicht geeignet ist, das müssten wir zu einem anderen Zeitpunkt besprechen . . . Du, ich hab jetzt wirklich keine Zeit mehr. Schön, wieder mal mit dir zu sprechen. Wenn du ein Problem hast, melde dich doch einfach!*«

Im Führungstraining wird sie als motivierende Mitarbei- terführung bezeichnet: Führung durch Lob, Anerkennung und Wertschätzung. Böse Zungen nennen diese Technik »Zuckerbrot und Peitsche«.

Fallbeispiel
Peter C. und Stefan K. (Fortsetzung)
Stefan K. tat, was er konnte. Zahllose Überstunden, irgendwann funktionierte es dann, ohne dass es einen für ihn erkennbaren Mehr- wert hatte. Das persönliche Interesse des Vorstandes an der Sache war unübersehbar, die Hintergründe auch. Nur reden durfte man darüber nicht. Das wäre absolut unprofessionell gewesen. Selbst das freundliche Lächeln von Peter C. tröstete ihn nicht über die vielen Konflikte hinweg, die er mit verschiedenen Mitarbeitern eben des- wegen hatte.
Ein paar Jahre später hat sich Stefan K. dann gerächt und Peter C. vehement ein Bein gestellt, hintenrum, indem er darauf hinwies, dass Peter für faule Kredite mitverantwortlich war (s. Fallbeispiel in Abschn. 9.4). Das war von ihm sicher nicht professionell.

Merke: Performer müssen mit der Unprofessionalität ihrer Mit- menschen rechnen.

Die motivierende Mitarbeiterführung, so wie hier am Beispiel skizziert (also Beziehung herstellen, Begeisterung wecken ...), ist universell einsetzbar (auch sich selbst gegenüber) und kann, je nach Situation und den handelnden Personen, variiert werden. Je weniger Alternativen der Mitarbeiter (bzw. man selbst) hat, umso stringenter funktioniert sie. Die Gratwanderung zwischen Wertschätzung und Manipulation ist dabei fließend zu gestalten. Verdachtsmomente, es könne manipulativ sein, sind zu vermeiden. Zwischen echter Wertschätzung und Manipulation, zwischen Einverständnis und Resignation entscheidet oft ein Wimpernschlag. Poker, Schach, Surfen und Existenzialismus, alles zusammen. Jedes Spielcasino kann im Vergleich damit einpacken. Sobald der existenzielle Druck, der bei allem mitschwingt, mehr als spürbar wird, hat einer der Beteiligten verloren. Dieser kurz-, jener langfristig. Aber er weiß es noch nicht.

Performance ist die ultimative Herausforderung im fortschreitenden 21. Jahrhundert und, solange man im Flow performt, einfach nur gut!

Dieses Kapitel ist eine Unverschämtheit!
Führungskräfte sind selbstlos um das Wohl von Firma und Mitarbeitern bemüht!
In der Realität funktioniert Führung ganz anders, ein faires Miteinander, gemeinsame Ziele und Werte ...
Mit Verlaub: Wir sind hier in einer Gebrauchsanweisung, nicht in einem Werbeblock, auf dem charismatische Coaches ihre Produkte anpreisen oder Firmen Mitarbeiter anwerben. In der Gebrauchsanweisung geht es um die Dynamik, die hinter jeder Führung – auch der postmodernen –, zumal in der freien Wirtschaft, steht. Idealerweise gelingt die Balance zwischen Kollegialität und Autorität. Realiter gelingt sie nicht immer. Wie sollte sie auch?

Dass Mitarbeiter geführt werden wollen, dass sie anerkannt werden wollen, dass sie die Begeisterung ihrer Vorgesetzten spüren wollen, das und vieles mehr stimmt.

Ob Menschen und Mitarbeiter aber tatsächlich darauf brennen, alles und jedes immer wieder zu optimieren, zumal dann, wenn sie nicht ein- bzw. übersehen können, wozu und wohin, darüber lässt sich (nicht) streiten. Verantwortung an Mitarbeiter zu delegieren, ohne entsprechende Gestaltungsmöglichkeiten einzuräumen, ist branchenüblich. Es mag führungstechnisch geschickt bzw. unabdingbar sein, weil es der Vorstand (also der liebe Gott und auch man selbst?) so will. Und es bleibt dennoch per se manipulativ. So »lean« Strukturen und Hierarchien auch immer sein mögen, dahinter stehen unverrückbare Machtverhältnisse und – soweit es um den freien Markt geht – zwangsläufig nicht zuletzt eine gehörige Portion Aggressivität. Gegenüber dem »Mitbewerber«, aber auch im System. Wie der Jockey, der ein Pferd zum Sieg treibt. Das muss man können und mögen. Die Aggressivität bzw. das Pferd. Natürlich lieben es Pferde zu rennen. Alles Weitere ist eine Frage der Rhetorik. Soweit die eine Seite. Die andere, hellere Seite kann Wertschätzung und Begeisterung für die jeweilige Sache sein. Eben das ist es, was Performern Spaß macht. Ein Spiel mit Macht und tatsächlichen neuen Möglichkeiten.

In der Postmoderne resultiert der bittere Beigeschmack dieses Konfliktes zum einen aus der Rhetorik, die Augenhöhe postuliert, wo es sie de facto nicht gibt. Und zum anderen aus dem Umstand, dass jegliche postmodernen Unternehmensziele bestenfalls vorübergehend erreicht werden können. Fehlende Weisheit und Demuth in solchen Fragen wird im Zweifelsfall verantwortungstechnisch nach unten delegiert. Spätestens dann wird die archaische Qualität der Postmoderne unübersehbar. Unternehmen haben zwar nicht unbedingt äußerlich, aber anderweitig als solche erkennbare Häuptlinge. Schließlich und endlich: **Professionell vernetzte Manager wechseln das Schiff, lange bevor es zu sinken beginnt.**

Eine absolut ernst gemeinte Anmerkung:

Dieses Kapitel ist keine Performer-Schelte!

Ohne Performer wäre seit Menschengedenken nichts gelaufen und läuft auch in der Postmoderne nichts. Das Problem der Postmoderne, der Totalverlust gesellschaftsimmanenter Sinn- und Zieldimensionen (jenseits der Dimension »es soll uns und gerne auch allen gut gehen«), wird versuchsweise durch permanente Leistungssteigerung und, da dies utopisch ist, durch Rhetorik sublimiert. Beides kann langfristig nicht funktionieren. Aber es beruhigt. Zeitweise.

Dass jeder Performer letztlich nur an sich denkt, das mag, von oben betrachtet, dennoch dem Gemeinwohl dienen. Unterm Strich käme es zu einem Aus- und Abgleich mit positivem Ergebnis. Aber selbst wenn das so ist, unbegrenzt perpetuierbar ist es nicht. Quartalszahlen ersetzen keine Perspektive. Zumindest sind es handfeste, belastbare Größen. Alternativen sind nicht in Sicht.

Also: Performen wir weiter!

Sobald man realisiert, wie bzw. dass es langfristig nirgendwo hinläuft, hört der postmoderne Spaß auf. Also nicht ganz so genau hinschauen und weiter performen? In jedem Fall ist immer mit irgendetwas Neuem zu rechnen. Sobald man das mit Fortschritt gleichsetzt, ist alles wieder gut.

> Gebrauchsanweisungen sind, abgesehen von Einführungen, weder dazu da, Loblieder auf Einzelteile des jeweiligen Gerätes zu singen noch sie als überflüssig, als sinn- und ziellos zu verunglimpfen. Es geht schlicht darum, deren Funktionen aufzuzeigen und für potenzielle Nutzer handhabbar zu machen.

Wenn Sie die Postmoderne nutzen wollen, um als Performer durchzustarten: Tun Sie es, viel Erfolg und Spaß! Das Schlimmste, was Performern in der Postmoderne passieren kann, neben handwerklichen Fehlern, ist, selbst zum Opfer der Rhetorik zu werden, die man in den Kaderschmieden seines Faches inhaliert und perpetuiert.

Hochmuth kam immer vor dem Fall.
In der postmodernen Performer-Welt ist Hochmut strategisch (fast) unverzichtbar, um hinreichend durchsetzungsfähig zu sein zu können.
Lösung: Hochmütig (und narzisstisch) sind stets die anderen. Man selbst tritt überzeugend-charismatisch auf, weil man die besseren visionären Argumente hat.
Um den eigenen Absturz von Fall zu Fall zu verhindern, ist mehr als ein gelegentlich-halbherziger Blick hinter die Eigendynamik rhetorischer Standards nötig. Gleichzeitig in Phrasen reden (sonst wird man nicht verstanden) und phrasenarm denken: So funktioniert professionelles (Selbst-)Management bzw. ein über postmodernen Einheitsbrei hinausgehendes Leben.

9.8 Entwarnung! Performer sein, um nicht immer performen zu müssen – der postmoderne Normalfall

In diesem Kapitel ging es bisher zwar vordergründig um Performance (im Sinne des Wortes), also um Leistungsmotivation und die Möglichkeiten, diese in Handlungen umzusetzen. Wenn man die Arbeitswelt von außen betrachtet und deren Selbstdarstellung bewundert, besteht sie ausschließlich aus Performern. Jeder arbeitet so engagiert, motiviert und erfolgsorientiert, wie er kann. Jeder schuftet im Grenzbereich des Gesund-Möglichen, um für die Firma, den Staat, die Gesellschaft das Optimum zu erreichen!

Gewerkschaften, die unter postmodernen Rahmenbedingungen um ihre Daseinsberechtigung bangen, bedienen sich aus eben diesen Gründen ebenfalls der traditionell-inspirierten Rhetorik. Gleichzeitig entspricht sie dem Selbstverständnis nicht weniger, zumal älterer Menschen: In einer Leistungsgesellschaft gibt es dazu anscheinend keine rhetorische, mit dem Selbstwert vereinbare Alternative.

Ich performe, also bin ich!
Die kategorischen Vorzeichen haben sich in der Postmoderne nachdrücklich verschoben. Dinosaurier starben aus. Was danach kam, tickte anders.

Für die meisten postmodernen High-Performer ist Performance mehr als ein Mittel zum Zweck. Gleichwohl ist es nur eine Seite ihrer Existenz bzw. der Medaille.

In der Arbeit performen, in der Freizeit relaxen!
Mitunter gibt es Teilzeit-Performer, die sich im Performance-Teil ihrer Zeit regelrecht die Beine ausreißen, um sich in der anderen Hälfte mit ebenso großer Hingabe dem programmatischen »Nichts-Tun« hinzugeben.

> In der Arbeit wird Energie verbraucht, in der Freizeit wieder aufgeladen.
> Das wäre die Denkweise der »Work-Life-Balance«. Wenn man von einfachen Batterie-Modell ausgeht, überzeugt das absolut.
> Da Menschen keine Batterien sind, läuft diese Betrachtungsweise und alles, was darauf Coaching-technisch aufbaut, leider … auf eine Paradoxie hinaus.

Wenn Performer ihren Performer-Bereich (zumeist identisch mit Beruf und Profession) verlassen, dann werden aus ihnen Privatmenschen, die nicht selten nach ganz anderen Mustern zu funktionieren scheinen. Performer denken, fühlen und handeln nach der Arbeit mitunter kategorisch anders. Handelt es sich dann überhaupt noch um dieselben Personen?

Galt die Performance dem Ziel, Kunden optimal zu bedienen und höchste Ansprüche zu erfüllen, dann mutiert der postmoderne Privatmensch unmittelbar selbst zum Kunden, um seine höchsten Ansprüche auszuleben, Verantwortung abzustreifen und Performer in die Pflicht zu nehmen. So wie eine Raupe, die zum Schmetterling wird.

In der Postmoderne angekommene Menschen leben beide Modi: Performer und Kunde.

Postmoderne Anfänger können das nur nacheinander bzw. im Wechsel.
Postmoderne Profis beherrschen das gleichzeitig.
Raupe und Schmetterling in einem.

Im postmodernen Paradoxien-Zirkus ist das eine der bescheideneren Nummern!

9.9   Performer-Checkliste

Die folgende Checkliste für angehende und praktizierende
Performer fasst die wichtigsten Aspekte zusammen:

Was brauchen Performer?
**Was zeichnet Performer neben »Complete competition« und
hoher Leistungsmotivation aus?**

- Hohe rhetorische Kompetenz trotz Intelligenz
- Auftreten je nach hierarchischer Position, wobei sportlich-lässig
  (von namhaften Herstellern) bis in die höchsten Etagen einen
  guten Eindruck macht
- Hobbys? Gerne, aber bitte – abgesehen vom unabdingbaren
  Sport – ohne Verpflichtungen! Ein bisschen Kochen, französisch-
  exotisch kommt gut. Kulturelle Interessen (was immer das auch
  sein mag) sollten auf keinen Fall fehlen
- Perfekte Beherrschung der Medien. Die Erstellung professionel-
  ler PowerPoint-Folien ist selbstverständlich
- Vorträge sind Auftritte. Wer diese als lästige Pflichtübungen
  absolviert, mit der Angst, bloß keinen Fehler zu machen, sollte
  sich dringend einen Personal Coach suchen ...
- Postmoderne Distanz zu der in der Business-Welt üblichen Leis-
  tungssteigerungs-Rhetorik (s. oben) gelingt nur Performern, die
  die postmodernen Scheuklappen als solche erkennen und als
  Sonnensegel nutzen. Das erfordert Intelligenz, ist existenziell
  anstrengend und garantiert weder besonders hohes Einkom-
  men noch sonstige Privilegien
- Frustrationstoleranz und Genussfähigkeit
- Distanzierungsfähigkeit, insbesondere dem eigenen Narzissmus
  gegenüber
- Ein tragfähiges, liebevoll gepflegtes soziales Netzwerk
- Raupe und Schmetterling gleichzeitig sein
- Perspektiven über die Feststellung hinaus, dass es keine Pers-
  pektiven mehr gibt

10 Gebrauchsanweisung für Kunden, Konsumenten und Anspruchsberechtigte

10.1 Einfach treiben lassen

Badelandschaften, Erlebnisbäder und Urlaubsparadiese
In Ihrer Nähe finden Sie sicher ein paradiesisches Refugium dieser Art. Wenn man den Eintritt bezahlt und sich umgezogen hat, kann man sich *einfach treiben lassen*. Man muss nur mit ein paar entspannten, paddelnden Bewegungen den Kopf über Wasser halten. Alles andere geschieht von selbst. Im stetigen Strom des angenehm warmen Wassers geht es dahin. Vorbei an künstlichen Felsen, an künstlichen Palmen, wohltemperiert unter einem sicheren Dach. Immer wieder von Neuem. Und noch eine Runde ...
Das Ganze gibt es auch vertikal. Man steigt mit einem großen Gummireifen in der Hand eine Treppe hinauf oder benutzt den Aufzug. Der Reifen wird auf das Wasser gelegt, in das Becken, das den Start der Wasserrutsche markiert. Man setzt sich auf den Reifen, eine etwas merkwürdige, aber funktionale und zudem, nach hinreichender Gewöhnung, bequemen Position. Wie im Wohnzimmersessel vor dem Fernseher. Nur dass man jetzt nicht vor, sondern mitten im Leben ist. Es geht unmittelbar abwärts, in angenehmnervenerregender Geschwindigkeit. Durch enge und weite Kurven, unter freiem Himmel und dann durch dunkle Röhren. Plötzlich rauscht vom Dach der Röhre, von einem Strahler illuminiert, ein Wasservorhang herab. Mitten hindurch! Zum Schluss wird es noch etwas steiler, rasanter, spritziger. Aber garantiert ungefährlich.
Nicht nur Kinder können davon nie genug bekommen.
Gäbe es keine Öffnungszeiten und wäre es nicht so teuer: Badelandschaften und Erlebnisbäder wären der ideale Orte, um sein ganzes Leben darin zu verbringen. Abwechslung, angenehmes Klima, Pommes und Currywurst am Stand, kulinarisch im kleinen Restaurant, dazu eine Cola und ein Eis als Nachtisch. Bezahlt wird, indem man das als Eintrittskarte, Ausweis und Schlüssel dienende Armband an einen Scanner hält. So gesehen kostet alles nichts. Man unterhält sich mit entspannten Leuten. Man döst auf Liegestühlen vor sich hin. Man trainiert ein wenig den Körper. Um sich dann erneut ins Erlebnisbad zu begeben und sich *einfach treiben*

zu lassen. Ich bin es mir wert. Der Tag geht schnell zu Ende. So, wie er begonnen hat. Der nächste, einerseits genau gleich ablaufende, andererseits mit neuen Vergnügungen und Erholungen gefüllte Tag folgt. Unendlich? Leider nicht. Selbstverständlich nicht.

Umkleidekabine. Bezahlen. Fahrt nach Hause. Aus der Traum.

Abb. 14   Treiben lassen – Formvollendet.
Alfredo Biagini (1886–1952), Relief, Kupfer getrieben, verzinkt, 90 x 90 cm. Der Künstler schuf 1925/26 für das Hotel AMBASCIA-TORI DI VIA VENETO, Rom, Reliefs im vollendeten Art-deco-Stil zum Thema »Tanz«. Was hier leicht und schwebend aussieht, setzt intensives Training voraus. Nur so wird Tanz elegant. Voraussetzung und Eleganz fehlen dem postmodernen *Treiben lassen* mitunter.

Aus der Traum?

Die Postmoderne ist – nicht nur, aber auch – ein Erlebnisbad. Eines, das nie zumacht und in dem man sich problemlos sein Leben einrichten kann. Man sollte sich *einfach nur treiben lassen*. Den Kopf über Wasser halten. Für alles andere ist gesorgt. Immer ist man voll dabei und mitten drin. Und das Beste ist: Hier kostet es noch nicht einmal Eintritt! Sicher, Geld ist auch in der Postmoderne von Vorteil. Wirklich brauchen tut man es nicht. Es ist wie mit dem Armband im Erlebnisbad: Es genügt, anspruchsberechtigt zu sein.

10.2 Eine Gebrauchsanweisung für das *Treiben lassen* – überflüssig

Gebrauchsanweisungen setzen – von der Idee her – voraus, dass man etwas verstehen und dann handeln will. Solche Umstände und den damit verbundenen Stress braucht sich in der Postmoderne niemand mehr zu machen. Zumal mit Handeln Risiken verbunden sind. Egal was man macht, es kann danebengehen, nicht funktionieren, scheitern.

> Alles garstige Wörter und ungemütliche Zustände. Wollen Sie sich das zumuten?
> Wollen Sie wirklich Verantwortung tragen?
> Kann man das von Ihnen verlangen?
> Selbstverständlich nicht!
> Die Postmoderne ist wie ein Erlebnisbad. Für Unfälle haftet der Betreiber.
> Und wenn Ihnen etwas nicht gefallen hat, dann geben Sie online eine anonyme, krachend-schlechte Bewertung! Um andere abzuschrecken und sich zu erleichtern.

Wenn das gegenüber dem *Treiben lassen* abständig oder gar ironisch klingen sollte, dann haben Sie es falsch verstanden. Es gibt genügend gute, philosophisch stichhaltige Gründe, wonach das Leben im Spaß- und Erlebnisbad die optimale Art und Weise der Lebensführung ist. Jeder, der die folgenden vier Punkte zusammenzählen kann, wird das auch ohne weitergehende philosophische Klimmzüge bestätigen:

1. Man lebt nur einmal.
2. Dieses Leben findet nur in der Gegenwart statt.
3. Was danach kommt, weiß niemand.
4. Jeder hat das uneingeschränkte Recht auf Gesundheit und Glück, auf Unbeschwertheit und Genuss.

Zusammengenommen und als einzig logische Konsequenz ergibt das:

>Treiben lassen im Erlebnisbad«, was sonst?!

Jeder hat das uneingeschränkte Recht auf Gesundheit und Glück, auf Unbeschwertheit und Genuss
Selbstverständlich. Dies wird in der Präambel der Weltgesundheitsorganisation (WHO) von 1946 eindeutig darlegt:
»[...] Gesundheit ist ein Zustand des vollständigen körperlichen, geistigen und sozialen Wohlergehens und nicht nur das Fehlen von Krankheit oder Gebrechen.
Der Besitz des bestmöglichen Gesundheitszustandes bildet eines der Grundrechte jedes menschlichen Wesens, ohne Unterschied der Rasse, der Religion, der politischen Anschauung und der wirtschaftlichen oder sozialen Stellung.
Die Gesundheit aller Völker ist eine Grundbedingung für den Weltfrieden und die Sicherheit; sie hängt von der engsten Zusammenarbeit der Einzelnen und der Staaten ab [...].«

Ziel, Inhalt und Sinn eines Lebens kann es demnach nur sein, Frust, Langeweile und Schmerzen jeglicher Art möglichst auszuschließen und Risiken, die unangenehme Konsequenzen dieser Art haben könnten, zu minimieren. Die eigentliche Kunst, ein Leben zu führen, ist es somit, die Gegenwart, also das Hier und Jetzt, so gut wie möglich zu genießen.

Selbstverständlich ohne dafür Hypotheken aufzunehmen, die einen in der Zukunft belasten könnten, und auch ohne seine Mitmenschen unzulässig zu schädigen.

Diese Erkenntnis mag leicht dahergesagt klingen. Tatsächlich ist sie Philosophie vom Feinsten! Sie wurde über die Jahrtausende hinweg reflektiert, ergänzt, kondensiert, erweitert und auf den Punkt gebracht. Argumentativ ist sie zumindest ebenso stichhaltig begründet wie die Performer-Perspektive (s. Kap. 9). In der Postmoderne, angesichts einer zunehmend ins Ungewisse beschleunigenden Gegenwart, Auge in Auge mit dem rasenden Stillstand, ist das *Treiben lassen* eine wirksame Medizin gegen die epochalen Nebenwirkungen. *Sich treiben zu lassen* und dabei zu entspannen: Jede Form der Entspannung läuft auf ein *sich treiben lassen* hinaus und ist die Essenz jedweder Anti-Burnout-Strategien.

Gibt es zum *Treiben lassen* langfristig eine Alternative?

Ist ein »gegen den Strom schwimmen«, angesichts der Strömungen, die die Postmoderne in allen ihren schillernden Aspekten ausmachen, längerfristig überhaupt möglich bzw. vorstellbar? Und falls ja: Wäre es sinnvoll? Für wen?

Oder alternativ: Zurück dahin, wo wir herkommen? Letzteres ist aus mehreren Gründen absolut utopisch. Wer keine Jungfrau mehr ist, wird auch keine mehr.

Oder: Zusätzlich beschleunigen und in der Strömung spielen? Ein wenig Abtauchen, Auftauchen, den Spaß durch entsprechende Aktionen noch ein bisschen erhöhen? Das kann funktionieren! Womit Sie fast schon im Performer-Bereich gelandet wären (s. Kap. 9).

»Performing« und »Sich treiben lassen« sind die zwei Seiten einer Medaille. Wie man diese auch dreht und wendet, man kommt aus der Postmoderne weder heraus noch weiter. Eben das macht die Postmoderne so faszinierend. Abgesehen davon – aber paradox ist in der Postmoderne sowieso fast alles – ist und bleibt das *Sich treiben lassen* der Gipfel aller Weisheit.

Das Eingeständnis, ein kleines, anspruchsberechtigtes Wesen im Kosmos zu sein, gelingt beim *Sich treiben lassen* automatisch und tut nicht weh. Die Einsicht in die Begrenztheit der eignen Möglichkeiten, in physikalische Grundgesetze (wonach es eine Reduktion des Gesamtgewichts erleichtert, langfristig den Kopf über Wasser zu halten) und daraus konsequent gezogene Konsequenzen ergeben den nötigen Auftrieb. Wer *sich treiben lässt und möglichst leicht ist*, bietet der Strömung minimalen Widerstand. Es geht in jedem Fall voran. Optimistisch. Zukunftsorientiert.

Dem ist nichts hinzuzufügen. Abgesehen von ausführlichen Schilderungen, wonach die westliche Welt in großen Teilen hinsichtlich des hier geschilderten *Treiben lassen* bzw. der Konsumenten-Haltung erhebliche Fortschritte gemacht hat.

Die großen Abenteuer der Menschheit liegen hinter uns. Jetzt gilt es zu genießen. Genießen und akzeptieren, so gut es geht. Ein Stück noch entspannter geht immer. Abgrenzung ist Trumpf! Die Abgabe von Verantwortung und das Abwerfen von Ballast jeglicher Art sind die Eintrittskarten zur individuellen Freiheit und zu einem entspannten Leben, zumal unter den Bedingungen der Postmoderne. Wozu noch Gedichte lernen, wenn man sie googeln kann? Wozu etwas mit der Hand schreiben, wenn es auch auf der Tastatur geht, wo man ein Rechtschreibkorrekturprogramm hat? So philosophisch alle Überlegungen der skizzierten Art anmuten, deren Inhalte sind längst gelebte Realität.

Eine Gebrauchsanweisung, um sich treiben zu lassen, braucht niemand: Ganzen Generationen gelingt das spontan und in beeindruckender Souveränität!

PS: Die Sinnhaftigkeit der vorliegenden »Gebrauchsanweisung für die Postmoderne« wird hiermit auf eine ernste Probe gestellt. Wenn Sie das Büchlein nicht zurückgeben können, dann wäre eine negative, selbstverständlich anonyme, für Sie absolut risikolose Bewertung in einem Online-Portal das Mindeste, was Sie tun können, um Ihre Emotionen, die eines absolut berechtigten Wutbürgers, gesundheitsfördernd entladen zu können.

10.3 Ballast abwerfen? Leicht gesagt und psychologisch paradox

Um in der Postmoderne hinreichend flexibel sein zu können, muss Ballast abgeworfen werden.

Sich physisch und psychisch bei Bedarf die nötige Entlastung verschaffen zu können, ist eine postmoderne Basiskompetenz.

Vordergründig geht es um die Sicherung der aktuellen Lebensqualität: entspannen, relaxen, das Hier und Jetzt unbeschwert genießen.

Hintergründig geht es um mehr. Es geht um das langfristig glückliche Leben trotz postmoderner Turbulenzen. Denn: Je höher das eigene Gewicht ist, umso mehr Energie ist nötig, um zu beschleunigen und zu bremsen. *Treiben lassen* heißt: nach Möglichkeit Energie sparen.

Postmoderne Realitäten: Zukunft ohne Perspektiven – rasender Stillstand.

Welche Strategien bevorzugen Sie?

- Dagegenhalten, gegen den Strom schwimmen?
- Ziele anstreben, die sowieso nicht erreichbar bzw., wenn man sie erreicht hat, langfristig im Ergebnis nicht zu halten sind?
- Unabhängig von der Höhe des Einsatzes, der nötig ist, um relevante Ziele zu erreichen, die Ärmel hochkrempeln und mit der Arbeit beginnen?

Wenn Sie diese Fragen, bezogen auf relevante Projekte, mit einem klaren Ja beantworten, dann bitte im Performer-Kapitel 9.1 weiterlesen!

Oder

- finden Sie es vernünftiger, sich nicht nur kurzfristig im Erlebnisbad, sondern langfristig, so gut es geht, *treiben zu lassen*?
- gelingt es Ihnen, die Strömungen, denen gegenüber wir machtlos sind, zu akzeptieren? Erleben Sie angesichts dessen das *Treiben lassen* als Ausdruck von Vernunft und Stärke (nicht als Schwäche)?

Abb. 15   Treiben lassen. Der Mensch und sein Schicksal.
Zeichnung, Tusche, 18,4 x 25,5 cm, Frankreich, um 1830.
Unterhalb der Zeichnung, die einen auf einem Kahn treibenden
Eingeboren auf stürmischem Meer zeigt, steht – auf französisch –
folgender Text: »*Ein Wilder, der auf dem Fluss seiner Wüste über
die Wellen glitt, wurde von der Geschwindigkeit der Strömung auf
einen Abgrund zugetrieben. Der Unglückliche ruderte zuerst mit
unglaublicher Kraft, um der Gefahr zu entgehen, aber bald, als er
sah, dass seine Bemühungen vergeblich waren, ließ er das Ruder
ruhen, legte sich in seinen Kahn und einige Augenblicke später verschwand er in den Wellen … In allen Arten von Gefahr versuchen
wir den Wilden zu imitieren: solange es noch Hoffnung gibt,
kämpft er mit Feuer, und wenn es keine mehr gibt, schläft er auf
dem Verderben ein.*« Der Text stammt aus der ÉLOGE DE MON-
TAIGNE (1812) von François-Xavier-Joseph Droz (1773 – 1850,
französischer Philosoph und Autor): »*Un sauvage, voguant sur le
fleuve de ses déserts, fut entraîné par la rapidité du courant ›vers
un abîme‹. L'infortuné …*«. Der sozialphilosophische Standpunkt
von Droz, wonach »*society will never be in a proper state until men
have been educated to think of their duties and not of their rights*«,
darf in der Postmoderne als relativ bis indiskutabel-romantisch
gelten (entsprechend dem Stil der Zeichnung).

Um jedes Tempo, jede Stromschnelle, jede Veränderung mitgehen zu können, ohne herabgezogen und aus der Bahn geworfen zu werden, braucht man Leichtigkeit!

Soweit bislang im Leben Ballast angesammelt wurde, muss dieser reduziert oder, noch besser, vollständig abgeworfen werden. Wenn (noch) kein Ballast vorhanden sein sollte, dann muss die Ansammlung davon abgewehrt bzw. vermieden werden.

Welchen Ballast – physisch-materiell, kulturell und psychisch – tragen Sie aktuell mit sich herum?

Inwieweit vermindert dies Ihre Flexibilität im Leben?

Meine aktuelle Ballast-Bilanz
geschätztes Gewicht (in Kilogramm)

Materieller Ballast: _____

Kultureller Ballast: _____

Psychischer Ballast: _____

Ballast insgesamt (in Kilogramm): _____

Ballast-Beispiele

Materieller Ballast: wertloser Besitz, alte, nicht funktionelle Möbel, Krimskrams, Erbstücke, die man eigentlich nicht schön findet, alte Bücher, alte Papiere, die niemand mehr liest, alte Fotoalben, Erinnerungsstücke an die Kindheit, an Reisen, an vergangene Zeiten.

> **Beispiel:**
> Eine bekannte, erfolgreiche Opernsängerin hat eigenem Bekunden nach all ihren Besitz, soweit er nicht in wenige Koffer passt und zum täglichen Leben unbedingt

nötig ist, verschenkt. Sie ist nun frei. Sie kann ihre Energien uneingeschränkt dem widmen, was ihr wichtig ist.

Würden Sie es gerne genauso machen?
Was hindert Sie daran, es umzusetzen und dem Beispiel der Künstlerin zu folgen?

Kultureller Ballast: Wissen und Werte, die Flexibilität im täglichen Handeln erschweren.

Beispiel:
Das meiste, was heute in der Schule unterrichtet wird, ist kalter Kaffee. Das braucht doch kein Mensch. Nach zwölf Jahren Schule kann man Gedichtinterpretationen schreiben, angeblich in vier Sprachen, aber keine Steuererklärung machen. Da stimmt doch was nicht! Wozu historische Daten auswendig lernen? Wozu noch Klassiker lesen? Wer hat in der Schule keinen Aufsatz zu eben diesem Thema geschrieben? Natürlich wurde erwartet, dass man zu dem Schluss kam, dass Klassiker immer noch aktuell sind. Mag sein. Aber wozu muss man sie in der Schule lesen? Die kompletten Texte sind im Internet kostenlos verfügbar. Wer sich das unbedingt reinziehen will, soll es machen. Wenn man davon ausgeht, dass jedes Jahr 100 gute Bücher geschrieben werden, dann resultiert daraus eine immer gewaltigere Buch-Lawine, die von immer neuen Schülern verdaut werden müsste. Vergessen gehört einfach dazu, wenn man überleben will. Warum bringt man den Schülern nicht genau das bei? Und wenn schon lesen, dann die neuen Bücher ...

Konsequenterweise könnten und müssten Sie zu Ihrer anhaltenden kulturellen Entlastung alle Ihre Bücher (ab-

gesehen von dieser Gebrauchsanweisung!), alle Schall-
platten, CDs, Noten etc. entsorgen bzw. verkaufen.
Was hindert Sie daran?

Psychischer Ballast: »schwere Kindheit«, unschöne bis
traumatisierende Erlebnisse, eine schwierige Partnerschaft,
zu viele oder zu wenige Freunde, Einsamkeit, depressive
Stimmung, Ängste.

Beispiel:

Martha B. hatte offenkundig eine entsetzliche Kindheit. Der Vater war praktisch nicht präsent, die Mutter
Alkoholikerin. Sie musste sich um ihren zwei Jahre jüngeren Bruder kümmern. Mit 14 Jahren wurde sie von
einem Freund des Vaters mehrfach vergewaltigt. Eine
Ehe, in die sie sich mit 18 Jahren geflüchtet hatte, schei-
terte. Martha B. arbeitete als Sekretärin und war jahrelang ambulant und stationär in Psychotherapie, um ihre
verlorene Kindheit und die seinerzeit fehlende Liebe zu
betrauern, Traumata zu bearbeiten und irgendwie gesund zu werden. Eine Frühberentung stand im Raum.
Neulich traf ich Martha B. zufällig beim Einkaufen.
Ihr gehe es gut. Sie habe die Therapien abgebrochen.
Vergangenheit ist Vergangenheit. Sie hatte wieder
geheiratet, einen nach einem schweren Unfall im Roll-
stuhl sitzenden, lebensfrohen Mann: »*Die ganze Ver-
gangenheitsbewältigung ist doch ein Schmarrn. Therapie, die einen in Watte packt, genauso. Es gibt immer
Menschen, die noch viel schlechter dran sind als man
selbst. Das wurde mir klar, als ich meinen Mann
getroffen und lieben gelernt habe. Wer sich in seiner
Vergangenheit festbeißt, ist einfach zu ängstlich und zu
träge, die Verantwortung für seine Gegenwart zu über-*

nehmen. Das Leben traumatisiert. Aber es heilt auch, wenn man loslassen will.«

Spricht etwas gegen die von Martha vorgetragenen Argumente?
Was hindert Sie daran, Ihre ggf. ebenfalls sehr belastete Vergangenheit loszulassen?

Falls Sie Ihre Ballast-Bilanz angesichts dieser Beispiele ergänzen oder relativieren möchten: Tun Sie es!

Meine Ballast-Bilanz
Welcher Ballast – im ungefähren Gesamtgewicht von ___ Kilogramm – sollte unbedingt bzw. als Erstes losgelassen und entsorgt werden?

_____

_____

Kann man in der Postmoderne glücklich sein, wenn Ballast und Schwerkraft gewaltig sind?

Ist Unglück in solchen Konstellationen, wie sie im Folgenden skizziert werden, vorprogrammiert?

- Wenn man eine neue, aussichtsreiche Stelle nicht annimmt, weil man sich vom ererbten Haus nicht trennen kann?
- Wenn man als Manager nicht nur rhetorisch Respekt vor den Kompetenzen und Lebensleistungen älterer Mitarbeiter hat und sie deshalb nicht den Top-down-Zielen gemäß (»innovative Personalreduktion«) freisetzt?
- Wenn man belastende Aspekte des eigenen Lebens (von fehlender Anerkennung in der Kindheit bis zu aktuell

gescheiterten Beziehungen) systematisch bearbeitet und damit nicht hinter sich lässt, mit dem Ergebnis, mehr in der unschönen Vergangenheit als in der aktiv gestaltbaren Gegenwart zu leben?

- …

Sicher, die einleitende Frage ist rhetorisch, durch und durch. Sie verweist darauf, dass es objektiv schwer ist, seinen entsprechenden Standpunkt bzw. seine Perspektive zu verändern. Letzteres hat essenzielle lernpsychologische Hintergründe:

Merke
Das, was man sich im Leben als »Werte« angeeignet hat, was man mit Erlebnissen verbindet, wird man kaum wieder los. Es hat sich längst in den Verknüpfungen der Nervenzellen in unserem Gehirn manifestiert und ist Teil unserer *Identität* geworden. Was einmal im Gehirn gespeichert und emotional vernetzt ist, kann zwar in Vergessenheit geraten und umgeschrieben, nicht aber gelöscht werden.

Jüngere haben es somit leicht, die zu geringe Flexibilität älterer Menschen zu beklagen!
Einziger Trost: Jüngere werden Ältere.
Wermutstropfen: In der Postmoderne interessieren solche wenig innovativen Weisheiten niemanden.

Flexibel sein zu wollen ist angesichts dessen keine Tugend, sondern entweder eine Illusion oder ein Aspekt jugendlicher Gehirnreifung. *Flexibel sein zu können*, wenn man es muss, ist etwas anderes. Etwa wenn ein Flüchtling angesichts des Bombenterrors in seiner syrischen Heimat gezwungen ist, sich flexibel in Deutschland einzurichten. Solche mit der Brechstange des Schicksals erzwungene Flexibilität hat dann – im engeren oder weiteren Sinn – traumatische Qualität. Die Betreffenden wissen, dass sie flexibel sein müssen. Wenn ihnen das aus Sicht derer, die diesbezüglich nicht flexibel sein müssen, nur bedingt gelingt bzw. es innere Widerstände gibt, kommt berechtigte Kritik. Schließlich müssen wir alle flexibel sein …

Praktischer Hinweis
Etwas, das für Sie zum »Wert« geworden ist, kann sich eher ins Gegenteil verkehren als neutral und egal werden. Wer Goethe, Kafka, Bob Dylan oder die Toten Hosen geliebt hat, kann ihn bzw. sie nun irrelevant bis fürchterlich und/oder veraltet finden. Los wird er ihn oder sie damit nicht.

Flexibel sein und Ballast abwerfen: Theorie und Praxis
Räumen Sie Ihre Wohnung auf, entsorgen Sie alles, was für Sie Ballast ist.

Die Schränke werden dabei hoffentlich ein bisschen leerer. Wenn Sie Ihren Ballast verkaufen, bekommen Sie sogar Geld dafür. Meist lohnen sich solche Aktionen nicht, aber immerhin!

Welche Erfahrungen haben Sie damit gemacht?

Relativ zum betriebenen Aufwand ist die schließlich erreichte Entlastung oft gering (Gründe: s. oben).

Am besten funktioniert das Ballastabwerfen, wenn es sein muss, also wenn es durch äußeren Druck erzwungen wird: durch den Umzug in eine kleinere Wohnung oder ins Seniorenheim, aus finanziellen Gründen, weil man – in welcher Form auch immer – zum Flüchtling wurde etc.

Ansonsten werden, je mehr entrümpelt wird, gegenläufige Gefühle und Gedanken absehbar immer schwerer:
Will ich dieses und jenes wirklich loswerden?
Könnte ich es später nicht doch noch brauchen?
Vielleicht schlummern gerade in den kleinen Dingen, die lange achtlos in der Schublade lagen, neue Ideen und ein Zauber, der uns bestimmt, zu leben? Etwas, das Halt und Wert gibt, in einer haltlosen, wertlosen Postmoderne?
... oder sich zumindest an der Börse als gesundheitsfördernd verkaufen ließe!

Die Entrümpelungs-Paradoxie der Postmoderne
Rasender Stillstand bevorzugt leichtes Gepäck und sehnt sich nach dem Gegenteil: Stabilität, Halt und Wert.
Also: Erst einmal tüchtig entrümpeln und dann Antiquitäten und Vintage kaufen!
Flohmärkte haben Konjunktur: für Verkäufer und Käufer.

10.4 Treibsand im Internet

Leichter, als Ballast abzuwerfen, ist es, materielle und immaterielle Inhalte bzw. Werte gar nicht erst zu Ballast werden zu lassen! Diesbezüglich sind unser Bildungssystem, unser Umgang mit dem Phänomen »Verbindlichkeit« (bzw. Verzicht) und vor allem das Internet vorbildlich.

Bildung tut not?

Die Dynamik der Postmoderne erleben selbst jüngere Menschen älterer Generationen, zumal Babyboomer und unmittelbar danach Geborene, soweit sie noch nicht in Rente gehen konnten, üblicherweise als »Stress«. Tradierte

Werte, etablierte Techniken und ererbte Sicherheiten wurden zwar schon immer, seitdem aber kategorisch-systematisch infrage gestellt. Wo Sicherheit war, selbst in Werten wie »Nur wer etwas leistet, ist etwas wert«, dreht sich seitdem die bunt-ideologische Werte-Wäsche im Spülgang unterschiedlicher, für sich genommen allesamt richtiger Perspektiven. Bodenhaftung geht verloren. Die jeweils neuen Standpunkte, insbesondere die, wonach alles besser, schöner, effizienter und schneller werden muss, sind im paradoxen Alltag überall erhältlich und damit derart leicht geworden, dass sie nicht mehr als Standpunkte funktionieren, sondern nur noch Treibsand sind.

In der Annahme, dass es jüngeren, von Internet und Smartphone sozialisierten Menschen ähnlich gehen müsse wie einem selbst, mutierten selbst ehemals revolutionäre Alt-68er zu fürsorglichen Mamis und Papis, die ihren Nachkommen das Leben so leicht wie möglich machen wollen. Helikoptereltern? Soweit muss man nicht gleich gehen, aber die Richtung stimmt.

Entsprechend sind die erziehungs- und damit lebenstechnischen Grundsätze
a. nur keinen Stress und
b. nur keine Verantwortung, solange es die Kleinen nicht wirklich wollen,

selbstverständlich geworden. Und zwar in einem Ausmaß, dass alle, einschließlich der Generationen Y und Z, darauf schwören.

Also einerseits Freiheit, so viel wie möglich.

Andererseits wird, damit es nicht aus dem Ruder läuft und soweit es die Kinder anderer Eltern betrifft, alles in extenso geregelt. Der Pisa-Schock sitzt tief. Andere Kinder sind besser als unsere Kinder, womit unsere Zukunft, welche auch immer, gefährdet ist. Um hier angesichts der Stürme des rasenden Stillstandes ein Fundament einzuziehen, wurden die Universitäten konsequenterweise zu Schulen degradiert. Angehenden Koryphäen aller Disziplinen wird detailliert vorgeschrieben, was wer wann zu lernen hat. Alles wohldosiert, nur keine Überforderungen, aber das mit möglichst wenigen Freiheiten. Letztere, so fürchtet man, könnten von der Jugend zum Biertrinken und vorzeitigem Relaxen missbraucht werden. Beispiele dafür gibt es offenkundig genug.

»Burnout«-Kids
Ehrwürdige Jugendpsychiater machen sich Sorgen:
Gebt unseren armen Kindern die Freiheit wieder (die es nie gab) und nehmt ihnen den Druck!
Es ist schön, dass es die Kinder gibt. Mehr wollen wir nicht von ihnen (solange jemand anderes unsere Rente bezahlt).
Macht bloß keine Performer aus ihnen! Man muss sich ja nur selbst ansehen, um zu wissen, wie ungemütlich Performen sein kann, wenn man keinen Bock dazu hat.

Jedes Mitglied der postmodernen Gesellschaft, zumal die Jugend, darf sein und werden, was es will. Lasst Euch treiben, werdet glücklich! So gesehen ist es gut, dass die Zahl der Studienabbrecher und Wechsler hoch ist. Wenn man merkt, dass das Fach, das man studiert, die Ausbildung, die man begonnen hat, bzw. der damit verbundene Beruf keinen Spaß machen, dann ist Abbrechen immer die beste Lösung! Allen rationalen Gegenargumenten zum Trotz. Schließlich ist Glück das Ziel des Lebens. Sonst nichts.

Dass früh flügge gewordene Menschen nach abgebrochenem Studium ins Hotel Mama zurückziehen, ist fast schon der Normalfall. Ein Recht auf Autonomie heißt nicht, dass man dazu verpflichtet wäre. Zudem: Solange man ein Studium verlängern kann, sollte man es verlängern. Das Leben, in dem man in Verpflichtungen steckt und Steuern zahlen muss, ist lang genug. Und wer weiß, wozu es letztlich gut ist?

Dass viele Jugendliche die Welt genau so sehen, verwundert nicht. Sie sind schließlich die Kinder ihrer Eltern. Letztere haben sowohl von den Revolutionen als auch vom Leistungsdruck der Moderne genug. Dass die von ihnen erträumte Perspektive *Treiben lassen!* von den Kids bereits in hohem Maße umgesetzt wird, wird derzeit zumeist noch falsch interpretiert. Die – schuldbewusste – Idee von außen ist, dass überlastete und überforderte junge Menschen angesichts dessen kollabieren. Die Perspektive von innen ist schlicht die Umsetzung dessen, was an Außenperspektive an sie herangetragen wird. Vorbildcharakter zuzüglich gesellschaftsimmanenter Ziellosigkeit. Es resultiert Hilflosigkeit auf beiden Seiten. Wenn gelegentlich bemerkt wird, dass es nicht so gut läuft, dann werden die Zügel angezogenen und die Zahl geforderter Credit Points in diversen Studiengängen erhöht.

Entwarnung: Internetnutzung hat selten etwas mit Lernen zu tun!
Wie viele Stunden verbringen Sie täglich im Internet?
Statistisch gesehen sind Jugendliche mehr als vier Stunden am Tag »online«. Wer darin »Medienkompetenz« vermutet, unterliegt einem Etikettenschwindel.
Die Möglichkeiten, sich online zu informieren, sind unendlich. Die meisten, die im Internet unterwegs sind, haben andere Anliegen.
Wie viel Zeit verbringen Sie (bzw. die Menschen Ihres Alters) im Durchschnitt im Internet, um sich »mit Informationen zu versorgen«?
Und wie viel von diesem Wissen »wissen« Sie davon einen Tag später noch?

235

Wie »relevant« ist das Wissen, das Sie im Internet aufnehmen, für Ihr tägliches Leben bzw. wie viel von dem, was Sie jeden Tag im Internet lesen, führt tatsächlich dazu, dass Sie etwas anders machen, als Sie es sonst getan hätten?

PS: Es wurde nicht gefragt, wie Sie sich fühlen, wenn Sie im Viertelstundentakt die neuesten Katastrophen weltweit zur Kenntnis bekommen. Aber das lässt sich natürlich auch fragen: Wie fühlen Sie sich, wenn Sie sich z. B. eine Stunde im Internet »informiert« haben?

Abgesehen von der Kommunikation, sei es per Mail oder in sozialen Netzwerken, wird das Internet vorzugsweise zum mehr oder weniger gezielten »Informationscheck« verwendet: Man schaut mal, was es Neues gibt, dass man nichts verpasst, selbstverständlich unverbindlich ... also *sich treiben lassen* pur!

Das Erlernen neuer Inhalte (und das Lesen von Gebrauchsanweisungen) funktioniert (nachgewiesenermaßen) in Büchern besser. Das Risiko, sich dort mit haftendem Wissen zu belasten, ist ungleich größer. Unsere »Informationsgesellschaft« ist ein Kuriosum und identisch-paradox wie die Postmoderne: Irgendwie sind wir alle unendlich informiert und wissen, wenn wir etwas konkret wiedergeben müssen, immer weniger.

Und das ist gut so!

... War das Ihre Antwort?

Gratulation, jetzt sind Sie in der Postmoderne angekommen!

Wir denken nicht, wir googeln!

Es mag frech klingen und ist doch der Weisheit letzter Schluss. Wozu denken, wenn im Internet sowieso alles verfügbar ist? Angesichts dieser Erkenntnis: loslassen, entspannen, *treiben lassen* in Vollendung.

Der durchschnittliche Jugendliche verbringt zumindest vier Stunden pro Tag im virtuellen Raum, heute zumeist mit dem Smartphone in der Hand. Laut amerikanischer Studien sind es noch weit mehr Stunden. Je niedriger das soziale Niveau, umso mehr. Internet bildet?! Als geniales, intelligentes, kommerzielles und damit zeitgemäßes Tool entspricht das Internet passgenau den Bedürfnissen postmoderner User. Grundsätzlich ist das total super. Im Internet sind unendlich viele Informationen, zumal was Porno und Gewalt anbelangt, demokratisch-barrierefrei verfügbar. Zudem werden Kommunikationsformen möglich, die noch vor wenigen Jahren unvorstellbar schienen. Online-postmoderne Menschen sind potenziell immer informiert und nie alleine. Das Smartphone wurde längst Teil ihrer Person. Sein Smartphone aus der Hand zu legen, beispielsweise auf einen Tisch im Nebenzimmer, macht bereits Stress und reduziert die Konzentrationsfähigkeit. Wobei solche Experimente bösartig-abartig sind. Schließlich gibt es keinen Grund, sein Smartphone aus der Hand zu legen. Es ist ein Statussymbol, gerne in modischem Outfit, und ersetzt Bibliotheken. Es ermöglicht jedem, weltweit gleichzeitig überall zu sein. Die Welt ist auf den Kreis meiner Friends geschrumpft. Mit Freunden in den USA kommunizieren ist müheloser als sich mit dem Mädchen aus dem Nachbarhaus zu verabreden. Am Ende der Welt zu wohnen ist kein Nachteil mehr. Auch klein, dick und hässlich zu sein ist kein Problem, weil dies in sozialen Netzen nicht auffällt. Es sind ganz andere Qualitäten gefragt! Bedürfnisse, fast alle, werden unmittelbar befriedigt. Wenn nicht anders, dann in Online-Spielen, wo Identitäten nach Belieben gewechselt werden können. Und das alles fast kostenlos. Bezahlt wird vorzugsweise mit Daten. Das tut nicht weh, weil wir an die Werbung sowieso schon gewöhnt sind. Und manchmal ist etwas Passendes dabei. Zumal: Unsere Daten werden leben, auch wenn wir selbst längst gestorben sind! Die transzendenten und spirituellen Qualitäten des Internets sollen zukünftig in ihren Qualitäten erkannt und systematisch genutzt werden. Zum Wohle aller.

Lob und Schelte des Internets sind derzeit noch ein beliebtes Thema in intellektuellen Runden. Emotionen kommen auf, immerhin. Wobei sich letztlich niemand als handlungsfähig erlebt. Das Argument, wonach das Internet zur Ballast-Verhinderung absehbar die ultimative Lösung und damit ein Garant postmoderner, rasend-stillstehender Entwicklungen ist, ist noch nicht smart genug, um unterhaltsam, leicht und hinreichend unverbindlich in Talkshows platziert werden zu können. Aber es ist auf dem Weg dorthin. Bis dahin darf weiter im Performer-Jargon argumentiert werden, dass die Digitalisierung der Schulen unbedingt mit hohem finanziellem Einsatz vorangetrieben werden muss, damit wir Bildung fördern, den internationalen Anschluss nicht verlieren und Arbeitsplätze sicher sind.

Postmoderne Lebensräume vorzugsweise im Internet
Online-Spiele sind psychologisch optimiert. Ein Paradies auf Erden. So unterhaltsam sie auch daherkommen, so tiefsinnig sind sie: Der Erfolg kommt kurzfristig, minimale Anstrengungen genügen. Wenn man geübter, geschickter wird, verschiebt sich die Erfolgs-schwelle unmerkbar-sukzessive nach oben. Langweilig wird es nie bzw. erst spät. Aber dann gibt es weitere, immer wieder neue Spiele. Das »wirkliche Leben« ist nicht nach derart smarten Kriterien optimierbar. Dass Internet-postmoderne Menschen die Bodenhaftung im realen Leben verlieren, ist bei Kritikern, die nicht akzeptieren wollen, dass sich die Welt verändert, ein beliebtes Argument. Ihr Denkfehler ist, dass das, was ehemals »wirkliches Leben« ausmachte, mit der postmodernen Wirklichkeit immer weniger zu tun hat. Realität und Virtualität verschmelzen zu einem grenzenlosen, optimiert-postmodernen Lebensraum. Weit über Online-Shopping hinaus.

Rhetorik-Geplänkel rund ums Internet

Internet schadet der Jugend? Internet-Anhänger relativieren: Loser gab es immer … Hauptsache, ihnen geht es gut. Die Lebensqualität ist hoch und die Gesundheit (Definition s. Abschn. 10.2), zumindest was Spaß anbelangt, uneingeschränkt. Nur kein Stress!

> Smartphone-Junkies sind, angesichts realer Menschen, sozial inkompetenter, ängstlicher und hilfloser als weniger Online-Affine. Je länger junge Menschen online sind, umso weniger wissen sie und umso schlechter lernen sie. Sie haben eine kürzere Aufmerksamkeitsspanne, sind weniger ausdauernd, wenn es um die Lösung komplexer Aufgaben geht, und sind schneller frustriert. Dass das Internet Lernleistung nicht fördert, sondern nachhaltig behindert und die vehement geforderte Digitalisierung von Schulen so gesehen nur ein Flop werden kann, ist absehbar. Schon deshalb, weil der Nachwuchs lieber surft als tief schürft.

So oder so, die Erde wird digital. Was sonst. Wer den Anschluss verpasst, hat ihn verpasst und holt so schnell nicht mehr auf. Es geht schließlich um Arbeitsplätze. Und wenn dauerhafte Internet- und Smartphone-Nutzung den Augen schadet und die Unfallgefahr erhöht, etwa wenn Smartphone-Blindfische rote Ampeln übersehen? Solange es keine gewichtigeren Gegenargumente gibt, ist alles gut. Ampeln auf dem Bordstein beleben das Bild postmoderner Städte. Wer länger vor dem Bildschirm sitzt, spielt seltener Fußball und treibt keine verletzungsträchtigen Sportarten. Online-Sex ist bezüglich Unterhaltsansprüchen und Aids risikolos.

Dass die Zahl psychisch auffälliger bzw. psychisch kranker Jugendlicher in den letzten Jahren angestiegen ist, liegt sicher nicht am Internet, sondern daran, dass die älteren Generationen der Jugend zu viel Druck machen. Natürlich ist es nicht schön, wenn Eltern ihre Kinder vernachlässigen, weil Mama und Papa selbst bei »gemeinsamen« Mahlzeiten online sind. Aber wer würde das den gestressten Eltern verwehren wollen? Sie haben auch ein Recht darauf, selbstbestimmt zu surfen.

Diese und andere Aussagen zur Online-Thematik (**Internet – Treiben lassen pur!** bzw. **Das Internet ist unsere Zukunft**) haben den Vorteil, dass sie allesamt richtig und widerspruchsfrei kombinierbar sind. Je nachdem, welche Perspektive man einnimmt. Wissenschaftlich gesehen ist die Sache eindeutig. Notfalls muss man Wissenschaft so betreiben, dass das herauskommt, was herauskommen soll. Aber Wissenschaft ist eben nur eine von vielen möglichen Wahrheiten. Alles andere stimmt irgendwie auch. Man muss seine Argumente nur gut rüberbringen und dafür sorgen, dass sich die Kunden wohlfühlen. Die Tatsache, dass das Internet dazu führt, dass sich Menschen ändern, ist angesichts des epochalen Wandels, den die Postmoderne bedeutet, sowieso unvermeidbar.

Schwirrt Ihnen der Kopf?
So ist es, wenn man die eigene Schwerkraft, Wissen und Logik als Maßstab nimmt. Angesichts postmoderner Entwicklungen kann das nicht funktionieren. Ballast abwerfen, loslassen, treiben lassen, genießen!

Ballast abwerfen: loslassen, treiben lassen, genießen!

Diesbezüglich stellt das Internet jedes Spaßbad in den Schatten. Es prägt Identitäten. Themen, die Stress machen, kommen immer weniger auf. Das, was Identität ausmachte, wird in der Postmoderne neu definiert. Aufhalten lässt sich Wandel sowieso nicht. Wozu aufregen? Tief durchatmen, ins warme Wassere eintauchen, treiben lassen! Entspannen und die Fahrt im warmen Wasser, vorbei an künstlichen Palmen und Beton-Gebilden, die wie echte Felsen aussehen, genießen. Alle Risiken trägt der Betreiber!

10.5 Moden und andere stetig-flüchtige Erscheinungen

Festhalten gilt nicht! Nur attraktiv muss es sein.
Zurück in die Zukunft.
Was ist in, was ist gerade modern?
Alles und nichts, entsprechend den Prinzipien der Postmoderne.

Stopp! So einfach ist es nicht. Was in der Postmoderne modern ist: Blogger wissen es.

Jeder darf mitreden und voten. Kunden stimmen mit den Füßen ab. User verteilen Likes und Dislikes. Und im Hintergrund ziehen Performer die Fäden, an denen vorne Innovationen und hinten ihre eigenen Tantiemen hängen. Solange mehrere Performer in verschiedene Richtungen ziehen, einige erfolgreicher als andere, bleibt alles im Fluss. Manipulieren lassen, zumal von Lobbyisten, will sich keiner. Shitstorm droht. Solange Aktienkurse steigen, bleiben es Stürme im Wasserglas. Die Vernunft darf sich entspannt zurücklehnen und Gebrauchsanweisungen studieren.

In der Postmoderne ist alles eine Frage der Mode! Mode wechselt, so wie das Leben. Labels schaffen Identität für den Moment. Da nur die Gegenwart, das Hier und Jetzt, zählt, ist Mode viel bzw. fast alles.

Jede darüber hinausgehende Idee von »Identität« ist antiquiert und damit Ballast. Bitte abwerfen.

Postmoderne Baukunst

Damit fing die Postmoderne (bzw. der Begriff »Postmoderne« – s. Abb. 1) an. Säulen im griechischen Stil vor kaltem Beton. Häuser, die auf der einen Seite wie Burgen aussehen, auf der anderen wie ein antikes Amphitheater und ansonsten funktional gedacht sind. Postmoderne geht auch im Kleinformat. Buddha-Figuren neben Gartenzwergen im Vorgarten von Reihenhäusern. Bauhaus-Styling mit Toskana-Dächern. Betonbauten mit Fachwerk-Fassaden. Reihenhäuser im Villenchic.

Postmoderne Musik

Es klingt wie die Filmmusik zu Harry Potter, also ganz wie eine Oper, großes Orchester, nur dass man sich die Motive nicht merken muss. Rock and Roll, Pop und Punk waren gestern. Deutschland sucht den Superstar und findet Menschen wie dich und mich. In der nächsten Staffel alles wieder von vorne. Jedem eine Chance. Atonalität wird noch an Universitäten gelehrt. Jeder hört sowieso, was er will. Koreaner rappen charmanter als Schwarze in und aus der Bronx. Alles ist optimierbar. Musik alleine reicht sowieso nicht mehr. Am besten im Gesamtpaket: Star, Style, etwas Handlung und guter Sound.

Postmoderne bildende Kunst

Aus der Klamottenkiste der Kunstgeschichte an die Wand. Das Problem ist das Marketing, nicht die Produktion. An den Akademien weiß es jeder, man arbeitet als Speerspitze der Innovation, so, als sei alles noch wie früher. Zumindest solange es nicht allzu anstrengend wird. Wenn der Name stimmt, kann Kunst auch groß, klein, inhaltsschwanger und düster sein. Früher gab es gute Bilder. Heute gibt es gute Namen. In Kunst investiert wurde immer. Gelohnt hat es sich fast nie. Einen Gewinn macht vor allem der, der sich an Kunst bereichert, indem er seine Perspektiven reflektiert und daran wächst. Dazu muss Kunst verbindlich sein. Verbindlichkeit ohne Namen ist unverkäuflich. Postmoderne Galeristen und Museen versuchen das Problem seit etwa 200 Jahren zu lösen.

Postmoderne Mode

Frauen sind Männer. Männer sind Frauen. Was Moderne ehemals provokativ aufgeblasen hat, wurde in der Postmoderne revolutionär umgedeutet. Frauen sind Frauen. Männer sind Männer. Jeans und Pullover trägt sowieso jeder. Weite Röcke sind ebenso in wie das kleine Schwarze. Jeans mit vielen Löchern und Schlitzen von teuren Markenherstellern sind unverzichtbare Postmoderne pur. Was früher Penner getragen haben, gibt es von Gucci aus bestem Material. Spannend ist, wo die Risse und Schlitze angebracht wurden. Männer haben es da leichter, seit sich Brit-Chic und Italo-Style angenähert haben. Die Qualität der Stoffe und die Eleganz des Schnittes machen es aus, bei allen Geschlechtern.

Postmoderne Kochkunst

Hamburger sind out. Hamburger essen ist in. Französische Küche, italienisch interpretiert. Ostasiatisches sowieso und ein paar Knödel mit Schweinsbraten als Hauptgericht. Nachdem Liebe durch den Magen geht, gesunde Ernährung klug macht und vor Demenz schützt, kann uns nichts Besseres passieren als die neue Folge einer beliebten Koch-Show. Praktisch, frisch aus dem Garten oder im Stile der traditionellen höheren Gesellschaft, wo einfach alles stimmen muss. Dass Kochen derart fasziniert, ist beruhigend. Und notfalls genügt ein Blick in Chefkoch.de.

Postmoderne Liebesbeziehungen

Nachdem etwa die Hälfte aller Ehen geschieden wurden, setzte sich die Erkenntnis durch, dass Beziehung und Liebe nichts miteinander zu tun haben müssen. Sex ist schön. Man muss ihn einfach genießen. Ratgeber zu diesem Thema sind ein Vergnügen, zumindest für die, die keine Probleme damit haben. Kamasutra: ein Erlebnis- und Wohlfühlbad, ein *Treiben lassen* nur ohne Wasser. Die Balance, die sexuelle Revolution als Teenager nachzustellen, alles mitzunehmen, was in der Jugend genossen werden muss, und gleichzeitig so altklug sein wie die eigenen Eltern, überfordert viele. Glücklicherweise kann alles später nachgeholt werden. Übergriffe sind absolut tabu. Gleichzeitig ist die Welt, das Internet, randvoll davon.

Wenn Sie nicht wissen, wo Ihnen bei alledem, von der Architektur bis zum Sex, der Kopf steht, aber Sie eben dies nicht als Problem erleben ... dann sind Sie in der Postmoderne angekommen!

Idealerweise ist in der Postmoderne alles Spaß und Genuss:
Einfach überraschen lassen und genießen.
Nichts verpflichtet zu irgendetwas.
Ballast vermeiden und los geht's.
Treiben lassen.

10.6 Ein postmodernes Muster-Märchen-Leben

Fallbeispiel
Clemens C., 18 Jahre
Clemens ist der Sohn von Peter C. (s. Kap. 9.4), womit noch nicht alles gesagt ist.

Clemens C. hatte das Glück, materiell bislang nie Sorgen haben zu müssen (was aber eher sekundär ist). Primär durfte er ganz er selbst sein, was durch elegante Kinderkleidung namhafter Hersteller vom Säuglingsalter an unterstrichen wurde. Clemens fehlte es so gesehen an nichts. Dass er seinen Vater nur selten zu Gesicht bekam und wenn, dann war meistens Urlaub, ist ihm erst später aufgefallen. Ob ihm dies in seiner Entwicklung geschadet hat, muss sein Psychotherapeut entscheiden.

Auf der Geburtsanzeige von Clemens war ein roter Ferrari abgebildet. Darunter stand: *»Clemens ist in der Polposition des Lebens angekommen!«* So fing es an, so ging es weiter. Als Clemens vier Jahre alt war, war er in der Lage, alleine an der Bar im Luxushotel, wo er mit seinen Eltern am Roten Meer Urlaub machte, einen Milchshake zu bestellen. Als er diesen von einem weiß livrierten Ober serviert bekam, wurde erstmals der großartige Charakter des Jungen offenbar. Clemens hatte Milchshake, keinen Kakao bestellt. Dies konnte er so eindeutig artikulieren, dass es seine Eltern mit Stolz erfüllte und der Ober sich angesichts der lachenden Gäste in Grund und Boden schämte. Höchste Ansprüche waren für Clemens schon früh selbstverständlich. Weshalb es auch nicht störte, dass er diese in der Schule nicht erfüllen konnte und wollte. Wenn Lehrer, die

Opel fahren, einem Achtjährigen, der im Porsche zur Schule gebracht wird, beibringen sollen, wie das Leben funktioniert, dann läuft offenbar einiges schief. Clemens gab es zu Hause zum Besten und trug wesentlich zur Erheiterung seiner Mutter bei.

Mit seinen Klassenkameraden kam Clemens gut zurecht. Zumindest auf den von seinen Eltern finanzierten, von Animateuren ausgetragenen Geburtstagsfeiern. Neid muss man sich verdienen. Wobei das Auftreten von Clemens, im eleganten Outfit, immer etwas ganz Natürliches hatte. Er wusste schon immer seine schlanke Gestalt und seine beneidenswert blonden Haaren ins rechte Licht zu setzen. Auch im Dunkeln. Die üblichen Sportarten hatte Clemens schnell hinter sich gelassen. Fußball lag ihm nicht, Handball ist brutal und Turnen macht heute sowieso niemand mehr. Als Clemens mit 13 Jahren zu golfen anfing, hatte es noch den Charme, etwas ganz Besonderes zu sein. Nach und nach wurde er darin richtig gut. Im Golf und im Besonderen. Ein Turnier in den USA zu spielen, dafür musste dann die Schule eine Woche ausfallen. Lehrer sind neidisch und reagieren entsprechend eindimensional, wenn Schüler mehr sind als Durchschnitt. Nachhilfelehrer sind wiederum nicht sonderlich Service-orientiert. Sie machen keinen Spaß. Weshalb Clemens sie in kurzer Folge wechselte, ohne an einen richtigen zu geraten. Anstelle des drohenden Sitzenbleibens zogen es seine Eltern vor, ihn auf ein bekanntes Internat zu geben, wo er auf andere, ähnlich gestrickte postmoderne Existenzen traf, mit denen er sich wiederum leidlich verstand. Was er einmal werden wollte? Mal sehen. So viel Stress wie sein Vater wollte er nicht. Autos gefielen ihm. Vielleicht etwas in diese Richtung. Party, auch mal einen drauf machen, Spaß haben. Was junge Leute eben so machen. Vielleicht ein Jahr auf ein englisches College? Da lernt man Leute kennen, die einem später nützlich sein können. Oder besser gleich in die USA? Clemens hatte immer Spaß an Mode. Als Eltern freut es einen, wenn gerade Jungen auf ihr Äußeres achten. Clemens hörte gerne Musik. Er hatte einen eher breiten Musikgeschmack. Mit Lesen hingegen hatte er es nicht so und in einigen Online-Spielen war er wirklich gut. Als sein Vater dann massive berufliche Probleme bekam, Konkurs und Scheidung drohten, hatte Clemens sein Abitur gerade so überstanden.

Was er studieren will? Er kann sich nicht entscheiden. Vielleicht BWL. Schließlich empfiehlt dies auch der reiche Opa. Oder doch Psychologie? Das machen viele. Clemens hat sich für Philosophie eingeschrieben. Weil es ihn interessiert. Im ersten Semester hat er in Wikipedia über Sokrates nachgelesen. Das ist wirklich spannend. Der Dozent gefällt ihm nicht, weil der immer Druck macht. Er nervt einfach. Schön für ihn, wenn er alles weiß und viele Bücher gelesen hat. Clemens braucht das nicht. Er ist auch so ganz mit sich zufrieden. Zudem hat er keine Zeit. Clemens weiß, dass er intelligent ist, gut aussieht und irgendwann wird er etwas Großartige leisten. Aber: Wozu zehn Seiten Seminararbeit schreiben, wenn man alles in Büchern nachlesen kann? Das braucht doch niemand. Vermutlich wird Clemens die Klausur nicht mitschreiben und keine Seminararbeit abgeben. Irgendwie belastet ihn die Situation in seiner Familie zu sehr. Glücklicherweise kann er auf Partys richtig loslassen. Cannabis nimmt heute jeder und ein wenig Alkohol hat auch noch niemandem geschadet. Gaudeamus igitur! Dieses Zitat kennt Clemens nicht, aber wenn, dann würde er es als für sich absolut zutreffend erleben. Clemens ist wirklich nett, kultiviert, perfekt unverbindlich und allseits offen. Richtig locker. Sicher, er ist auch neugierig, wo das Leben ihn hin spült. Aber so eilig hat er es damit nicht. Schauen wir mal, dann sehen wir schon. Ansonsten: Abfeiern. Eine Spritztour nach Mailand. Ein kleiner Flirt mit hübschen Mädchen und den Porsche vor der Studentenwohnung mit Panoramablick über München: Was will man mehr?

Macht Clemens etwas falsch?
Was sollte er denn machen?
Verantwortung übernehmen?
Gerne, aber wofür?

Fragen dieser Art sind dazu angetan, die aktuell noch hinreichend gute Lebensqualität von Clemens nachdrücklich zu reduzieren. Aus diesem Grund sind sie kategorisch verboten.

Falls Sie ihm solche Fragen trotzdem stellen, dann haften Sie für die absehbar negativen Folgen! Schließlich leidet Clemens sowieso schon genug unter der angespannten Situation im Elternhaus.

10.7 Sich postmodern *treiben lassen* – mit und ohne Geld

Nein. Die meisten postmodernen Jugendlichen sind nicht so wohlhabend wie Clemens. Beneidet wird er von seinen Kommilitonen deshalb nicht. Ein Elternhaus aus dem »bürgerlicher Mittelstand«, wie man das früher nannte, reicht völlig aus, um ein Studentenleben bis 32 Jahre zu finanzieren. Zumal dann, wenn man etwas dazuverdient. Jobben. Was auch dazu führt, dass das Studium noch länger wird. Dann wollen es die Eltern eben nicht anders! Unabhängig vom Alter: Dass *Treiben lassen* am besten funktioniert, wenn man es sich leisten kann, ist offenkundig. Erfreulicherweise sind die Generationen Y und Z »Generationen der Erben«. Ein paar vermietete Wohnungen in München, ein Geschäftshaus in Frankfurt, ein Wohnblock in Hamburg, alles das, was die Elterngeneration sich ehemals als Kapitalanlage angeeignet hat. Die brauchten es halt, aber heute reicht es völlig aus, ein postmodernes Leben abzusichern. Künstlerträume und alternative Lebensentwürfe blühen, ansonsten: *treiben lassen* wie im Erlebnisbad (s. oben). Alt wird man von alleine.

Nun gab es müßiggehende jüngere und ältere Jugendliche auch in früheren Generationen. Das übliche Schicksal war es, es bis – sagen wir mal – 25 Jahre krachen zu lassen, um dann, nach plötzlichem Sinneswandel, die Ärmel hochzukrempeln und den strebsamen Eltern nachzufolgen. In das wirkliche Leben, das Geschäft, in die Pflichten, einer ehrbaren Zukunft entgegen. Nach dem Motto: Irgendwann wird selbst das hübscheste Erlebnisbad langweilig. So funktionierte es bis in die Moderne hinein.

Seitdem haben sich zwei wesentliche Punkte verändert:

1. Der plötzliche Sinneswandel zur rechten Zeit kommt immer seltener.

Weil es das wirkliche Leben bzw. die Vorstellung davon, was das sein soll, in der Postmoderne nicht mehr gibt. Jugendliche führen ihr wirkliches Leben bereits zu großen Teilen virtuell. Wirklichkeit wird zunehmend zu einer relativen Größe. Und selbst diejenigen, die mehr in dem Leben stehen, das man früher als »wirklich« angesehen hätte, erleben zunehmend, dass sie dort nicht in etwas stehen, sondern letztlich schwimmen (s. Kap. 9.6 zu Ackermann und Co.). Bis zum *Treiben lassen* ist der Weg dann nicht allzu weit. Dass man eine persönliche berufliche Zukunft hat, davon ist auszugehen. Aber klare, nicht nur ansteuerbare, sondern stringent erreichbare Perspektiven werden seltener. Rasender Stillstand.

Paradoxien und rhetorische Wolken haben dazu geführt, dass in der Postmoderne nur eine Zukunft ohne Perspektiven übrig geblieben ist. Und die lässt sich immer schwerer verkaufen, zumal an eine Jugend, die schon mit sich selbst und dem *Treiben lassen* genug zu tun hat.

Wenn mein Wert als Mensch und Mitarbeiter kurzfristig in Frage gestellt werden kann, etwa weil ein bei Boston Consulting geschulter Aufsteiger meint, dass es so für die Firma besser sei, dann ist es eleganter und nervenschonender, seinen Selbstwert anderweitig zu stabilisieren.

Was man früher »narzisstische Störung« nannte – nach dem antik-mythologischen Jüngling, der sich unsterblich in sein eigenes Spiegelbild verliebte und daran zugrunde ging –, das wurde in der Postmoderne funktional und damit »normal«.

Gestandene Psycho-Experten jammern über unsere narzisstische Gesellschaft (Maaz, 2012)? Mit gleicher Berechtigung ließe sich über Fallschirmspringer schimpfen, die mit ihren bunten Stoffkonglomeraten den Himmel verunstalten. Es ist, als würde man fordern, dass diese ohne ihre Hilfsmittel abspringen ...

Clemens C. ist dafür ein exzellentes Beispiel: »*Ich muss mich nicht und vor niemandem beweisen. Ich bin ich und damit absolut okay!*«

Nur unter dieser Voraussetzung funktioniert das *Treiben lassen* und macht Spaß.

2. In westlichen Ex-Industrie- bzw. Sozialstaaten kann sich fast jeder ein *Treiben lassen* leisten.

Es ist nicht alles Gold, was glänzt. Und Gold braucht es dafür auch gar nicht. Es reicht voll und ganz, anspruchsberechtigt zu sein. Dann ist *Treiben lassen* ggf. nicht ganz so gemütlich, es funktioniert aber auch ganz gut.

Pardon, Postmoderne verpflichtet zur absoluten Korrektheit: Man darf alles sagen, solange man niemandem zu nahe tritt. Niemand darf, weswegen auch immer, diskriminiert und verunglimpft werden. Und das ist gut so. Also belassen wir es dabei, auf der Oberfläche. Druckerschwärze auf weißem Papier. Oberflächlicher geht es nicht und damit wäre dieser Abschnitt zur postmodernen Wirklichkeit praktisch am Ende.

Selbstverständlich, als ideologisches Erbe vergangener Epochen gehört es auch in der Postmoderne zum guten Ton, unbedingt arbeiten zu wollen. *Treiben lassen*, mit BAföG, mit Harz IV, auf Krankengeld oder im aus strategisch-gesundheitlichen Gründen vorgezogenen Ruhestand, geht nicht und macht niemand. Hierzu fehlt der Gesellschaft noch die nötige ideologische Reife (»*Ich habe genug gearbeitet in meinem Leben. Die Schüler sind nicht mehr die, die sie früher waren. Stress vertrage ich nicht mehr, hat mein Arzt gesagt*«, Grundschullehrerin, 56 Jahre, mit Pensionierungswunsch). Probleme zu haben schützt vor Verantwortung. Psychische Probleme sowieso. Erst ab dem Moment, in dem man angesichts des generellen Leistungsdrucks resignieren muss und/oder seinen Selbstwert aus anderen Quellen bezieht, kann sich postmoderne Leichtigkeit ungehemmt entfalten. Erst dann wird *Treiben lassen* zu einer unendlich leichten Übung.

Sich *treiben lassen*, im und vor allem außerhalb des Erlebnisbades!

Treiben lassen ist überall. Im Internet, wo beim Surfen Zeit, Orientierung und Ziel oftmals schneller abhandenkommen als in jeder Erlebnisrutsche. Tratsch, Porno, die Welt der Stars und Sternchen, Netzwerke, Freunde und Follower, alles ist unmittelbar verfügbar. Und das Alibi, dass man etwas für seine Bildung tut, naheliegt. Seit sich im Netz auch unbegrenzt schoppen lässt, tun sich unendliche Weiten auf. Spaß ohne Ende, ein Leben, bunter und fairer, als es realiter je möglich wäre. Alle haben gleiche Chancen. Jeder darf sich den Namen geben, der ihm am besten gefällt. Mit der Maus in der Hand durch die ganze Welt und weit darüber hinaus. Computer gehören zum

Lebensnotwendigen. Sie sind nicht pfändbar. Die Postmoderne hat begonnen.

10.8 *Treiben lassen* als Ausgleichssport

Ähnlich wie bezüglich der Performer dargelegt, nur umgekehrt: Für die meisten aktuell in unseren Breiten lebenden Menschen ist *Treiben lassen* noch nicht der zentrale Lebensinhalt, sondern ein »Gegengewicht« zu allem anderen. Bis zum Feierabend malochen und dann in die Freizeit: *Treiben lassen* als Ausgleichssport.

Die üblicherweise empfohlenen Entspannungstechniken wie autogenes Training, Progressive Muskelrelaxation, Yoga, was auch immer, sind per se paradoxe Unternehmungen. Man muss sich aufraffen, Kurse besuchen, täglich üben (was fast niemand tatsächlich macht), damit dann die Gliedmaßen nach Wunsch warm und schwer werden und der Sonnengruß gelingt. *Treiben lassen*, ohne schlechtes Gewissen, bietet sich als ideale Alternative an. Nicht mehr müssen. Nur noch sein. Ohne das Ziel, sich besonders gut zu entspannen, gelingt Entspannung sowieso am besten bzw. sie gelingt nur so. In Meditation Erfahrene und Geübte können ein Lied davon singen. Das Problem ist: Meditation muss jahrelang geübt werden. Wenn man es ernst nimmt, wird es zur Verpflichtung. Bereits das legt *Treiben lassen* als ultimative Perspektive mehr als nahe.

Performer und Konsumenten sitzen im selben Boot.

Zumal dann, wenn es sich um die gleichen Personen handelt: Während die Konsumenten ihre Performer-Seite durch die intensive Beschäftigung mit dem eigenen Wohlergehen im Hier und Jetzt auf Distanz bringen, versuchen Performer das gleiche, indem sie glauben oder zumindest so tun, als wären Umsatzsteigerung und Gewinnoptimierung des jeweiligen Betriebes tatsächlich zukunftsrelevante, Glück und Lebensqualität verheißende Ziele, die jeden Einsatz wert sind.

Nachdem postmoderne Zielvorgaben per se offen und unerreichbar sind, taugen sie als Ziele nicht mehr.
Top-down-Vorgaben in engagierten Unternehmen steigen alle Jahre wieder. Es geht uns damit so wie dem Esel, der die an einer Stange vor seinem Kopf baumelnde Karotte nie erreicht. Man kann am Erfolg riechen, fressen kann man ihn nicht.
Performance-Ziele der Postmoderne sind somit: notorisch unerreichbar.
Dementsprechend sind sie gar keine Ziele, sondern Zustände.

Die Erkenntnis, dass beides, Performen und *Treiben lassen*, letztlich auf ein und dasselbe hinausläuft, nur mit unterschiedlichem Energieeinsatz, bedarf noch weiterer philosophischer Untermauerung. Das Ergebnis ist absehbar und beruhigend.

Vor dem Fernseher, mit dem Smartphone in der Hand, im Erlebnisbad auf der Sonnenliege: Die Zeit vergeht so oder so.
Je weniger Druck ich mir mache bzw. machen lasse, umso realiter entspannter wird es.
Sein Leben gänzlich darauf zu fokussieren: ein hehres Ziel?
Viele sind berufen, nur wenige sind auserwählt.
Und einige müssen noch ihre Angehörigen finanzieren, damit wenigstens diese sich *treiben lassen* können.

Der Vater von Clemens (s. oben) wird sich, wenn die Berufsunfähigkeitsrente nicht greift und/oder nicht reicht, einiges
einfallen lassen und die Ärmel hochkrempeln müssen, damit es seinem Sohn weiterhin so gut geht wie bisher ...

10.9 *Treiben lassen* – Checkliste

Die folgende Checkliste fasst die wichtigsten Aspekte zusammen:

Checkliste Treiben lassen
- Treiben Sie schon oder gammeln Sie noch?
- Sind Sie beim *Treiben lassen* mit sich im Reinen oder plagt sie
  noch – als abzuwerfender Ballast – ein schlechtes Gewissen?
- Ob Sie bei sich sind oder gefühlt ganz woanders, ist beim *Trei-
  ben lassen* egal. *Treiben lassen* ist weder Meditation noch Ent-
  spannungsübung. Es ist die Entscheidung, gleich am Ziel zu sein.
  Die entschlossene, kompromisslose Umsetzung dieser Entscheidung verleiht die Schwerelosigkeit, die man zum *Treiben lassen*
  braucht.
- Der Weg ist das Ziel? Die Postmoderne hat, was die zeitlichen
  Abläufe anbelangt, sicher eine Zukunft. Nach 2020 kommt
  2021 und so weiter. Der Postmoderne fehlen andererseits die
  Perspektiven. Es gibt ständig Neues. Eben das bleibt immer
  gleich und interessiert immer weniger. Wenn es niemanden
  mehr interessiert, ist die Postmoderne vollendet. Wenn Sie
  diese Erkenntnis akzeptieren und ihr Leben daran ausrichten,
  dann haben Sie es geschafft. Sie übertreffen alle Weisheit und
  sind: **Treibgut in Vollendung!**

Entwarnung!
Unlängst hat eine Professorin aus Berlin herausgefunden, dass die Befürchtung, wonach es in der Postmoderne keine Zukunft mehr gäbe, falsch und überhaupt ganz unsinnig ist.
Es gibt schließlich immer eine Zukunft!
Dieses wichtige Forschungsergebnis wurde mit kollektiver Erleichterung aufgenommen.

Leider laufen Diskussion dieser Art nicht auf Wahrheitsfindung, sondern nur auf Definitionsfragen bzw. auf die üblichen Verstrickungen hinaus, die »generalisierten Kommunikationsmedien« nun einmal eigen sind: Dass die Zeit weiter und nicht rückwärts läuft, ist und bleibt eine physikalische Gesetzmäßigkeit, an der selbst die wildeste postmoderne Maus keinen Faden abbeißt. Natürlich ist es morgen anders, als es heute ist. Die Frage, ob und, wenn ja, welche Erwartungen und Hoffnungen ein Individuum und »die Gesellschaft« an die Zukunft haben, steht auf einem anderen Blatt, dem der menschlichen Geistesgeschichte (wenn man denn diesen antiquierten Begriff im Internet-Zeitalter noch verwenden will).

Anschließend an die ersten zehn Kapitel dieser Gebrauchsanweisung nun, als elftes und vorletztes Kapitel, eine Zusammenfassung mit Antworten auf die am häufigsten gestellten Fragen. Und mit Verweisen auf die Kapitel, in denen diese Aspekte eingehender dargelegt wurden, für den Fall, dass der Leser es detaillierter wissen muss, um sich optimal positionieren zu können.

11.1 Was ist – auf den Punkt gebracht – die »Postmoderne«?

Oder: Was muss ich wissen, um die Frage »Was ist die Postmoderne?« intelligent beantworten zu können?

Die prägnantesten Antworten sind:

- Die Postmoderne lässt sich nicht auf den Punkt bringen. Dementsprechend sieht diese Gebrauchsanweisung aus: Was möglich ist, sind Annäherungen, die jeweils bis zu dem Punkt führen, den man gerade noch verstehen bzw. ertragen kann.

- Weil sich die Postmoderne nicht auf den Punkt bringen lässt, eröffnet sie (theoretisch, gefühlt und gefeiert) unbegrenzte Freiheit auf dem Boden abgrundtiefer Unsicherheit.
  Dass Freiheit nicht ohne Unsicherheit zu haben ist, mag ungerecht sein. Ungeachtet dessen: Es ist so. Faktisch und sogar logisch.

- Unsicherheit – geschweige denn Angst – ist für die meisten Menschen schwer erträglich, zumal dann, wenn man sich nicht in Saft und Kraft stehend erlebt.
  Angesichts dessen wird entweder die Flucht nach vorne angetreten (*»es gibt nichts, was nicht verbessert werden könnte«*) oder der Rückzug (*»früher war alles besser«*). Alternative Möglichkeiten, die keine individuelle Verantwortungsübernahme erfordern, sind u. a. innere Kündigung, Paralyse oder »Burnout«.
  Der Wunsch an Autoritäten, Ratgeber, Therapeuten und Weise jeglicher Art: *»Bringen Sie es auf den Punkt und erlösen Sie mich von Unsicherheit, Komplexität, Überforderung und … Stress!«* ist psychologisch gesehen somit gut begründet. Leider kann dieser Wunsch,

zumindest in seriösen Gebrauchsanweisungen, aus genannten Gründen nicht erfüllt werden.

- Was vom verunsicherten postmodernen Menschen gewünscht wird – und was er entsprechend im realen Alltag geliefert bekommt –, sind ideologische Paraphrasen und/oder Konsumartikel, die kurzfristig den Wunsch nach Klarheit und Sicherheit erfüllen, etwa nach dem Motto: »*Sie müssen nur ... und alles wird gut!*«
Es ist kein Verbrechen, Konfekt dieser Art zu wünschen, zu kaufen und zu genießen bzw. es zu produzieren und zu verkaufen. Davon lebt die Wirtschaft. Wer davon satt wird, mag sich glücklich schätzen!

Zu substanzielleren, historischen und konzeptuellen Antworten auf diese Frage siehe auch Kapitel 3.

11.2 Wo finde ich in der Postmoderne Werte, Sinn und Ziel?

Geld oder Leben? Geld ist Leben!

Eine Universität in der Schweiz, eine private, erfolgsverwöhnte Organisation, bietet Seminare an, die Sinn- und Zweck-Dimension der Postmoderne aufzeigen. Es geht bei allem und stets darum, dass es uns immer besser gehen soll. »Besser« heißt erfolgreicher, umsatzstärker, effizienter, mit nach oben hin offener Wachstumsdynamik. Diese Erfolge, um nicht den argumentativen Boden unter den Füßen zu verlieren, werden der Einfachheit halber in Dollar und Euro gemessen. Alles andere, die weichen Daten der Welt- und Lebensrealität, sind zu vage, um relevant sein zu können.

Das klingt kurzsichtig und brutal (und ist es auch). Vor allem ist es rational.

Es ist wie beim Sport. Wenn man mehr als fit werden will, dann wird einem nichts geschenkt.

Nachdem die Standard-Werte älterer Epochen, von Familie, Sippe, König, Nation, Religion bis Kommunismus, als Fixsterne ausgedient haben, bleibt nur noch Geld. Was soweit auch nichts Neues ist:

»Nach Golde drängt,
Am Golde hängt
Doch alles! Ach wir Armen!«

(Goethe, Faust Teil 1;
Die Faustdichtungen, 1962, S. 35)

Postmodern neu ist die Qualität des Geldes. Gold glänzt zwar nach wie vor, hat aber langfristig ausgedient. Es zählt unterm Strich nur das, was auf internationalen Konten, also gleichzeitig überall, liegt. Nur dann ist Vermögen menschenmöglich sicher. Alles andere ist relativ, angreifbar, entwendbar und zerstörbar. Ländereien werden enteignet, Häuser von Mietnomaden heimgesucht oder für die Unterbringung von Flüchtlingen requiriert, Aktien verbrennen, der Goldpreis sinkt. Die Angst isst immer mit. Frei transferierbarer Cashflow ist gegen dies alles immun. Cashflow verkörpert, gerade weil das darin schwimmende Kapital unangreifbar ist, Zahlen irgendwo im Netz auf diversen Konten. So sieht die maximale Sicherheitsdimension der an Sicherheiten so armen Epoche aus.

Merke
Unsicherheiten belasten! Eben deshalb ist Cashflow gleichzeitig Sicherheit und finale Zieldimension unserer ultimativen Epoche.

Wobei sich das Kapital unmittelbar in virtuelle Sphären zurückzieht, dahin, wo die Postmoderne insgesamt hinzustreben scheint. Virtualität ist so gesehen längst keine Virtualität mehr. Spielfilme, Online-Spiele und Träume sind gleichermaßen und ineinander übergehend der Boden, auf dem die Identität des postmodernen Menschen gründet. Dahinterliegende ältere Epochen-Maschinen lassen aus der Ferne grüßen. Und das ist gut so. Gerade weil immer mehr virtuell wird, wird es unangreifbar, bei aller Imagination gefühlt stabil, unsterblich und eben deshalb real.

11.3 Wo finde ich in der Postmoderne soziale Sicherheit und kulturelle Heimat?

Ganz so schwer ist das nicht!
Die Postmoderne ist ein Resteverwertungsunternehmen mit Innovationsanspruch.

Dass freie Liebe, unstrukturierte Sozialkontakte und eine fragmentierte Biografie problematisch sind, wurde im Lauf der Moderne theoretisch und praktisch unübersehbar. Die 68er-Zeit, Kommunen und Aussteiger-Romantik, blieben Episoden.

»Et gah uns wol up unse olen dage« bzw. *»Es gehe uns wohl auf unsere alten Tage«* – diese fundamentale Weisheit, auch wenn die zitierte Sprecherin seinerzeit mit zehn Jahren noch recht jung gewesen sein soll, ist noch älteren Datums. Und wird, solange Menschen nicht unmittelbar nach Erfüllung ihrer reproduktiven Aufgaben zu streben gedenken, relevant bleiben.

Eine auch in Zeiten postmoderner Beliebigkeit tragfähige soziale und kulturelle Basis findet man nur in Mustern und Werten vergangener Epochen.

Das ist kein anachronistisches Postulat eines 102-jährigen Mitgliedes der kaisertreuen Hochgebirgsjäger, sondern: Es geht gar nicht anders. Man muss Muster und kulturelle Werte (genauso wie die Sprache) erlernt und sich angeeignet haben, um sich in ihnen heimisch fühlen zu können. Ideen, wonach in der Postmoderne alles anders funktioniert, freier, leichter, besser …, sind geradezu romantisch (in welcher Epochen-Maschine wären wir da?) bzw. schlicht naiv. Man kann eine leere Computer-Festplatte quasi aus dem Nichts heraus programmieren. Menschen hingegen, selbst Säuglinge, haben immer eine Vergangenheit, die die Basis ihrer Zukunft ist. Dass einige wortgewaltige Vertreter der Gegenwart diese ihnen selbst immanenten Muster leugnen und Vergangenheit pauschal mit einem Naserümpfen begegnen, um (wozu auch immer) frei und innovativ zu sein, ist tragisch.

» Wir sind nicht von gestern!« – » Ja, von wann denn …?«

Nachdem die Aneignung von Wissen und die Übernahme von Mustern und Ritualen zunächst einmal mit Mühen und Einschränkungen verbunden sind, hat das Postulat *»Früher war früher, heute ist heute«* einen penetranten Beigeschmack von Trägheit und Vermeidung von Verantwortung. Heute ist halt immer auch ein Stück von gestern, was sich, solange Menschen leben, auch nicht abstellen lassen wird und so gesehen zu akzeptieren und zu realisieren ist, wenn man sich denn nicht – zumindest diesbezüglich – *Treiben lassen* will. Sich *treiben lassen*, im Internet wie im Leben, mag, solange es denn funktioniert, mit Wohlbefinden einhergehen. Je länger man treibt, umso weniger Sicherheiten bleiben.

Wer etwas anderes behauptet, der möge es beweisen, ansonsten gilt:

Mit dem Verlust der Vergangenheit geht der Verlust der Zukunft einher.

11.4 Was ist in und an der Postmoderne real?

Eine gute Frage! So gut, dass sie nur paradox beantwortet werden kann:

Was noch real ist, wurde nur noch nicht digitalisiert und optimiert.

Sind Ihnen Aspekte aufgefallen, die noch real anmuten, die digitalisiert und verbessert werden könnten? Gratulation! Ergibt sich daraus eine Geschäftsidee?

Kennen Sie das?

Sie erleben Szenen in der Welt um sich herum so, als würden diese aus einem Film stammen?

So, als erlebten Sie diese auf der Leinwand oder dem Fernsehbildschirm?

Sie fühlen sich, wenn sie sich bewegen, sprechen, denken …, ein wenig so, als werde das, was Sie tun, sagen und denken, gefilmt bzw. in einem Film gezeigt?

Keine Sorge! In der vagen Form, wie hier beschrieben, hat es nichts mit seelischer Erkrankung (Psychose) zu tun. Was solche Erlebnisse anbelangt, sind Sie keineswegs eine Ausnahme: Viele der Muster, wie sich Menschen und wir uns verhalten, kennen wir längst nicht mehr aus der »Realität«, sondern aus der »Virtualität«. »Lindenstraße«, »Verbotene Liebe« und andere Sendereihen prägen das Alltagserleben von Generationen. Online setzt da noch eins drauf.

Virtualität wird damit ganz real zur Quelle und zum Maßstab für unser Denken und Handeln und damit für die Identität real-virtueller postmoderner Menschen.

Wenn Sie nur mit Stöpseln im Ohr durch die Natur laufen, schon deshalb, weil Ihnen Ruhe zu langweilig ist, wenn Sie ohne Ihr Smartphone nicht mehr sein können. Wenn Ihnen Gespräche jenseits des engsten Freundeskreises zu mühsam sind, wenn Ihnen ein »Like« wichtiger ist als mit einem Bekannten Kaffee zu trinken, wenn für Sie ein nicht funktionierender Internetzugang Freiheitsberaubung ist ... dann sind Sie auf dem Weg, ein Musterexemplar postmodernen Menschentums zu werden, und die Frage, was daran real ist, erübrigt sich.

11.5 Was ist ein postmodernes Individuum?

Lebe Dein Leben,
Ich will mein Leben leben ...
Vergiss nie, dass Du ein Mensch bist ...

Sätze wie diese lassen in der Postmoderne kein Auge trocken.

Das Glaubensbekenntnis an den Wert jedes Individuums ist unantastbar. Und das ist gut so. Grundsätzlich und von außen betrachtet.

Von innen heraus gesehen, für den, der sehen kann und sehen möchte, sind die Konturen der eigenen Person und Persönlichkeit in der Postmoderne keineswegs unumstößlich.

Wenn es anders wäre, dann würde auf die unantastbare

Würde und den Wert des Individuums weniger Wert gelegt. Dann wäre all dies selbstverständlich.

Der unendlich hohe postmoderne Anspruch, ein unverwechselbar-wertvolles Individuum zu sein, spiegelt die Angst, dass es anders sein könnte. Ein paar Meter weiter, aktuell im Krieg in Syrien und in untergehenden Schlauchbooten im Mittelmeer, sieht es anders aus und wird von uns selbst anders gehandhabt (wofür es gute Argumente einschließlich der individuellen Hilflosigkeit gibt).

Die Würde eines Menschen ist unantastbar. Klingt gut. Sollte so sein. Verpflichtet aber, jenseits der Rhetorik und enger Kulturkreis-Grenzen, anscheinend zu nichts. Zudem: Was ist in der Postmoderne schon unantastbar? Eben das macht ihre fundamentale Unsicherheit aus. Und wir selbst sind mitten drin.

Die Individualität des Menschen ist unter anderem eine Frage von Macht, Geld und Ansprüchen. Die Individualität seiner Kunden zu betonen ist eine beliebte verkaufsfördernde Strategie. Dass diese so gut funktionieren, ist der schlagende finanzielle Beweis (letztlich sind nur finanzielle Beweise schlagend) für die Sehnsucht nach etwas, was eben nicht selbstverständlich ist: Individualität und Konstanz. Die eigene Individualität zu behaupten ist üblich und einfach. Davon auszugehen, dass es so ist, war früher weise (zumindest jenseits philosophischer Lehrstühle) und ist in der Postmoderne naiv. Individualität begründende Argumente, die über das trotzige *Ich bin ich* hinausgehen, sind nicht selten kurios: *Ich habe einen exklusiven Geschmack! Ich trage nur Kleidung der Marke XY und fahre nur Autos der Marke YZ.*

Ein prominenter Buchtitel brachte es charmant auf den Punkt: *Wer bin ich – und wenn ja wie viele?* Wie viele der zahlreichen Leser wollten die Antwort tatsächlich wissen? Und wenn ja, welche Konsequenzen hatten die entsprechenden Informationen für ihr weiteres Leben?

Dem traditionellen, romantischen westlichen Selbstverständnis zufolge ist das »Ich« der Kern einer jeden Person (s. Kap. 6.8). Von Geburt bis über den Tod hinaus ist das »Ich« demnach eine stabile Größe. Alles mag sich ändern, nur das »Ich« bleibt frei, jawohl mein Schatz, es bleibt unverwechselbar, individuell, wertvoll … In der Postmoderne hat man, wie bei allem, die Wahl: Man kann diese Sicht auf das Ich als Glaubensbekenntnis beibehalten. Man kann dieses aber auch, wie der zitierte Buchtitel andeutet, hinterfragen. Sobald man damit beginnt, nimmt man die Postmoderne und damit sich selbst ernst. Alle aus einem als zu niedrig erlebten Selbstwertgefühl resultierenden Probleme relativieren sich dann umgehend. Es gibt substanzielle psychologische Argumente, die dafür sprechen, dass das westliche Selbstkonzept ein Märchen ist. Wir sind Konstrukte unserer selbst. Und zudem situationsabhängig. Wir konstellieren uns tagtäglich neu. Dass wir das nicht merken, hat System. Dies mit allen Konsequenzen zu reflektieren, kostet Überwindung und Mut. Die Frage nach der Identität des postmodernen Menschen kann letztlich nur auf dieser Basis beantwortet werden. Annäherungsweise, wie alles, was einigermaßen komplex ist und wahr sein könnte.

11.6 Wie kann man in der Postmoderne ein glückliches Leben führen?

Die Frage aller Fragen!

Frühere Epochen waren rückblickend alle an irren und wirren Ideologien aufgehängt.

Die Postmoderne hingegen ist gereift: Nachdem Geschichte keine über sie hinausweisenden Ziele mehr hat, keine Endsiege, keine zukünftigen Himmelreiche auf Erden und keine Wiederkehr von Erlösern, liegt ihr Sinn und Zweck ausschließlich darin, die Bewohner im Hier und Jetzt glücklich zu machen! Die Zeit politischer Utopien ist vorbei: Märchenstunde war gestern.

Vielleicht ist leider gerade das die ungünstigste Voraussetzung dafür, tatsächlich glücklich zu werden?

> Je mehr Möglichkeiten, je mehr Freiheiten, je mehr Verantwortung, je komplexer Ausgangssituation und Fragestellung, Entscheidung …, umso stressiger wird es.
> Sie mögen es gerne ruhiger? *Treiben lassen* bietet sich als Alternative an! Immer.

Man kann in der Postmoderne viele Arten von Leben führen. Alle können glücklich oder unglücklich sein. Entscheidend ist, dass die persönlichen Werte und Ziele (die ihrerseits oftmals aus vergangenen Epochen-Maschinen stammen; s. Kap. 3) zum gelebten Modus passen.

11.7 Performer und/oder Konsument –
Wie soll ich mein Leben ausrichten?

Der kategorischen Imperative der Postmoderne sind drei:
Erstens: *»Es gibt nichts, was sich nicht verbessern ließe.«*
Zweitens: *»Ohne Moos nichts los«*, wobei ersatzweise an-
derweitige Ansprüche geltend gemacht werden können.
Drittens: *»Nur kein Stress! Ganz entspannt ...«*

Nachdem sich Erstens auf alles beziehen kann und in der
Wohlstandsgesellschaft niemand verhungert, hat die **Konsumenten-Seite der Postmoderne** viele Argumente, die für
sie sprechen. Der Kunde war und ist immer König. Der
Kunde König kann Ansprüche stellen, darf bequem und ungerecht sein, darf sich gehen lassen ... Und wenn er etwas
muss, dann ist es, es sich gut gehen zu lassen. So gut wie nur
irgend möglich. Und dass immer besser. Konsumieren, relaxen, entspannen, genießen. Verantwortungsfrei. Solange
er zahlen kann oder Rechte bzw. Ansprüche hat, die andere
dazu verpflichten, für ihn zu zahlen (s. Kap. 10.7).

Konsumenten wollen gestreichelt werden.
Anstrengung da, wo es keinen Spaß macht? Da hört in
der Postmoderne selbiger auf! Niemand darf von Ihnen,
sobald Sie in der Konsumenten-Rolle sind, etwas erwarten oder gar verlangen (außer dass Sie zahlen bzw. Sie
entsprechend geldwerte Ansprüche haben).
Es muss in jedem Fall unterhaltsam sein. Keine Entscheidungen, keine Verantwortung und bloß nicht zu
kompliziert ...

PS: Das gilt auch für Gebrauchsanweisungen wie diese.
Nur nicht zu kompliziert, kein böses Wort, nichts kriti-

sieren, nichts fordern, nichts voraussetzen. Der Vorteil ist: Gebrauchsanweisungen werden von Konsumenten üblicherweise sowieso nicht gelesen. Sie müssen nur vorhanden sein.

Demgegenüber erhöht die **Performer-Seite der Postmoderne** die Chance auf Erfolg und Selbstbestätigung. Und nicht zuletzt die Wahrscheinlichkeit, in den Besitz von Geld und Macht zu kommen. Was auch nicht schlecht ist und gewisse Vorteile hat, wiederum für das Selbstwertgefühl und einiges mehr. Damit verbunden sind die Imperative des Performer-Modus: Performer sind professionell. Postmoderne ist für sie programmatisch kompromisslos. Dass es allen Professionellen ein Bedürfnis ist und Spaß macht, sich und die Welt ständig zu verbessern, ist selbstverständlich. *Nichts ist so gut, dass es nicht verbessert werden könnte,* lautet entsprechend das Morgen- und das Abendgebet. Wenn schon nicht die/der Beste überhaupt, sein Sie die/der Beste, die/der Sie sein können!

Performern ist es dementsprechend ein Bedürfnis, das Tempo immer weiter zu steigern, Fehler zu minimieren und die Latten immer höher zu hängen. Da man den Fortschritt, was immer das ist, nicht aufhalten kann, gilt es, ihn erfolgreich zu gestalten. Eine treibende Kraft in einer sich ins Unendliche stimulierenden und aufsteigenden Spirale zu sein, das macht Performer programmatisch glücklich (s. Kap. 9.2).

Performer brauchen Anreize und immer höher hängende Latten.
Performer müssen damit leben, dass das Leben böse und ungerecht zu ihnen sein kann. Nackenschläge dienen dazu, Performer härter und leistungsfähiger zu machen.

Niederlagen sind dazu da, zu lernen, wie man noch besser werden kann. Was am Ende zählt (an welchem Ende?), ist einzig: der Erfolg.

Alles, was Performer leisten, erhält der Konsument geschenkt. Idealerweise bevor er auch nur einen entsprechenden Wunsch formuliert hat. Was für den Performer selbstverständlich ist, ist für den Kunden tabu, abgesehen davon, dass er sich konsequent und stetig in seiner Konsumenten-Rolle optimieren muss. Was wiederum paradoxe Qualität hat.

Performer- und Konsumenten-Seite sind eng und interaktiv miteinander verbunden. Wie das Ying und das Yang. Der Konsument bzw. Kunde hat das Geld (und/oder berechtigte geldwerte Ansprüche), das der Performer unbedingt verdienen muss, um es noch gewinnbringender anlegen zu können, möglichst international. Performer und Konsument sind mehr als die Extreme eines Spektrums, die es gleichwohl im individuellen postmodernen Leben zum Ausgleich zu bringen gilt. Stets neu und im Hier und Jetzt. Die Freiheit, individuelle Akzente zu setzen, ist theoretisch unbegrenzt und wird praktisch nur durch die in den folgenden Fragen diskutierten Aspekte limitiert.

11.8 Wer bin ich wirklich und wie will ich sein?

Um die Gebrauchsanweisung angemessen nutzen können, sind eine Standortbestimmung und perspektivische Entscheidungen (natürlich unverbindlich) hilfreich, ob Sie eher Performer oder Konsument sind bzw. sein wollen. Für den Fall, dass es Ihnen schwerfällt, eine solche Standortbestimmung spontan vorzunehmen, folgende Fragen:

Bin ich bzw. wer bin ich in der Performer-Rolle?
Welche Aufgaben und Verpflichtungen habe ich?

_____

Welche Verhaltensmuster sind in dieser Rolle verbindlich?

_____

Welches Verhalten wäre hier absolut unangemessen?

_____

Bin ich bzw. wer bin ich in der Konsumenten-Rolle?
Welche Rechte und Möglichkeiten habe ich?

_____

Welche Verhaltensmuster sind in dieser Rolle verbindlich?

_____

Welches Verhalten wäre hier absolut unangemessen?

_____

In welchem Verhältnis stehen bei mir Performer- und Konsumenten-Rolle?

Bezogen auf die darin verbrachte Lebenszeit:

Performer _____

Konsument _____

Bezogen auf meine aktuell gefühlte Identität:

Performer _____

Konsument _____

Bezogen auf meine Idealvorstellung von meinem Leben:

Performer _____

Konsument _____

Die Konsumenten-Rolle: Ist sie nicht das Paradies auf Erden? Ohne Verpflichtung, Ansprüche stellend und – zu Recht – erwartend, dass diese umgehend übererfüllt werden? Ist eine angenehmere Form der Lebensführung vorstellbar?

Anmerkung: Der selbstbestimmte Konsumenten-Mensch als Zielgröße ist nicht die Wiederentdeckung eines Urzustandes, auf den jeder Mensch ein natürliches Anrecht hat. Er ist historisch gesehen eine Innovation! Aus allen Verpflichtungen (abgesehen von der Einhaltung der Zehn Gebote und des Strafgesetzbuches) und der Einhaltung der »Etikette« freigesetzte gesunde Menschen jenseits des Hochadels, das gab es vorher nicht!

Fallbeispiel
Heiner G., 45 Jahre, Kapitalist und Kunde
Heiner G. ist Polizeibeamter. Jahrelang hat er auf seine Beförderung hingearbeitet, Überstunden gemacht und, seiner Einschätzung nach, alles gegeben. Die Beförderung wurde ihm verwehrt. Er erlebt seinen Chef als seinen Feind, der ihn mobbt: Ein anderer Kollege, ein *»angepasster Arschlecker«*, erhielt unlängst eben diese Beförderung, die von Rechts wegen ihm zugestanden hätte.

Heiner G. wurde depressiv, war ein halbes Jahr krankgeschrieben und befindet sich aktuell in einer psychosomatischen Fachklinik. Für die Mitpatienten plant er Bergtouren. Da kennt er sich aus und kann seine Führungskompetenz einsetzen. Heute, am Freitagabend, sitzt er deprimiert in der Sitzecke der Station. Er hat die Börsenkurse auf seinem Smartphone verfolgt und ärgert sich über das schlechte Netz in der Klinik: Die sparen hier an allem. Er wird sich beschweren. Noch mehr ärgert er sich darüber, dass seine Aktien, von einer bestimmten Automobilfirma, gesunken sind: *»Diese Idioten! Es ist doch klar, dass die Leute entlassen müssen. Und zwar schnell ...!«* Diese sachlich-inhaltlich gemeinhin für richtig erachtete Feststellung versucht Heiner G. seinen Mitpatienten nahezubringen. In Erwartung aufrichtigen Mitgefühls für seine missliche Lage.

Es kommt anders. Ein Mitpatient von Heiner G., der in der Automobilindustrie tätig ist, kann dessen Ansicht absolut nicht teilen, was er sehr emotional zum Ausdruck bringt. Soweit hätte Heiner G. es noch akzeptieren können. Aber dass auch die anwesende Krankenschwester ihren Unmut über seine Äußerung teilt, versteht er ganz und gar nicht. Als Patient ist er der Kunde, um den man sich zu kümmern hat. Nicht wertschätzende Kommentare ihm gegenüber sind da völlig deplatziert!

Performer und Konsument sind integrative Realitäten.
Ein Merkmal des postmodernen Individuums liegt darin, dass fast niemand entweder nur die eine oder die andere Rolle hat. Die Kunst ist es, zwischen beiden Polen, zwischen beiden Rollen zu wechseln. Der möglichst reibungs-, geräusch- und geruchlose Wechsel von der Performer- zur Konsumenten-Rolle (und zurück) gehört zum glücklichen normalen postmodernen Leben wie das Ein- und Ausatmen. So wie Essen und Verdauen das körperliche Leben ausmachen. Wenn die Wechsel zwischen Performer- und Konsumenten-Rolle nicht souverän gelingen, sind Paradoxien und Abstürze unvermeidlich. Für Performer wäre das sehr peinlich. Konsumenten und Patienten hingegen können sich problemlos (fast) alles erlauben.

11.9 Performer – Konsument: zwei Perspektiven auf das wahre Leben

Kategorische Unterschiede in diversen Lebensbereichen: eine Gegenüberstellung in Kurzform.

Forderung – Überforderung

Kunden sind schnell überfordert?
Angesichts all dessen, was von uns verlangt wird, ist das auch kein Wunder.

Als Kunde haben Sie voll und ganz das Recht dazu, überfordert zu sein.

Als Performer, der selbstverständlich nie überfordert ist, ist es Ihre Aufgabe, Information entsprechend einfach und ansprechend aufzubereiten. Wer den Kunden überfordert, ist unprofessionell und hat umgehend das Nachsehen. Niemals einen Kunden überfordern ... sonst kauft er woanders.

Konzentrationsdimensionen

Kunden können (oder wollen) sich immer schlechter konzentrieren?

Bei dem unendlichen Feuerwerk von Informationen, wer soll sich da noch auskennen? Wer hat da noch Zeit, ganze Artikel geschweige denn Bücher zu lesen? Sobald man sich auf das eine einlässt, verpasst man das andere, was noch wichtig oder zumindest interessanter sein könnte. Dieses Risiko muss – für den Konsumenten – minimiert werden!

Als Performer ist Ihnen das absolut klar.
Sie bleiben hochkonzentriert, wenn es sein muss, mehr als 14 Stunden am Tag. Sie servieren Ihren Kunden die Informationen, die diese benötigen (Ihrer Meinung nach bzw. im Sinne Ihrer Intensionen), mundgerecht, unterhaltsam und charmant.

Entscheidungsschwierigkeiten

Kunden können sich schlecht entscheiden.
Sobald es verbindlich werden soll, geraten sie unter Druck.

Souveräne Performer agieren im Unverbindlichen und so geschickt, dass die Verträge bereits unterschrieben sind, bevor eine endgültige Entscheidung zur Diskussion stand.

Kunden sind vom Trommelfeuer der Angebote überfordert und abgestumpft?

Wen wundert das?

Es liegt in Ihrer Performer-Verantwortung, angemessene, inhaltsreiche, reizvolle, neugierig machende Stimuli parat zu halten und den Kunden aus seiner überfütterten Lethargie zu retten.

Vertrauen – Misstrauen

Kunden werden zunehmend misstrauischer, weil alle hinter ihrem Geld her sind.

Gehen Sie als Performer in die Vertrauens-Offensive! Die Konkurrenz schläft nicht. Bieten Sie alles auf, was das Herz der Konsumenten berührt und ihren – häufig zentralen, fast immer mitschwingenden – Wunsch entweder nach Sicherheit, nach Selbstaufwertung, nach Unterhaltung und/oder nach neuen Abenteuern erfüllt: von Ihrem seriösen Aussehen bis zum freundlichen Händedruck. Das machen bereits alle? Dann machen Sie es besser!

Auswahlkriterien

Kunden wissen immer weniger, was sie eigentlich wollen.

Es ist Ihre Aufgabe als Performer, Kunden zu sagen, was sie wirklich brauchen. Und nicht nur zu sagen, sondern schmackhaft zu machen. Letztlich wollen alle immer das

Bessere, Effizientere und Neuere ... Individualität ist Trumpf. Jeder Kunde, so sehr er ansonsten von Zweifeln und Depressionen zernagt sein mag, ist letztlich davon überzeugt, ein einzigartiges, wertvolles Individuum zu sein.

Lassen Sie ihn in diesem Glauben, streicheln Sie seine Individualität oder das, was dafür gehalten wird. Er wird es Ihnen lohnen!

Disziplinäre Unzumutbarkeit

Konsumenten bzw. Kunden haben immer weniger Selbstdisziplin?
Wozu, wer verlangt von Königen Disziplin? Könige können nen Disziplin verlangen (als Relikt aus früheren Epochen, das nun in der Konsumenten-Rolle seine Auferstehung feiert).

Lächeln und bedienen Sie als Performer. Professionell!

Konsumenten sind unsympathisch?
Performer lieben Konsumenten!

Kunden sind zu Dauerkonsumenten geworden, die materielle wie immaterielle Güter online erwerben, Verbindlichkeiten scheuen wie der Teufel das Weihwasser, Anstrengung vermeiden, weil es Stress machen würde, und, wenn überhaupt noch, dann das Lied »*Du bist du, das ist der Clou*« singen.

Als Performer wissen Sie das alles längst. Sie vermitteln Ihren Kunden wie auch immer alles, von Nahrung, Kleidung, Gesundheit bis zur Wellness-Identität, was diese wünschen und ihnen genehm ist.

Zusammenfassend: Wer sind Sie, was wollen Sie sein, Performer oder Konsument? Und wie kommen Sie dahin?

> **Die Wahrheit liegt immer in der Mitte!**
> Sind Sie sicher? Vermutlich haben Sie recht …
> Sie müssten nur noch definieren, wo diese Mitte bei Ihnen liegt!
> Viel Erfolg beim postmodernen Balanceakt zwischen den Epochen, zwischen Performance und *Treiben lassen* …

11.10 Was kann ich tun, um beim »Besser werden« noch besser zu werden?

Wenn Sie diese Frage mit einem klaren Ja beantworten, haben Sie die Postmoderne verstanden. Wenn nicht, dann müssen Sie weiter üben.

Wer seine Performance nicht kontinuierlich verbessert, der verliert.
Wer sich nicht ständig verbessert, wird abgehängt. Das gilt vorzugsweise für Performer und letztlich für alle in der Postmoderne lebenden Individuen, die mehr als vegetieren wollen.

Optimiert werden kann und muss alles!
Optimale Partnerschaft, optimaler Fahrspaß, optimaler Tragekomfort, optimaler Geschmack. Höchste Ansprüche sind selbstverständlich.

Und gleichzeitig:

Nur kein Stress! Es geht vielmehr darum, hier und heute seinen Spaß zu haben, so viel Spaß wie möglich ... Ein bisschen mehr Spaß und eine höhere Lebensqualität, das geht immer!

Solche postmodern-ideologischen Postulate machen Druck und sind unbequem?

> Dazu sind sie da! Nur durch Druck, früher äußeren, in der Postmoderne zunehmend inneren bzw. »internalisierten« Druck, werden Ideologien zusammengehalten!
> Ob die Postulate zusammengenommen inhaltlich stimmig sind, das ist eine andere, in diesem Fall leicht zu beantwortende Frage: Natürlich stimmen sie nicht!

Wer in der Postmoderne ideologische Postulate (wie die soeben genannten) glaubt und sein Leben danach ausrichtet, übersieht, dass die Postmoderne, so wie alle Epochen-Maschinen zuvor, kein Wunderland oder gar das Paradies ist, sondern dass es auch hier um leben, überleben, siegen und verlieren, Geburt und Tod geht.

In der Postmoderne sind kollektive Werte und Konsolidierungs-Ziele im Sinne von: »*Wenn ein Mensch in meiner sozialen Rolle und Position sich so und nicht anders verhält und das und jenes erreicht hat ... ist es gut und genug!*« relativ bzw. fehlen (was dasselbe ist). Genau das ist der entscheidende Unterschied zu allen vorangegangenen Epochen. Die Ersatz-Ideologie, wonach es nichts gibt, was nicht verbessert werden könne, ist zwar eine Ideologie wie jede andere auch (etwa »*Für Gott, König und Vaterland*«) und nachweislich ebenso falsch und engstirnig, wie Ideologien nun einmal sind. Im Gegensatz zu anderen

Ideologien bietet die der Postmoderne jedoch weder Inhalt noch Heimat noch Ziel.

Etwas anderes als die zitierte Schmalspur-Optimierungsideologie haben fundamental befreite Individuen in der Postmoderne nicht. Leider oder glücklicherweise? Wer zu intensiv Hausputz betreibt, muss damit leben, dass alles glänzt und dass alle Geheimnisse gelüftet sind. Was uns derzeit noch nicht real existierenden Individuen der Postmoderne übrig bleibt, ist, sich ausgehend von den eigenen Mustern und den integrierten Relikten vergangener Epochen, soweit man sie kennt, zu definieren und mit einer gewissen Bescheidenheit auf etwas auszurichten, was über die eigene Wellness hinausgeht und gleichzeitig Letztere einschließt. Das ist absehbar anstrengend, schon deshalb, weil uns niemand dazu zwingen kann. Und irgendwie alleine bleibt man auf diese Weise immer: Der kollektive Optimierungs-Imperativ der Postmoderne ist ein zu schmales Band, um eine Gesellschaft formen, ihr Sinn und Zukunft geben zu können.

Individuelle Standortbestimmung unter postmodern-erschwerten Bedingungen: Hier beginnt der Weg, der jenseits und zwischen Performer und Konsument, die beides keine erfüllenden Alternativen zu sein scheinen, zu beschreiten wäre ...

... Wenn Sie diesen Satz lesen und in Gedanken weiterführen, sind Sie anscheinend bereits in der von Ihnen avisierten Richtung unterwegs. Es ist dem Autor eine Ehre, Sie ein Stück des Weges begleitet zu haben!

11.11 Postmoderne Gesundheit –
Gesundheit in der Postmoderne

Gesundheit ist nicht alles, aber ohne Gesundheit ist alles nichts!

Würden Sie diesen Satz unterschreiben? Wirklich?
Bitte noch einmal genauer lesen ...
Ist der wohlklingende, anscheinend postmoderne Satz ein Ausbund an Weisheit oder das Gegenteil davon?

Gesundheit ist endlich wie das Leben. Egal was man tut, und egal, wie man Gesundheit definiert. Die aktuelle, höchst sensible Definition (s. Kap. 10.2), wonach von Gesundheit nur bei vollständigem Frei-sein von Einschränkungen jeglicher Art die Rede sein kann, ist eine inhumane Messlatte. Zumal sie mit zunehmendem Lebensalter von fast allen Menschen, früher oder später, gerissen wird. Egal, wie gesund man lebt, wie viel Sport man treibt und wie genial die Work-Life-Balance gelingt. Bezogen auf die WHO-Definition von Gesundheit: Wer ist streng genommen wirklich gesund? Und wenn man nicht gesund, also krank (?) ist, ist dann wirklich »alles nichts«?

Das ist nicht so gemeint ... Es meint nur, dass man alles tun müsse, um gesund zu sein.
Wirklich alles? Wer außer Sport und Fitness keine Interessen und Ziele hat, fällt spätestens dann, wenn er sich den Knöchel bricht, ins Bodenlose.

Wer sich in der Postmoderne nicht rein auf Konsumenten-Seite positioniert (s. Kap. 10), der kommt nicht umhin, u. a. die Konzepte von Gesundheit und Krankheit, die wir aus der Moderne herübergerettet und perfektioniert haben, zu hinterfragen.

Körperliche Erkrankungen sind in diesem Kontext eher ein theoretisches Problem. Seitdem man auf künstlichen Hüft- und Kniegelenken ebenso gut (bzw. dann wieder besser) wie auf den ehemals gesunden eigenen Gelenken läuft, hat die Frage, ob ein Mensch mit künstlichen Gelenken nun als krank, gesund oder repariert zu klassifizieren ist, keine weitergehende Relevanz.

Bei psychischen/seelischen Problemen, Störungen und Erkrankungen bzw. den diesbezüglichen Diagnosen ist es komplexer. Die meisten der heute diagnostizierten psychischen Erkrankungen, zumal Depressionen, können nur anhand der Befindlichkeit bzw. der Symptome der »Betroffen« gestellt werden. Und diese Symptome wiederum laufen allesamt auf einen mehr oder weniger intuitiven Abgleich des wahrgenommenen Ist-Zustandes mit sozialen Normen hinaus. Entsprechend sind und bleiben diese Diagnosen: eine Frage der Perspektive. Wenn sich jemand als antriebsarm, in der Stimmung gedrückt und interessenlos erlebt und angesichts dessen seine zuvor normalen Abläufe für mehr als zwei Wochen reduziert bis einstellt, erfüllt er das, was entsprechend den Kriterien der Weltgesundheitsorganisation als Depression klassifiziert wird (Major Depression, ICD-10, F32.X bzw., wenn es den Zustand mehrfach gab, F33.X).

Was die Ursachen des Phänomens anbelangt, hält sich die moderne Wissenschaft komplett zurück. Sie verweist auf die aufgelisteten Symptome und geht davon aus, dass irgendwie alles zusammenspielt: Veranlagung, Lebensgeschichte und »Stress«. In vergangenen Epochen-Maschinen suchte man die Ursachen seelischer Erkrankung vorzugsweise in der Vergangenheit: War der Betreffende dem bösen Blick zum Opfer gefallen? In der Tradition von Sigmund Freud galt eine schwere Kindheit oder, lerntheoretisch, eine schwierige Biografie als ursächlich relevant für seelisches Leiden. Entweder war man »traumatisiert« und/oder hatte die für die Bewältigung aktueller Probleme nötigen Strategien nicht gelernt. Zusammen mit der genetischen bzw. biologischen Veranlagung, die nun erst recht in der Vergangenheit verankert ist. Gegen Ende der Moderne wurden dann zunehmend in der unmittelbaren Gegenwart, im Hier und Heute liegende Probleme, also »Stress«, als Ursache für seelische Probleme erkannt. Zu viel Stress! Welche seelische Krankheit ließe sich damit nicht erklären? Es ergibt sich folgende historisch-inhaltliche Abfolge von unterschiedlichen Perspektiven auf absehbar ähnliche »seelische Krankheiten«:

- **Vergangenheitserkrankung**
  genetische Veranlagung, belastete Lern- und Lebensgeschichte, schwere Kindheit, Traumata ...
- **Gegenwartserkrankung**
  Stress, Stress, Stress bzw. aktuelle, nicht bewältigbare Probleme
- **Zukunftserkrankungen**
  ???

Der letztgenannte Aspekt kommt in aktuellen bzw. tradierten Modellen praktisch nicht vor. Ein Erkrankter muss demnach in der Gegenwart gesund werden und/oder seine Vergangenheit »aufarbeiten« (s. Kap. 7.3), um sich wieder seiner Zukunft stellen zu können. Punkt.

Dass dieses Bild – zumal in der gelebten Postmoderne – naiv ist, wird vermutlich erst dann deutlich, wenn man es auf seine eigene Lebenssituation zu beziehen versucht: Wenn ich weiß, dass ich nach meiner Erkrankung eine

Zukunft, eine Rolle, Ziele, eine Funktion etc. habe, macht mir das die Genesung leichter oder schwerer? Sicher, in der Zukunft anstehende Probleme können zusätzlich belastend sein. Aber immerhin kann ich mich darauf vorbereiten.

Umgekehrt: Stellen Sie sich vor, hinter Ihrer Erkrankung steht nichts als ein großes Fragezeichen. Sonst gähnende Leere. Werden Sie mal gesund und dann ... wird es sich zeigen oder auch nicht. Das dürfte in etwa die Horror-Situation zahlreicher heute an psychischen Erkrankungen leidender Jugendlicher sein (s. Kap. 8.5). Um den Horror nicht spüren zu müssen, ist Krank-bleiben absehbar die sicherste und beste Lösung.

In der Vergangenheit, aus der die heute aktuellen Modelle seelischer Erkrankungen stammen, war die Zukunft eines Individuums definiert: Jeder Mensch war in einen sozialen Rahmen eingebunden, zunächst einmal unabhängig davon, ob er krank oder gesund war. Gesundheit machte nicht den Menschen aus. Sobald er wieder fit war, nahm er seine Rolle wieder ein oder geriet in die Rolle eines langfristig bis unheilbar Kranken, die (etwa als Leben im »Austragshäusl«) definiert war. Alle diese Rollen hatten die Qualität von Gefängnissen, wenn man es so sehen will. Die Moderne hat es zunehmend so gesehen. Dass diese Rollen auch Sicherheit gaben, wurde im Taumel ideologischer Befreiungskriege schlicht übersehen.

In der Postmoderne hat sich die Rollen-Frage kategorisch verändert. Zukunft ist nicht mehr etwas, was ein Mensch hat, sondern etwas, was er definieren und täglich neu gestalten muss. Wer sich das nicht mehr zutraut, der hat Pech? Tragfähige soziale Rollen, über längere und gravierendere Phasen der Schwäche hinweg, gibt es für beruflich belastete und diesbezüglich gefährdete Menschen kaum noch. Alles, was über eine Grippe und einen üblichen Beinbruch hinausgeht, wird zur Sollbruchstelle, wogegen auch Versicherungen nur materiell schützen. Derzeit ist die Frühberentung eine von verunsicherten Menschen gerne in Kauf genommene bzw. mit allen noch verbleibenden Kräften erkämpfte Rolle. Lieber in den materiell sicheren Hafen der Rente als ohne Halt und doppelten Boden ins Nirgendwo fallen und dabei ständig mit seiner Minderleistung konfrontiert sein!

Umgekehrt: Wenn ein Mensch nicht in der Lage ist, seine – diesen Namen verdienende, also positiv definierte – Zukunft tragfähig zu antizipieren (und wie sollte er das in einer Epoche, die zwar diverse Perspektiven generiert, aber keine Zukunft avisiert), dann hat er »Stress«. Und dieser führt ab einer gewissen Dosis letztlich zu Konstellationen, die bezüglich ihrer Symptome denen tradierter Krankheiten entsprechen. Das, was dann weiterhin wie Depressionen, Angststörungen, Zwänge, Burnout etc. aussieht (weil Ärzte und Psychotherapeuten entsprechende Symptome abfragen, werden sie entsprechende Antworten erhalten), hängt nicht mehr an der schlimmen Vergangenheit und der stressigen Gegenwart, sondern (auch) an anderen Fäden: Die Betreffenden leiden weniger an Problemen und Belastungen aus Vergangenheit und Gegenwart, sondern an ihrer fehlenden, nicht hinreichend konkreten, für sie nicht fassbaren, diffusen und aus all diesen Gründen als nicht bewältigbar erlebten Zukunft.

In den vergangenen Jahren ist die Zahl psychischer Störungen gerade bei Jugendlichen und Adoleszenten, also zwischen der späten Kindheit und dem Erwachsenenalter, deutlich gestiegen. Die Perspektive, diese psychischen Störungen vorranging als postmoderne Zukunftserkrankungen zu verstehen, liegt nahe. Dass dies in der Praxis noch nicht geschieht, liegt an den alten Brillen, die die Kollegen und deren Patienten, also wir alle, derzeit noch zu tragen pflegen. Vergangenheits- und Stressbewältigung zuzüglich Psycho-Pillen schafft absehbar alles Mögliche, aber nicht automatisch eine für die Betroffenen greifbare Zukunft. Dass die aktuell angewendeten vergangenheits- bzw. gegenwartsbezogenen Therapien angesichts des exponentiellen Anstiegs der seelischen Krankheiten auf verlorenem Posten stehen, ist zu befürchten, auch wenn die Zahl der Therapeuten exponentiell steigen und diesbezüglich von den Krankenkassen das nötige Geld lockergemacht würde (beides ist nicht zu erwarten). Die individuellen Konstellationen (welche die dieses Kapitel abschließende Geschichte von Aimé illustriert), sind gleichermaßen eindrucksvoll, typisch und ... zunehmend häufig.

Wie soll Zukunft gestaltet werden, wenn es keine verbindliche Basis in der Vergangenheit gibt sowie *»Spaß«* und *»Nur kein Stress«* als Überschriften über dem Leben postmoderner Wohlstands-Wunschkinder hängen? Das Internet, die perfektionierte Lust-Befriedigung im Hier und Jetzt, tut das seine. Und die Zwischen-Generation der noch nicht Nativ-Postmodernen will nicht verstehen, was da abläuft. Man ist bemüht, seinen eigenen Stress zu reduzieren: lieber nicht über die Vergangenheit und schon gar nicht konkreter über die Zukunft nachdenken (abgesehen von: Optimierung). Und am besten den Nachwuchs von allem Übel verschonen, soweit es für einen selbst nicht zu anstrengend wird.

Konkret: Wie kann man in der Postmoderne gesund bleiben?

Gesundheit ist wichtig, aber nicht alles.

Gelassenheit und Achtsamkeit ...

Bewusste Bodenhaftung in der Vergangenheit und eine sich aus verbindlich gelebten Werten in der Gegenwart ergebende Zukunft ... bietet sich als weitere Übung an.

Und, nachdem man das alles so genau nun auch nicht wissen kann ... alles mit sanfter Konsequenz und dem nötigen Humor ...

... der in Gebrauchsanweisungen leider nicht angemessen unterzubringen ist.

Alles hat seine Zeit, alles seinen Ort? Selbst das ist in der Postmoderne ins Wanken geraten.

Revolutionen und Postmoderne

Dass eine Standort- und Zieldefinition in der Postmoderne zumindest nicht ohne einen gewissen inneren Widerstand zu haben ist, einen Widerstand gegen den Zeitgeist, muss konstatiert werden. Widerstand, historisch gesehen anfangs eher revolutionär-äußerlich, später zunehmend individuell-privat, ist eine dem »eigentlichen« Individuum immanente Qualität. Individuum in Masse ist zwar die Paradoxie schlechthin, was nicht verhindert, dass eben das in der Postmoderne der Normalfall ist.

Individuelle Wahrheit, zwischen *Treiben lassen* und Performance, funktioniert nur mit hinreichender Verbindlichkeit und ist mitunter anstrengend, was schon – wer anders als – Goethe wusste:

»Ursprünglich eignen Sinn
Laß dir nicht rauben!
Woran die Menge glaubt,
Ist leicht zu glauben.«

(Goethe, Sämtliche Gedichte,
1961, S. 666)

Das ist eine humanistische bis romantische Weisheit und damit historisch bzw. relativ. Andere Bilder und Begriffe als historisch determinierte gibt es de facto nicht! Wie definieren Sie Ihnen Standort und Ihr Ziel?

Sprüche, wonach nur die Gegenwart zählt und man nur im betreffenden Moment lebt, sind falsch verstandener Buddhismus und Verkaufsschlager, deren angenehmer Nebeneffekt darin besteht, dass sie Verantwortung reduzieren und das *Treiben lassen* erheblich erleichtern ...

»Ich bin ganz bei mir!« »Und wo bist Du sonst?«

Wo lägen Alternativen? Wenn, dann im reflektierten Umgang mit möglichst vielen Qualitäten der ein Menschenleben ausmachenden Zeit-Dimensionen.

Die Postmoderne macht offenkundig und fundamental individuelle Standortbestimmungen schwer. Dank Internet (= Informationsüberangebot × Unverbindlichkeit[Treiben lassen]) ist der Verlust der Bodenhaftung ein epochales, aber nicht schmerzliches Phänomen. Was ich nicht weiß, ließe sich googeln. Wenn ich mal Lust darauf habe. Eine ideologische Erkältung hat man sich in der Postmoderne schnell geholt. Manchmal reicht bereits ein charismatischer Yoga-Lehrer oder ein prägnanter Geschäftsführer.

Zukunftsmusik

Wenn in vorangegangenen Epochen-Maschinen sozialisierte Menschen – zu denen der Autor und die meisten Leser dieser Gebrauchsanweisung gehören dürften – weggestorben sein werden, dann bricht die »eigentliche« Postmoderne an. Eine Epoche, die ständig neue Perspektiven ohne Zukunftsanspruch generiert, entsprechend dem Bild vom »rasenden Stillstand«. Wenn Zeit dann definitiv auf den Jetzt-Moment geschrumpft sein wird, ergibt sich eine Konstellation, die heute schlicht unvorstellbar ist. Worte und Begriffe für ungerichtete Zustände zwischen Performance und *Treiben lassen* existieren derzeit bestenfalls annäherungsweise und sind entsprechend paradox (»rasender Stillstand«). Für die dann zeitgenössischen, ganz und gar postmodernen Menschen werden diese Zustände, für die uns heute noch die Worte fehlen und die damit letztlich unvorstellbar sind, schlicht normal sein. Ob bzw. wann sich diese Menschen dann als gesund oder krank definieren, wird, wie alles in der Postmoderne, eine Frage der Perspektive bleiben. Mit absehbar weiterhin paradoxen Aspekten.

Soweit absehbar auch in Zukunft gültig bleibt zumindest der Umstand, dass man sich *Treiben lassen* leisten können muss (und dazu gehören auch alle seelischen Störungen jenseits der Extremvarianten). Die materiellen Verhältnisse, so oder so, werden eine Rest-Bodenhaftung garantieren. Zumindest so viel an Sicherheit bleibt! Ein schwacher Trost, aber immerhin!

Ansonsten: Wer interessiert sich in der Postmoderne überhaupt noch für so etwas wie Zukunft, wo es doch ausschließlich um die optimierte Gegenwart geht? Paradox …

Sind solche bzw. welche Zustände wären erstrebenswert?

Es kommt darauf an, was jeder bzw. der geneigte Leser für sich als verbindlich definiert oder auch nicht. Die jeweils dazu herangezogenen Kriterien sind in jedem Fall zumindest von gestern. Diesbezüglich ist Aimé F. ein gutes, jugendliches und somit exemplarisches postmodernes Beispiel, deren Charme alle eventuell noch offenen Fragen beantwortet.

Fallbeispiel
Aimé F., 23 Jahre, Depression und Ängste
Aimé ist ein schlankes, großgewachsenes Mädchen, fast noch ein Kind. Sie ist schüchtern, auf anmutig-tragische Weise depressiv und ängstlich, dass es jedem, der ihr begegnet – und das sind nicht viele – sofort zu Herzen geht. Trotz des orientalischen Namens ist sie eine reinrassige Dortmunderin, was man ihrer elfenhaften Gestalt nicht ansieht. Auch ihre dialektfreie Sprache gibt keine das anrührende Gesamtbild störenden Hinweise. Ihre zwei Jahre jüngere Schwester, bei Weitem nicht so begabt und hübsch wie Aimé, studiert derweilen Jura.
Aimé studiert nicht. Derzeit nicht. Sie hatte nach ihrem recht guten Abitur, die Lehrer mochten sie, mit dem Studium der Wirtschaftswissenschaften begonnen. Auch weil bislang jeder in der Familie studiert hatte. Und zwar an einer etablierten Universität. Dort aber, aus Sorge um die ebenfalls sensible, daheim gebliebene Mutter und aufgrund ihrer eigenen großen Ängste, wovor kann sie bis heute nicht sagen, hatte Aimé an keiner einzigen Prüfung teilgenommen. Schließlich wurde sie, auch weil der Vater ihren leidenden Anblick nicht mehr ertragen konnte, aus dem Studium erlöst. »*Vielleicht ist BWL doch besser für mich*«, meint Aimé. Warum sie BWL studieren will und was sie damit vorhat, kann sie allerdings nicht sagen. Überhaupt, auf jede Frage, die über die Uhrzeit hinausgeht, beginnt sie mit »*weiß nicht …*« und wenn man sie darauf hinweist, dass die eigentliche Frage ja noch gar nicht gestellt wurde, blitzt ein nettes

Lächeln, man könnte es schelmisch nennen, über ihr für einen Moment gar nicht so depressives Gesicht.

Aimés Leben zu Hause stagnierte fast zwei Jahre lang: langes Schlafen, spätes Frühstück, lange vor dem Internet und Kaffeetrinken mit der Mama. Trotz ambulanter Therapien und mannigfaltiger Bemühungen des als Geschäftsmann, internationaler Im- und Export, durchsetzungsstarken Vaters und der zurückhaltenden, als depressiv geltenden Mutter hatte man sich im vom Vater demokratisch dominierten Familienrat zur stationären Behandlung von Aimé entschlossen. Der ambulante Psychotherapeut, im ersten Jahr seiner Niederlassung, hatte anhand der ICD-Diagnosekriterien bei Aimé souverän eine schwergradige Depression und eine soziale Phobie diagnostiziert. Da Aimé, was einmalig ausprobiert worden war, auf Medikamente hochsensibel reagiert, mit tranceartigen Zuständen und beinahe beginnenden Krämpfen, kam eine solche Behandlung bei ihr keinesfalls infrage. Gleichwohl war auch Aimé nach den vielen, gemeinsam mit der Mutter leidend zu Hause verbrachten Monaten klar, dass etwas passieren musste.

Der Umstand, in die Klinik zu gehen, dokumentiert ihre Veränderungsbereitschaft auf das äußerste und kostet sie unsagbar viel Kraft. Auch deshalb, weil sie ihren geliebten Kater Fritzi zu Hause lassen muss. Die jüngere Schwester, die, wenn man sie denn gefragt hätte, recht genau weiß, dass sie ihre ganze Jugend im Schatten der elfenhaften Schwester gestanden hatte, genoss, zwar nicht die Schönste, aber die mit Abstand Erfolgreichere zu sein (was aus diplomatischen Gründen, um die arme Schwester nicht zusätzlich zu kränken, unausgesprochen blieb). Ihr gestiegener Status kommt im vom Vater spendierten AUDI A3 zum Ausdruck (mit Ledersitzen). Aimés AUDI-Schwester studiert also derweil. Sie ist aber gerne bereit, die leidende Aimé vierzehntägig in der Klinik zu besuchen.

Aimé lebt in der Klinik ähnlich wie sie zu Hause gelebt hat. Dem behandelnden Arzt sitzt sie kraftlos-gekrümmt gegenüber. Geradezusitzen ist viel zu anstrengend. Fortschritte? Der Umstand, dass sie noch in der Klinik ist, einstweilen, kann als solcher gewertet werden. Zwischen väterlichen wie mütterlichen Mitpatienten lebt Aimé etwas auf. Angesichts des therapeutischen Personals werden ihr ihre

Einschränkungen dann jedoch umso bewusster. Warum es ihr nach jedem Wochenende, an denen ihre Familie zu Besuch kommt, ganz schrecklich schlecht geht? Aimé kann es nicht sagen, sie weiß es nicht. Ob sie ihre studierende, im Leben stehende AUDI-Schwester, die seit Neuestem einen Freund hat (der einen Jaguar fährt), beneidet? Aimé weiß es wirklich nicht. Darüber hat sie sich erklärtermaßen nie Gedanken gemacht. Was sie weiß, ist nur, dass sie Angst hat, vielleicht von ihren Eltern nicht mehr ganz so intensiv unterstützt zu werden, falls sie studiert. Und dass es ihrer Mutter dabei vielleicht schlechter gehen könne.

Im Familiengespräch weist der Vater von Aimé eben dies energisch von sich und macht die Ärzte und Therapeuten darauf aufmerksam, dass die Fortschritte, die Aimé bislang in der Klinik gemacht hat, seiner laienhaften Einschätzung nach viel zu gering sind. Wie man dem Abhilfe schaffen wolle, ist seine berechtigte Frage. Dabei verwehre er sich zudem entschieden gegen Versuche, seine Tochter unter Druck zu setzen oder ihren Worten nicht zu glauben. Wenn Aimé sage, dass sie etwas nicht wisse, dann wisse sie es nicht. Die inadäquaten Vorhaltungen des Chefarztes, wonach eine Abiturientin durchaus einen Bericht über das Wochenende geben könne und das Gerade-Sitzen auf Stühlen Aimé zumutbar sei (bei Spaziergängen mit Mitpatienten war von den annähernden Lähmungen nichts zu sehen), sehe er als Hinweis darauf, dass die nötige Sensibilität seiner Tochter gegenüber in diesem Hause möglicherweise nicht vorhanden sei. Er behalte sich Schritte vor. Auch die Idee, dass Aimé mit einem Studium anscheinend überfordert sei, weil sie derzeit noch nicht in einem Supermarkt einkaufen und eine Verkäuferin nach einer bestimmten Ware fragen könne, sei absolut skandalös. Schließlich sei Aimé ja in der Klinik, um behandelt zu werden, um dann in wenigen Wochen ihr BWL-Studium beginnen zu können.
Aimé sitzt schweigend und leidend da und lauscht den Ausführungen ihres Vaters. Die Idee des Vaters, dass der Arzt am kommenden Sonntag zu einem weiteren Gespräch erscheinen solle, quittiert sie mit einem leisen »*Ach, Papa* ...«, was sie in hohem Maße charmant und liebenswert erscheinen lässt.

12 Es läuft – läuft nicht, Erfolg – Misserfolg, Sieg – Niederlage, sinnvoll – sinnlos ...

Abb. 16   Allseits offen: Die NEUE STAATSGALERIE. Ein großes Tor über dem Hintereingang – Perspektiven für die Postmoderne.
Die NEUE STAATSGALERIE, Architekt James Stirling, ist ein Wahrzeichen postmoderner Architektur (s. auch Abb. 1).

Gebrauchsanweisungen werden üblicherweise dazu verwendet, um ein Gerät so zu bedienen, dass jeweils der in dieser Kapitelüberschrift erstgenannte Aspekt eintritt und der zweitgenannte vermieden wird. Die der Postmoderne immanente Paradoxie bedingt, dass keiner der erstgenannten Aspekte mehr uneingeschränkt positiv und damit zielführend ist. Ziele, wohin? Erfolge laufen sich tot, Siege ermüden und können sinnlos sein. Stillstand wäre eine Gnade, angesichts abrutschender Berghänge.

In der Moderne und deren Relikten, die derzeit noch hohe Marktanteile haben, gab und gibt es unzählige Ratgeber, in denen als Experten auftretende Autoritäten ratsuchenden Menschen, also denen, die sich angesichts der erstgenannten Ziele blockiert fühlen, auf die Sprünge helfen. Das funktionierte deshalb, weil die betreffenden Ziele als solche nicht hinterfragt werden mussten. Auf dieser Grundlage konnte dann die Illusion gezaubert werden, wonach Zielerreichung mit mehr oder weniger einfachen Mitteln, mit guten Ratschlägen, ein paar Übungen und charismatischem Glauben an sich selbst (fast) jedem und jederzeit möglich sei.

Man muss nur wirklich wollen ...

Finde und lebe deine Werte, gehe strategisch klug vor, ein Schritt nach dem anderen, glaube an dich und das erfolgreich-glückliche Leben, einschließlich Designer-Outfit, New-York-Marathon, eigener Firma mit Bestnotierungen und glücklichen Mitarbeitern, kulturellen Höhenflügen und entspanntem Urlaub im Ayurveda-Luxusressort.

Die bereits etwas angestaubten, der Moderne immanenten Ziele, insbesondere Erfolg, Umsatzsteigerung, Anerken-

nung, Statussymbole, grüne Wiesen, eine heile kleine
Familie, viele Freunde und ein darauf, je mehr umso bes-
ser, beruhendes »Glück«, haben in der Postmoderne die
Bodenhaftung verloren. Sie relativierten sich zu Glaubens-
bekenntnissen, die niemand zu teilen braucht. Gute
Gründe, warum diese Glaubenssätze naiv und es anders
herum zumindest nicht schlechter wäre, liegen auf der
Hand. Was von alledem standhaft, rhetorisch unangreifbar und festzementiert als Ziel übrig bleibt, ist: »das
Glück«. Nur, dass dieses nun ungebunden an konkrete
Ziele und Werte frei schwebend im Lebenskontext erscheint. Frei schwebend wie ein Schmetterling, der von
jedem gefangen werden kann und gefangen werden sollte,
sobald man es nur irgendwie »wirklich« versucht und/
oder die Weisheit hat, darauf zu warten, weil es dann ganz
von alleine kommt (z.B. Harris, 2013, ein lesenswerter
Klassiker)? Unter welchen Umständen und mit welchen
Voraussetzungen auch immer. Und wenn nicht, waren die
Umstände schuld oder die Strategien falsch. Nominell hat
jedenfalls jeder einen Rechtsanspruch auf Glück. Ein
ziemlich lahmes Tier, dieser Schmetterling, wenn er so
einfach zu erhaschen ist! Und was macht man dann mit
dem gerupften Flügelwesen, zumal wenn der, der es gefangen hat, keine Bodenhaftung hat und auch nicht haben
sollte, weil diese – bekanntermaßen – nicht mit Flexibilität
und unbegrenztem Wachstum vereinbar ist? Das Glück:
ein Rausch im rasenden Stillstand? Eine ACT-Blüte aus
Achtsamkeit und Werte-bewusster Selbstresonanz im ansonsten wertfrei-resonanzarmen Raum? Warum nicht
gleich zur Flasche oder, eleganter, zum weißen Pulver greifen oder, noch postmoderner, vor dem Bildschirm oder
mit dem Smartphone in der Hand ein virtuelles, kunden-
orientiert-optimiertes Leben führen? Weil das absehbar

nichts mit den »wirklichen« und »eigenen« Werten zu tun hat? Werten, die wenn, dann in vergangenen Epochen ihre Wurzeln haben.

Den Lesern dieser Gebrauchsanweisung und allen anderen in der Postmoderne gestrandeten Reisenden bleibt es in der stets postmodernsten aller Welten so oder so und zwangsläufig selbst überlassen, zu definieren, an welchem Gleis sie ankommen wollen und Bodenhaftung herzustellen oder auch nicht. Diesbezüglich kann es hilfreich sein, zu rekonstruieren, woher man kommt und welches Ambiente davon ausgehend für einen am angenehmsten sein wird. Dies war und ist das zentrale Anliegen dieser Gebrauchsanweisung.

Zugegebenermaßen: ein paradoxes Anliegen. Wobei jedes sinnvolle Anliegen in der Postmoderne, auf einer oder mehreren Ebenen, paradox sein muss. Alle anderen Anliegen sind entweder banal oder nur noch nicht hinreichend durchdacht.

So oder so, die Postmoderne öffnet ihre Arme für jeden, besonders für die Zeitgenossen, für die Selbst-Definition – zu Recht – eine Zumutung ist, zu mühsam, zu einschränkend, zu verantwortungsträchtig. Das Schlaraffenland an Unverbindlichkeit und Freiheit, ein Freizeitpark, in dem die Relikte älterer Epochen den Betrieb aufrechterhalten und davon ausgegangen wird, dass, wenn diese Relikte mithilfe eskalierender Top-down-Vorgaben aufgeräumt wurden bzw. ausgestorben sind, alles noch viel freier, unverbindlicher und glücklicher sein wird. In selbstfahrenden Autos mit mühelos-kreativen, selbst-erfüllenden Tätigkeiten, zunehmend ewigerer Jugend und Allem für Alle. Dies ist bereits vom Konzept her paradox und ein Märchen? Real gesehen: selbstverständlich. Virtuell gesehen: Wir sind bereits mitten drin. Wozu noch Realität, wenn es virtuell so viel einfacher und märchenhafter ist? Der Kunde ist König.

Wie kann man sich im Bannkreis unendlicher Paradoxien zurechtfinden?

Akzeptanz und/oder Standortbestimmung? Selbstverständlich beides und Letzteres gerne anhand dessen, was Sie sich – im Laufe der Lektüre dieser Gebrauchsanweisung – auf mehr als hundert Seiten erarbeitet haben. Falls Sie noch nichts erarbeitet haben, dann gehen Sie bitte wieder auf Los, also auf Seite eins, ziehen keine 4000 Euro ein und …

… in diesem Fall als kleiner Trost und erneute Zusammenfassung: Die Postmoderne ist nur vordergründig eine besonders intellektuell-anspruchsvolle Veranstaltung. Hinter der Fassade ist sie so gewöhnlich wie alle anderen Epochen auch. Es kommt nur darauf an, von welchem Standpunkt aus man sie betrachtet. Neu ist in der Postmoderne einzig der Umstand, dass man eine vergleichsweise größere Auswahl an Standpunkten hat und mehr als einen Standpunkt einnehmen kann. Sobald man dies tut und versuchsweise reflektiert, kriechen die vielfältigen Paradoxien aus ihren Löchern, ein Feuerwerk aus bunten Sternen, Stilblüten ohne Stil, darüber virtueller Goldregen. Nicht als greifbares Ergebnis, sondern begleitend zu diesem Tun ergeben sich Standortbestimmung und Zielklärung – war es nicht das, wonach gesucht wurde? Um all dies kreist diese Gebrauchsanweisung.

Wenn Sie diese unsere Epoche als Paradoxien-reich erleben, dann ...

... haben Sie automatisch den wichtigsten aller Intelligenztests bestanden. Gratulation!

Und wenn Sie keine Paradoxien entdecken können? Dann ...

... haben Sie es geschafft, die Postmoderne auf das Wesentliche zu reduzieren. Gratulation! Sie haben eine überwältigende Mehrdimensionalität auf die einzig für Sie wahre Eindimensionalität kondensiert und damit das Projekt vollendet, an dem die ganze Epoche arbeitet. Allerdings aus und in unterschiedlichen Richtungen.

Paradoxien beiseite. Gehen Sie über Los und wohin Sie wollen. Ziehen Sie so viel Geld ein, wie Sie meinen, dass es Ihnen zusteht, und finden Sie in der Schlossallee eine Parkbank, auf der Sie eine gute Zeit mit sich und den Ihren verbringen können. Allen postmodernen Unverbindlichkeiten zum Trotz.

Literatur

Die um das Phänomen »Postmoderne« kreisende Literatur ist bereits heute derart umfangreich und vielfältig (und dabei inhaltlich in hohem Maße redundant), dass ein auch nur annähernd vollständiges Literaturverzeichnis die Seitenzahl dieser Gebrauchsanweisung überschreiten würde. Angesichts dessen finden Sie im Folgenden, nach den im Buch zitierten Werken, eine höchst subjektive Auswahl von Büchern und Aufsätzen, die eher auf praktische denn theoretische Aspekte fokussieren und bei Interesse am Thema zur Vertiefung dienen können.

Zitierte Bücher und Aufsätze

Assmann, A. (1999). Erinnerungsräume. Formen und Wandlungen des kulturellen Gedächtnisses. München: Beck.

Assmann, A. (2013). Das neue Unbehagen an der Erinnerungskultur. Eine Intervention. Beck'sche Reihe: bsr Band 6098. München: Beck.

Ciompi, L. (1997). Die emotionalen Grundlagen des Denkens. Entwurf einer fraktalen Affektlogik. Göttingen: Vandenhoeck & Ruprecht.

Goethe, J. W. (1961). Sämtliche Gedichte. Erster Teil: Die Gedichte der Ausgabe letzter Hand. In: Beutler, E. (Hrsg). Johann Wolfgang Goethe: Gedenkausgabe der Werke, Briefe und Gespräche. Band 1. 2. Aufl. Zürich, Stuttgart: Artemis; 324, 666.

Goethe, J. W. (1962). Die Faustdichtungen. In: Beutler, E. (Hrsg). Johann Wolfgang Goethe: Gedenkausgabe der Werke, Briefe und Gespräche. Band 5. 2. Aufl. Zürich, Stuttgart: Artemis; 35, 520.

Harris, R. (2013). Wer dem Glück hinterherrennt, läuft daran vorbei. Ein Umdenkbuch. München: Goldmann.

Hillert, S., Wörfel, F. & Weiß, S. (2018). Belastungs- und Burnout-Erleben von SchülerInnen der 5.–10. Klasse eines bayerischen Gymnasiums. Welchen Einfluss haben Rahmenbedingungen und individuelle Ziele? Prävention und Rehabilitation 30(3): 83–90.

Luhmann, N. (1997). Die Gesellschaft der Gesellschaft. Frankfurt am Main: Suhrkamp.

Maaz, H. J. (2012). Die narzisstische Gesellschaft. Ein Psychogramm. München: Beck.

Pohl, M. (2012). Josef Ackermann: Leistung aus Leidenschaft – Eine Würdigung. Zürich: Neue Zürcher Zeitung.

Sartre, J. P. (2012). Geschlossene Gesellschaft (Huis clos) (Übersetzung von Traugott König). 50. Aufl. Hamburg: Rowohlt.

Sulz, S., Arco, K., Hummel, C., Jänsch, P., Richter-Benedikt, A., Hebing, M. & Hauke, G. (2011). Werte und Ressourcen in der Psychotherapiediagnostik. Psychotherapie 16(1): 113–27.

Gesellschaft, Kultur und Individuum in der Postmoderne

Bauer, T. (2018). Die Vereindeutigung der Welt. Über den Verlust an Mehrdeutigkeit und Vielfalt. 8. Aufl. Stuttgart: Reclam.

Bauman, Z. (2000). Liquid Modernity. Cambridge: Polity Press (dt. Übers.: Flüchtige Moderne. Frankfurt am Main: Suhrkamp 2003).

Bauman, Z. (2001). Community. Seeking Safety in an Insecure World. Cambridge: Polity Press (dt. Übers.: Gemeinschaften. Frankfurt am Main: Suhrkamp).

Brüderlin, M. (Hrsg) (2011). Die Kunst der Entschleunigung. Ausstellung Wolfsburg 2011/2012. Ostfildern: Hatje Kanz.

Deneke, F. W. (2001). Psychische Struktur und Gehirn. Die Gestaltung subjektiver Wirklichkeiten. 2. Aufl. Stuttgart: Schattauer.

Ehrenberg, A. (2008). Das erschöpfte Selbst. Depression und Gesellschaft in der Gegenwart. Frankfurt am Main: Suhrkamp.

Müller, M. (1987). Schöner Schein. Eine Architekturkritik. Frankfurt am Main: athenäum.

Pörksen, B. (2016). Die Grosse Gereiztheit. Wege aus der kollektiven Erregung. München: Hansa.

Rosa, H. (2005). Beschleunigung. Die Veränderung der Zeitstruktur in der Moderne. Frankfurt am Main: Suhrkamp.

Rosa, H. (2013). Beschleunigung und Entfremdung – Entwurf einer kritischen Theorie spätmoderner Zeitlichkeit. Frankfurt am Main: Suhrkamp.

Rosa, H. (2016). Resonanz: Eine Soziologie der Weltbeziehung. Frankfurt am Main: Suhrkamp.

Spitzer, M. (2012). Digitale Demenz. Wie wir uns und unsere Kinder um den Verstand bringen. München: Droemer Knaur.

Staemmler, F. M. (2015). Das dialogische Selbst. Postmodernes Menschenbild und psychotherapeutische Praxis. Stuttgart: Schattauer.

Türcke, C. (2012). Erregte Gesellschaft, Philosophie der Sensation. München: beck.

»Stress« und Stressfolgen

Badura, B., Ducki, A., Schröder, H., Klose, J. & Meyer, M. (Hrsg) (2018). Fehlzeiten-Report 2018. Sinn erleben – Arbeit und Gesundheit. Berlin: Springer.

Burisch, M. (2014). Das Burnout-Syndrom. Theorie der inneren Erschöpfung. 5. Aufl. Heidelberg: Springer.

DAK – Gesundheitsreport 2016. www.dak.de/dak/bundes-themen/gesundheitsreport-2016-1782678.html.

Dilling, H., Mombour, W. & Schmidt, M. H. (2011). Internationale Klassifikation psychischer Störungen. ICD-10. Kapitel V (F). Klinisch-diagnostische Leitlinien. Göttingen, Bern: Huber.

Falkai, P. & Wittchen, H. U. (Hrsg) (2015). Diagnostisches und statistisches Manual psychischer Störungen DSM-5. Göttingen: Hogrefe.

Hillert, A. (2014). Burnout: Zeitbombe oder Luftnummer? Persönliche Strategien und betriebliches Gesundheitsmanagement angesichts globaler Beschleunigung. Stuttgart: Schattauer.

Hillert, A. & Marwitz, M. (2006). Die Burnout-Epidemie. Oder: Brennt die Leistungsgesellschaft aus? München: Beck.

Hobfoll, S. E. (2001). The influence of culture, community, and the nested-self in the stress process: Advancing Conservation of Resources theory. Appl Psychol 50(3): 337–421.

Hoppe, A. & Bamberg, E. (2013). Stress und Gesundheit in der interkulturellen Arbeitswelt. In: Genkova, P., Ringeisen, T. & Leong, F. T. L. (Hrsg). Handbuch Stress und Kultur.

Interkulturelle und kulturvergleichende Perspektiven. Heidelberg: Springer; 435–48.

Jacobi, F., Höfler, M., Strehle, J., Mack, S., Gerschler, A., Scholl, L., Busch, M. A., Maske, U., Hapke, U., Gaebel, W., Maier, W., Wagner, M., Zielasek, J. & Wittchen, H. U. (2014). Psychische Störungen in der Allgemeinbevölkerung. Studie zur Gesundheit Erwachsener in Deutschland und ihr Zusatzmodul Psychische Gesundheit (DEGS1-MH). Nervenarzt 85(1): 77–87.

Kohlmann, C. W. & Eschenbeck, H. (2013). Stressbewältigung und Gesundheit: kulturvergleichende und interkulturelle Aspekte. In: Genkova, P., Ringeisen, T. & Leong, F. T. L. (Hrsg). Handbuch Stress und Kultur. Interkulturelle und kulturvergleichende Perspektiven. Heidelberg: Springer; 59–66.

Larisch, M., Joksimovic, L., von dem Knesenbeck, O., Starke, D. & Siegrist, J. (2003). Berufliche Gratifikationskrisen und depressive Symptome: Eine Querschnittsstudie bei Erwerbstätigen im mittleren Erwachsenenalter. Psychother Psychosom Med Psychol 53: 223–8.

Lohmann-Haislah, A. (2012). Stressreport Deutschland. Psychische Anforderungen, Ressourcen und Befinden. Berlin, Dresden, Dortmund: Bundesanstalt für Arbeitsschutz und Arbeitsmedizin.

Maier, W., Wagner, M., Hapke, U., Siegert, J. & Höfler, M. (2012). Was sind die häufigsten psychischen Störungen in Deutschland? Erste Ergebnisse der »Zusatzuntersuchung psychische Gesundheit« (DEGS-MHS). Bundesgesundheitsbl 6(7): 1–11.

Marschall, J., Nolting, H. D. & Hildebrandt, S. (2013). Gesundheitsreport 2013. Schwerpunktthema: Update psychische Erkrankungen – Sind wir heute anders krank? Heidelberg: medhochzwei Verlag.

Siegrist, J. (2015). Arbeitswelt und stressbedingte Erkrankungen. München: Elsevier, Urban & Fischer.

Siegrist, J. & Wahrendorf, M. (eds) (2016). Work Stress and Health in a Globalized Economy. The Model of Efford-Reward Imbalance. Heidelberg: Springer.

Wittchen, H. U., Jacobi, F. & Mack, S. (2012). Was sind die häufigsten psychischen Störungen in Deutschland? Erste Ergebnisse der »Zusatzuntersuchung psychische Gesundheit« (DEGS-MHS). Bundesgesundheitsbl 55: 988–90.

Perspektiven?

Baumann, K. & Linden, M. (2008). Weisheitskompetenzen und Weisheitstherapie: die Bewältigung von Lebensbelastungen und Anpassungsstörungen. Lengerich: Pabst.

Eifert, G.H. (2011). Akzeptanz- und Commitment-Therapie (ACT). Fortschritte der Psychotherapie – Band 45. Göttingen: Hogrefe.

Grün, A. (2005). Das Glück der Gelassenheit im ABC der Lebenskunst. Freiburg im Breisgau: Herder.

Gyatso, T. – Dalai Lama (2002). Das Buch der Menschlichkeit – Eine neue Ethik für unsere Zeit. Bergisch Gladbach: Bastei Lübbe.

Hillert, A., Lehr, D., Koch, S., Bracht, M., Ueing, S., Sosnowsky-Waschek, N. & Lüdtke, K. (2019). AGIL – Arbeit und Gesundheit im Lehrerberuf. Das persönliche Arbeitsbuch. Stuttgart: Schattauer.

Hofmann, S.G., Sawyer, A.T., Witt, A.A. & Oh, D. (2010). The effect of mindfulness-based therapy on anxiety and depression: a meta-analytic review. J Consult Clin Psychol 78: 169–83.

Kabat-Zinn, J. (2013). Gesund durch Meditation. Das vollständige Grundlagenwerk zu MBSR. München: O.W. Bart.

Metzner, M. (2016). Achtsamkeit und Humor. 2. Aufl. Stuttgart: Schattauer.

Michalak, J., Heidenreich, T.H. & Williams, M. (2012). Achtsamkeit. Fortschritte der Psychotherapie. Göttingen: Hogrefe.

Pignotti, M. & Thyer, B.A. (2015). New Age and related novel unsupported therapies in mental health practice. In: Lilienfeld, S.O., Lynn, S.J. & Lohr, J.M. (eds). Science and Pseudoscience in Clinical Psychology. New York: Guilford Press; 191–209.

Segal, Z., Williams, M. & Teasdale, J. (2008). Die Achtsamkeitsbasierte Kognitive Therapie der Depression: Ein neuer Ansatz zur Rückfallprävention. Tübingen: DGVT.

Thích Nhất Hạnh (1999). Buddha und Christus heute. München: Goldmann.

Thích Nhất Hạnh (2001). Achtsamkeit. Einführung in die Meditation. 10. Aufl. Berlin: Theseus.

Harald Görlich

Was Lebenskuenstler richtig machen – von Achtsamkeit bis Zufriedenheit

Lebenskünstler nutzen die „Ressource Ich", um vital, ausgeglichen und rundum zufrieden zu bleiben. Dieses Buch regt an, die eigenen Glücksquellen zu finden und zu nutzen.

Lesen Sie, wie Sie den Lebenskünstler in sich erwecken – konkret, alltagsauglich und realistisch!

Mit einem Geleitwort von Jörg Fengler
2017. 332 Seiten, Klappenbroschur
€ 19,99 (D). ISBN 978-3-608-43213-8

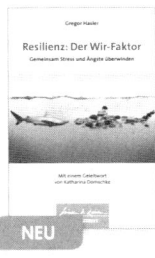

NEU

Gregor Hasler

Resilienz: Der Wir-Faktor

Gemeinsam Stress und Ängste überwinden

Fragen Sie sich auch, warum wir zunehmend gestresst sind, Ängste und chronische Erschöpfung sich wie eine Epidemie verbreiten? Und das, obwohl Freizeit, Karrieremöglichkeiten und finanzielle Sicherheit in den letzten Jahrzehnten deutlich zugenommen haben! Das Buch führt vor Augen, was uns in die Stress-Krise geführt hat – und zeigt den Schlüssel, der uns auch wieder hinausführen kann: den Wir-Faktor.

Mit einem Geleitwort von Katharina Domschke
2018. 223 Seiten, broschiert
€ 19,99 (D). ISBN 978-3-608-43225-1